소설사의 맥락과 텍스트의 계보

최성윤 저

도서출판 월인

서문

세 번째 논문집을 묶는다. 이렇게라도, 아직 살아 있다는 단순한 요지의 서신을, 그동안 격조했던 분들에게 계속 전하려는 것 같아 스스로 안쓰럽다. 독자에게 널리 읽히지 않는 책을 매번 내 주는 월인출판사 측에도 내내 송구한 마음이다.

두 번째 논문집을 낼 때에는 너무 게을렀다는 얘기를 한 바 있지만, 지금 생각해 보니 내 깜냥에 비해서는 과한 원고 양이다. 나도 내가, 이렇게 자주, 내 이름을 건 책을 내놓게 될 줄은 몰랐다. 남의 글을 읽고, 남의 글에 대해, 먹다 만 숟가락을 옮겨 얹는 짓을 숱하게 했다는 증거다. 내 글을 쓰고, 내 글에 대해, 누군가 토를 달거나 딴죽을 걸어 주길 기다리며 살리라던 그런 시절이, 내게 있기는 있었던가.

대학에 들어간 딸이 문학을 공부하겠다고 한다. 무려 대학원에 가겠다고 한다. 아마 열심히 살게 될 것이다. 그런데도 언젠가는, 그 다음부턴 늘, 그동안 게으르지 않았나, 반성하며 살아야 할 것이다. '너는 어쩜 그렇게! 아빠를 닮아서……' 그럴 거면 차라리 제 글을 쓰고, 흠씬 두드려 맞은 후에 또 쓰는 삶을 살았으면 좋겠다.

말리지 않았다. 잘 해낼 것이다.

아비가 누군지 모르는 자식은 있어도 아비 없는 자식은 없다. 아비와 자식이 닮은 것은 자식에게 아비가 물려준 것이 있기 때문이기도 하고, 자식을 바라보며 아비가 배우는 것이 있기 때문이기도 하다. 부부간에도, 그리고 형제간에도 살갑게 놀고 아웅다웅 다투는 동안 저도 모르는 사이에 서로가 닮아간다.

이 책에 묶인 글들은 모두 어딘가 닮은 구석이 있는 작품들을 비교분석한 것들이다. 어느 작품이 다른 작품을 모방하였거나 표절한 것이라는 판단이 가능한 경우도 물론 있지만, 누가 누구에게랄 것 없이 어쩌다 닮은 것 같은 경우도 적지 않다. 나는 이렇게 우연과도 같은 공통 화소나 유사한 설정이 한국소설의 정체성을 가늠하는 유전형질처럼 정리될 수 있지 않을까, 꿈꾸듯 생각해 보는 편이다.

편의상 신소설이나 구활자본 대중소설을 대상으로 삼은 글들을 첫 번째 모둠으로 묶었다. 두 번째 모둠은 시대적으로 멀리 떨어져 있는 작품들, 혹은 그 문단적 입지나 성향을 고려할 때 인접성이 희박한 작가의 작품들이 뜻밖에도 유사한 특질을 공유하는 경우를 분석한 글들이다. 세 번째 모둠의 글들은 한 작가의 작품이 그의 시대, 혹은 그 작품의 시대와 상호텍스트의 그물 속에 놓인 경우를 주목한 것이다.

기존의 계보학적 연구들도 마찬가지이겠지만, 우리 소설사 안에 존재하는 수많은 작품이 스스로 내는 길을 따라가며 텍스트의 맥락을 정리하는 일은 소설 연구의 궁극적 목표가 될 수 없다는 것을 잘 알고 있다. 그 작가만이 쓸 수 있는 것, 그 작품만이 가질 수 있는 개성을 설명하는 데 취약한 방법론이기 때문이다. 이러한 기초 작업이 골상학적 연구의 한계와 함정에 막히거나 빠지지 않도록 하려면 가느다란 터럭에도 희미한 반점과 주름에도 의심의 눈을 거두지 말아야 할 것이다.

요즘 와서 더 절실하게 느끼는 것이지만 기존의 화소를 수집하고 계열화한 후 조합하는 정교한 짜깁기, 기존 텍스트의 시공간을 각색한 후 일정한 부분을 덧붙이거나 덜어내는 번안의 작업 등을 창작이라고 부를 수는 없다. 만약에 그렇다면 어떤 인간도 AI보다 능률적인 작가가 될 수 없을 것이다. AI가 소설을 쓰는 일이 목전에 현실로 당도한 지금 우리 시대의 작가는 무엇을 어떻게 씀으로써 제 개성을 표현해야 하는가. 이에 답하기 위해서라도 이전의 작가들, 그리고 작품들이 스스로를 어떻게 내세우고 있었는지 묻는 작업이 선행되어야 한다.

2020년 1월
최성윤

차 례

▌제 3 부▌

소설사의 맥락과 텍스트의 계보

제 1 부

이해조 신소설을 저본으로 한 모방, 번안 텍스트의 양상 연구

1. 서론

'신소설'을 어떻게 규정할 것인가의 문제에 대한 문학사적 고찰은 이미 충분히 집적된 것처럼 보인다. 문학사적 의의 규정과 좌표 설정을 위한 시도는 물론이고 '신소설'이라는 애매한 어휘에 대한 개념적 양식론적 접근을 시도한 연구도 제출되었다. 그러나 신소설은 애매하고 모호하며 한 마디로 정리할 수 없는 복잡한 양상을 띤 대상으로 여전히 남아 있다. 단적으로 말해 '신소설'이라는 어휘로 범주화할 수 있는 텍스트의 총량조차 아직 파악되어 있지 않으며, 이에 따라 개념을 따지거나 양식적 특질을 묻는 일이 무의미해져 버리는 상황이다.

신소설이란 무엇인가. 소위 '新小說'이라는 한정 술어를 표제 앞에 달고 있는 텍스트가 모두 신소설인가. '최신소설', '최근소설' 등을 포함하여 비슷한 시기에 발표된 텍스트를 몇 가지 양식론적 범주로 유형화하는 일이 가능하기는 한가. 이와 같이 따지고 묻는 일을 지속해 가다 보면 '신소설'을 개념적으로 정의하거나 양식론적으로 정리하는 일은 포기하는 것이 마땅하다는 결론에 도달할지도 모른다.

고전소설과 근대소설 사이의 공백을 메우는 서사 양식으로서 신소설을 다루는 방법론은 매우 효율적이지만, 근대 문단이 성립된 이후에 여전히 출판·유통된 구활자본 서사 텍스트를 어떻게 규정할 것인가의 난제를 해결해야 한다. 이에 논자에 따라서는 신소설이 문학사적 의의를 갖는 시기를 1906년부터 1913년까지로 한정시키기도 하는데[1], 이후 1920, 1930년대와 해방 이후까지 발표되거나 출판된 구활자본 대중소설 텍스트를 동일 연간의 근대소설에 견주어 시대에 뒤떨어진 것으로 판단하는 태도로 확산될 가능성이 있다. 물론 이와 같은 연구의 경향은 일리 있는 것이지만, 문학사를 갱신과 극복의 관점에서 대체로 파악함으로써 포섭이 아닌 배제의 서술을 낳을 수밖에 없다. 또한 해방 이전 임화 등에 의해 미리 정리된 이인직, 이해조, 최찬식, 김교제 등의 대표 작가와 작품에 대한 논의를 간헐적으로 재생산하는 것 이외의 성과를 기대하기 어려워진다.

이러한 사정으로 인해 근대 초기를 대상으로 한 문학사적 연구는 '신소설'이라 일컬어지던 당대의 주류적 양식을 일단 열외로 두고 일정한 시간 동안 단형 서사 등 동시기 계몽적 담론의 성격에 주목하였다. 문답체, 토론체, 기행체 등의 단편적 텍스트가 소설이라는 근대적 양식의 형성 과정에 어떻게 수렴되는가를 살핌으로써 문학사의 시각과 관점이 다양해지는 성과를 거둔 것으로 평가할 만하다. 게다가 근대 초기의 여러 정기 간행물들 속에서 그동안 다루어지지 않은 수많

1 최원식은 1913년이 이해조가 『매일신보』 지상에서 퇴장하고 이인직 또한 『모란봉』을 끝으로 신소설 창작을 마무리한 해라는 점에 주목했다. 또한 1913년은 이해조가 독점하다시피 했던 『매일신보』의 지면이 조중환, 이상협 등의 신파소설 번안물로 대체 완료된 해이기도 하다. 같은 해 5월 『매일신보』에 『장한몽』의 연재가 시작된 것이 상징적인 지표가 된다.(최원식, 『한국근대소설사론』, 창작사, 1986, 115면 참조)

은 텍스트들이 발굴되어 연구의 장에 소개된 것은 그 자체만으로도 큰 의미가 있다. 그러나 고전소설 이후 근대 소설의 개념과 양식이 형성되는 과정에서 신문 연재와 단행본 출간의 방식으로 유통된 장편 서사의 역사적 추이는 그 나름대로 중시될 필요가 있다.

본 연구자의 관심은 지금까지 현대 활자본과 영인본 등으로 접할 수 있었던 이인직, 이해조, 최찬식, 김교제 등의 대표적인 신소설뿐만 아니라 '후기 신소설', '신파소설', '딱지본 대중소설' 등의 이름으로 해방 이후까지 지속적으로 출판 유통된 구활자본 대중서사 텍스트 전반을 아우를 수 있는 연구 방법론을 설정하는 데 있다.

현재까지 신소설로 간주되는 텍스트의 총량은 가늠하기조차 어려운 실정이었는데, 이와 같은 난점은 신소설의 개념 및 양식적 특질 규정의 문제뿐만 아니라 구활자본 대중서사 텍스트의 서지적 정리가 미흡했던 것에 큰 원인이 있다. 수백여 편에 이르는 해당 텍스트의 목록 정리는 물론 그들의 경개와 얼개를 기본적으로 파악하는 데도 어려움이 따른다. 작업의 규모가 방대한 것이 일차적인 문제이지만, 그렇게 발굴하고 정리하는 일을 지속한다 해도, 하나하나의 단위 텍스트가 어떤 문학사적 가치를 지니는가에 대한 회의가 생긴다면 연구자의 의욕은 더욱 저하될 것이다. 문학사적 가치를 막론하고 나름의 분석할 만한 텍스트 내적 질서조차 갖추지 못한 작품이 태반인 실정이다.

그럼에도 불구하고 이들 텍스트를 정리하여 유형화하는 일이 시급히 착수되어야 하는 까닭은 한국 근대 장편의 작법이 형성되는 과정에서 대중서사 텍스트의 역할이 지대하였기 때문이다. '본격소설', '예술소설' 등의 이름으로 우리 근대 초기 문단이 주력한 분야는 두말할 필요 없이 단편 쪽이었다. 이는 말하자면 '새로움'에 관련된 문제인데, 이광수 이후 등장한 단편 위주의 근대 작가들은 장편 연재물과 통속적 독물의 차이를 당장 만들어내기 어려웠다. 당대의 통속적 읽을거리란 이해조, 최찬식 류의 신소설 텍스트이거나 조중환 류의 번안소설 텍스트로서 이미 많은 구세대 작가들이 각 지면을 장악하고 있는 상황이었다. 신진 작가가 단편을 써서 신문에 짧게 연재하거나 잡지에 전재하는 일은 어렵지 않았다 해도, 신문의 고정지면에 일정 기간 이상 장편을 연재한다는 것은 작가의 스토리텔링 능력을 떠나 독자의 저급한 취미에 부응해야 하는, 예술가로서의 자존심을 훼손시키는 일로 여겨지기까지 했던 것이다.

이러한 사정으로 단편 위주의 근대 본격소설과 장편 위주의 전근대적 대중소설은 오랜 기간 동안 공존하였다고 본다. 1930년대 이후 이광수 세대 이하의 작가들이 본격적으로 장편소설에 손을 댈 즈음, 대중화 논의가 활발했음을 기억해야 한다. 또한 신소설 및 번안소설로 신문의 연재면을 채우던 초기 작가들의 퇴장과 신진 근대 작가의 연재면 장악이 교차되는 시점에도 여전히 구활자본 소설의 출판과 유통은 지속되고 있었음을 상기할 필요가 있다. 대중소설 작가들은 (문단은 아닐지라도 시장에서는) 여전히 신진 작가들의 경쟁 상대였다.

근년에 구활자본 대중소설의 성격을 고찰하는 작업이 다수의 경로로 이루어지고 있다. 이 과정에서 그동안 다루어지지 않았던 많은 텍스트들이 수면 위로 떠오른 것이 사실이고, 아마도 그 속도는 점점 빨라질지도 모른다. 그리하여 '신소설' 텍스트는 수백 편이 아닌 수천 편이라는 주장과 근거가 제시될지도 모르는 일이다.

앞으로의 사적 발굴이나 논의가 생산적인 방향으로 진척되기 위해서는 텍스트의 방대한 규모가 아니라 단위 텍스트 간의 관계에 주목해야 한다. 실제로 다수의 텍스트들은 기존 텍스트의 인용과 모방, 표절로 점철되어 있기 때문이다. 이러한 사정을 파악하지 못한 연구자나 독자에게 기존에 거론되지 않은 텍스트의 판본이 '발굴'되어 앞에 놓인다면, 해당 텍스트의 전후 맥락이나 문학사적 좌표를 설정하는 일은 불가능할 수밖에 없다. 단위 텍스트의 내적 질서를 분석할 대상으로 논의의 장에 던져 넣는 일도 중요하지만 기존 텍스트의 아류 혹은 짜깁기로서 일단 열외로 놓을 작품을 분별하는 일도 필요하다. 이와 같은 분별과 판단을 위해서라도 장기간의 기초적 선행 작업은 불가피한 것이라고 생각한다.

우선 본 연구에서는 이해조의 작품과 그 계보에 놓이는 텍스트를 분석의 대상으로 삼는다. 물론 이해조 모방작 외에도 많은 작품들이 비슷한 서사구조와 모티프를 지니고 있으며, 많은 경우 1910년대 이전의 초기 신소설을 후기 대중소설이 모방한 결과라고 생각된다. 특히 이해조의 경우 일찍부터 접한 동・서양의 서사 텍스트를 자신의 저작물에 녹여내었던 바 한국 및 중국 고전과 일본 및 서양 텍스트의 용광로와 같은 역할을 수행하였다. 그가 번안한 화소나 모티프가 뒤따르는 작가들에게 자연스럽게 차용될 때 그 자신이 번안자이자 동시에 번안의 저본이 되는 양상을 보여주기도 한다.

신소설 텍스트뿐만 아니라 동시대의 번역 번안 서사 텍스트, 근대작가의 소설 텍스트도 모방 및 번안의 대상이 되었던 것이 사실이고, 후기 구활자본 대중소설 내에서도 혼합과 착종이 이루어졌으므로 이들 각각의 친연성을 밝히는 작업도 꾸준히 전개되어야 하리라고 믿는다.[2]

2 본 논문은 우선 이해조의 작품과 그 모방작이라고 여겨지는 후기 대중소설의 면면을 일별하여 후속 연구를 위한 기초 작업이 되고자 한다. 상세한 비교 분석이나 문학사적 의의를 고찰하는 작업은 별도의 지면을 얻어 수행할 것이다.

2. 이해조 신소설의 모방, 번안 양상

앞에서 언급한 수백여 종의 신소설 및 구활자 딱지본 대중소설 텍스트를 모두 거론하는 논문이나 책은 불가능할지도 모른다. 게다가 여러 연구자들의 노력에 따라 전체 대상 텍스트의 수는 더욱 늘어날 가능성이 높다. 지금까지 수집 정리된 텍스트의 정보는 기준점 없이 백지 위에 흩어져 있는 상태이다. 모눈종이 위에 좌표축을 그리고 하나하나의 텍스트를 자리매김하는 일의 시작이다. 우선 지금까지 발견된 것들을 바탕으로 '이해조 신소설과 유사한 서사구조를 지닌 후기 대중소설 텍스트의 관계'를 표로 나타내면 다음과 같다.

〈표 1〉 구활자본 대중소설의 이해조 모방 및 번안 양상과 그 저본

번호	저본	모방 및 번안작
1	이해조, 『원앙도』, 중앙서관, 1909.	허도, 『평안감사』, 세창서관, 1931.
2	이해조, 『월하가인』, 『매일신보』, 1911.	현영선, 『화원호접』, 대창서원, 1913.
3	이해조, 『소학령』, 『매일신보』, 1912.	작자미상, 『불쌍한 인생』, 홍문서관, 1936.

2.1. 『원앙도』[3]와 『평안감사』[4]

3 이해조, 『원앙도』, 중앙서관, 1909 ; 보급서관 · 동양서원, 1912 ; 동양서원, 1913 ; 박문서관, 1921. 1912년과 1913년 1921년 발행 세 판본을 확인하고 검토했다. 세 판본 모두 본문 첫 장에 '열지 리히조 뎌 悅齋 李海朝 著'라고 저자 표기가 되어 있다. 동양서원(1913) 본 판권지에 '명치 44년(1911) 12월 30일 초판발행'으로 기록되어 있는데, 보급서관 · 동양서원(1912) 본을 초판으로 간주하고 있는 것으로 보인다. 국립중앙도서관 소장 보급서관 · 동양서원(1912) 본의 판권지에는 '명치 45년(1912) 1월 발행'으로 기록되어 있으나, 발행 시기 부분만 새 종이로 덧대어져 있는 것을 볼 때, 1911년 말이나 1912년 초에 초판이 발행된 것으로 보인다. 한편 최원식의 연구(『한국근대소설사론』, 창작사, 1986)와 김윤

이해조의 『원앙도』는 1909년 중앙서관에서 발행되었다. 구시대적 배경과 인물 구성을 보이고 있으며, 두 집안 남녀 자제의 천부적인 기지와 혼인에 관련된 우여곡절을 서사 전개의 근간으로 삼았다. 이해조의 많은 작품이 그러하지만 순수 창작이라고 볼 수는 없는 작품이다. 이 작품 자체가 고소설의 번안 혹은 모방작이라고 간주될 수 있다.[5] 기존의 연구는 『원앙도』가 명대 백화단편집 『금고기관』의 권2에 수록된 「양현령경의혼고녀(兩縣令競義婚孤女)」의 번안이라고 밝히고 있다. 이해조의 작품 생산 과정에서 일본이나 서양뿐 아니라 중국을 원류로 한 동양 고전의 세계가 그 원천이 되었음은 두말할 필요 없는 일이다.

한 가지 재고할 만한 점은 그가 기존의 텍스트를 자신의 텍스트에 인입하는 과정에서 몇 가지 갈래의 구분되는 집필 태도를 지녔다는 사실이다. 근대 초기 저작과 번역 번안의 개념이 불분명한 상황 속에서[6] 이해조는 '산정', '편집' 등의 용어를 부기함으로써 집필자와 텍스트의 성격을 드러내려고 노력했다. 그의 '판소리계열' 텍스트와 '고대소설' 텍스트는 나머지 서사 텍스트와 자기 자신의 규정에 따라 미리

식 · 정호웅의 『한국소설사』(예하, 1993) 연표 등에는 『원앙도』가 1909년 중앙서관에서 발행되었다고 기록하고 있는데, 실물을 확인하지 못했다.

4 허도, 『평안감사』, 세창서관, 1931. 본문 첫 장에 '神奇小說 平安監司평안감사 許濤'라고 표기되어 있다. 이화여대 소장 세창서관 본(1952, 71면)을 참고했다. 1950~1960년대 발행 세창서관 딱지본의 해방 이전 발행 여부와 시기에 관해서는 이영미 외, 『딱지본 대중소설의 발견』(민속원, 2009)을 참조할 수 있다.

5 이에 관해서는 손병국, 「『원앙도』 연구」(『한국어문학연구』 47, 2006)에서 상세하게 밝혀 놓았다.

6 특히 우리 소설사의 근대 초기 상황에서 '번안'은 1920년대 중 후반이 되어서야 뚜렷하게 '창작'과 구분되기 시작했다. 1920년대 이전까지 근대 초기의 문인들은 자신의 번안 행위를 '창작'과 구분하지 않았거나, 구분하지 못하는 경우가 많았다.(졸고, 「근대 초기 서사 텍스트의 저작, 번역, 번안 개념에 관한 고찰」, 『한국문학이론과비평』 59, 2013 참조)

구분되고 있는 것이다.[7] 그런데 이 작품 『원앙도』는 이해조 자신이 '저(著)'라는 표기를 스스럼없이 부가한 텍스트이다. 즉 기존의 유 무형 텍스트를 활용하는 것과 무관하게 이를 자신의 텍스트로 간주하고 있다고 보아야 한다. 그렇다면 현재의 입장에서 연구자가 눈여겨보아야 하는 부분은 번안 자체가 아니라 번안의 정도 및 원전과의 차이가 될 것이다.

다음은 『원앙도』의 전체적인 경개이다.

ㄱ) 평안도 군수 민양덕이 집안의 원수인 조 판서가 감사로 내려오는 것을 한탄하며 걱정하자 열한 살 난 아들 말불이가 꾀를 내어 조 판서의 병부를 빼돌린다. 민양덕을 가만두지 않겠다고 벼르고 있던 조 판서는 병부가 없어진 것을 알고 당황하나 그의 열 살 난 딸 금쥐가 또 꾀를 내어 집안에 불이 난 것처럼 꾸미고 그 경황에 병부가 없어진 것을 민양덕의 탓으로 돌리려 한다. 그러나 이마저도 미리 예측하였던 말불이의 지혜로 민양덕은 위기를 모면한다. 조 판서는 병부를 되찾고 민양덕에게 하룻밤 자고 가기를 청하고 그 사이 민양덕의 인감을 빼돌린다. 그러나 말불이가 미리 바꿔놓은 가짜 인감 덕분에 이번에도 위기에서 벗어난다. 민양덕의 잔꾀를 괘씸해하는 조 판서에게 딸 금쥐가 가산에서 일어난 살인 사건의 검시를 민양덕에게 맡길 것을 권한다. 어려운 송사를 맡은 민양덕은 고심하나 말불이의 지혜로 사건을 해결하고, 두 집안은 말불이와 금쥐가 크면 결혼시키자 언약을 맺는다. ㄴ) 그러나 조 판서가

7 이해조는 『매일신보』에 연재한 판소리계 신소설에 '산정(刪定)'이라는 술어를, 1918년 오거서창에서 발행한 고전소설 『홍장군전』과 『한씨보응록』에 '편집'이라는 술어를 썼다. '산정'이라는 표기는 1921년 박문서관에서 발행된 『누구의 죄』 재판본에도 발견된다. 이들 텍스트는 이해조가 '지음'이 아닌 '옮김'으로 인식한 것이라고 할 수 있다.

아우의 정부 반란죄에 연루되어 실형을 가자 금쥐는 오갈 데 없는 신세가 되어 송사를 도와주었던 안경지의 집에 머물게 된다. 안경지는 금쥐에게 정성을 다하나 그의 아내는 이를 못마땅해 하다 결국 안경지가 청국으로 약재료를 사러간 사이 돈을 받고 금쥐를 윤 사또 집 하인으로 팔아넘긴다. 처량한 신세가 된 금쥐는 마음을 다잡고 열심히 일을 하는데 금쥐의 사정을 알게 된 윤 사또는 조 판서가 자신의 친구라며 반가워하고 금쥐를 딸처럼 맞아들인다. 마침 작은딸 효순의 혼례를 준비하고 있던 윤 사또가 금쥐를 먼저 혼인시킬 것을 결심하고, 사돈 민 승지에게 혼인을 미루자며 사정을 이야기한다. 민 승지는 민양덕의 아우로 마침내 금쥐와 말불이 만나게 된다. <u>금쥐와 말불은 혼인을 하고 조 판서가 방면되기를 기다렸다가 같이 포아로 떠나 유학한다.</u>(강조 - 필자)(이해조, 『원앙도』 경개)

『원앙도』의 서사는 위에 정리된 것처럼 ㄱ)과 ㄴ) 두 부분으로 나뉘어 있다. 전반부는 위기 상황에 맞닥뜨린 두 집안이 재주 있는 자제의 기지로 사건을 해결하고 자칫 원수가 될 뻔한 관계를 원만하게 해소한다는 정도로 정리될 수 있다. 그런데 이렇게 이야기가 마무리되지 않고 후반부에는 새로운 이야기가 전개되는데, 여주인공 격인 금쥐의 집안이 몰락하여 금쥐가 고난의 길로 들어선다. 은인의 등장과 악인의 방해, 또 다른 은인의 등장과 혼인에 의한 문제 해결이 복잡한 우여곡절로 진행된다.

두 부분 중 「양현령경의혼고녀(兩縣令競義婚孤女)」와 직접적으로 연관된 부분은 ㄴ) 즉 후반부이다. 집안의 몰락으로 인해 고난의 길에 들어선 여주인공이 은인을 만났으나 은인의 아내 등 불순 세력이 주인공을 팔아 버리고, 우연히 만난 제2의 은인이 자신의 딸을 결혼시키는 과정에서 주인공을 함께 혼인시키는 등의 서사가 그대로 재현된

다.[8]

작품의 전반부가 또 다른 원전의 번안인지 이해조의 창작인지는 아직까지 단언하기 어렵다. 그럼에도 불구하고 전반부와 후반부로 구분될 수 있는 두 서사의 합으로서의 『원앙도』 텍스트는 1910년경의 이해조가 자신의 저작물로 간주할 만한 주제의식과 구성방식을 갖춘 것으로 이해된다. 작품의 마지막 부분, '남녀 주인공의 유학'이라는 의도된 결말을 향하여 나머지 부분이 종속되어 있기 때문이다.

이해조가 『원앙도』 집필에 임하면서 당대 독자와 실정을 감안하여 원전을 '옮기는' 방식의 번안을 택한 것이 아니라는 점은 이로써 분명해진다. 익숙한 동양 고전을 끌어들이되 수동적 여주인공의 고난과 극복이라는 통속적 서사에 머무르지 않고 계몽 담론으로 변주하기 위하여 어쩌면 이질적일 수도 있는 전반부 서사를 부가한 셈이다.

금취와 말불의 재기발랄한 유년이 전반부의 배경으로 설정되어 있음을 유의하여 볼 필요가 있다. 『원앙도』는 궁극적으로 총명한 자질을 타고난 신세대가 우여곡절 끝에 결국 유학의 길에 오른다는, 『혈의 루』로부터 『무정』에 이르는 근대 초기 당대의 주류적 장편서사와 맥을 같이 하고 있다. 어린 시절의 약혼과 성장 이후의 결혼 및 유학 사이에 끼어든 여주인공의 수난담은 독서 대중에게 익숙한 원전의 인유로서 작품의 통속성을 배가시키기 위한 장치일 것이다.

1930년대 초반에 초판이 발행된 것으로 추정되는 『평안감사』는 인물구도나 서사 전개에 있어서 20여 년 전의 작품 이해조의 『원앙

---

8 본 논문은 이해조의 신소설과 이후 텍스트의 관련성을 조명하는 것이 목적이므로 이해조의 번안 원전에 대한 상세한 기술은 할애한다. 「양현령경의혼고녀(兩縣令競義婚孤女)」의 경개는 손병국의 위 논문에 정리된 것을 참조할 수 있다. 손병국은 번안 원전을 기준으로 하여 『원앙도』 전반부를 '부플롯'으로, 후반부를 '주플롯'으로 간주하고 논의를 전개했다.

도』를 연상시키는 딱지본 소설이다. 텍스트 대비를 위하여『평안감사』의 간략한 경개를 제시한다.

조선 숙종 때 동부승지 김필수가 평안감사가 되어 평양으로 부임하자 기생 양산월과 안주병사 리복영은 괴로워한다. 양산월은 자신이 의탁할 만한 사람이 나타날 때까지 정조를 지키겠다며 평안감사의 수청을 들지 않는다. 복영은 자신이 대대로 원수 사이인 필수의 부하가 되니 당연히 봉고파직될 것이라 여긴다. 이에 복영의 아들 준상이 문제를 해결하기 위해 나선다. 준상은 양산월의 노모에게 환심을 얻은 뒤, 양산월을 만나 그녀와 백년가약을 맺는다. 준상은 양산월을 시켜 술에 취한 평안감사의 옷 속에서 병부를 빼돌려 집으로 가져간다. 복영은 병부를 보고 반가워하나, 임금이 내린 병부를 함부로 처리할 수 없어 고민한다. 한편 병부를 잃어버린 평안감사는 어쩔 줄 모르고 병을 핑계로 정사를 돌보지 않는다. 이때 평안감사의 딸 경애가 나서서 병부 유실 사건에는 원수 사이인 안주병사가 관련되어 있다고 추측하고, 해결책을 제시한다. 경애는 평안감사에게 생일잔치를 열어 안주병사를 초청한 뒤, 불이 난 것처럼 상황을 꾸며 관복을 벗어 안주병사에게 맡겼다가 다시 찾아 입으면 옷 속에 병부가 들어 있을 것이라고 말한다. 경애의 말대로 행하여 병부를 되찾은 평안감사는 잔치가 끝난 뒤 안주병사와 단 둘이 만난다. 이 자리에서 두 사람은 화해하고, 사건이 준상과 경애의 기지로 벌어지고 해결된 것임을 알게 된다. 필수와 복영은 경애와 준상을 결혼시켜 사돈이 된다. 아울러 양산월도 준상의 두 번째 부인이 된다. 준상은 과거에 급제하여 병조판서의 자리에 오르고, 두 명의 부인과 해로한다.(허도,『평안감사』 경개)

작품의 경개만으로도 허도의『평안감사』가 이해조의『원앙도』와 닮은 작품이라는 것을 알 수 있다. 물론 그렇다고 해서 허도가 『원앙도』를 번안 혹은 표절한 것이라고 무조건 단정하기는 어려울지 모른다. 『원앙도』 또한 번안작이라면 『평안감사』는 『원앙도』의 원전을 달리 번안한 것이라고 추정할 수도 있기 때문이다.

그런데 여기서 우선 주목되는 것은 『평안감사』가 『원앙도』의 후반부보다는 전반부와 유사점이 많은 작품이라는 사실이다. 그렇다면 이 작품은 『원앙도』와는 모종의 관련이 있되 『원앙도』의 번안 저본으로 간주되는 「양현령경의혼고녀」와는 별다른 관련성을 찾기 어려운 텍스트가 된다. 가령 두 텍스트를 1930년대의 번안작 『평안감사』와 1910년대의 원전 『원앙도』의 맥락 위에 놓고 유사성과 차이를 추출한다면 어떠한 해석이 가능한가.

우선 개화 계몽 의지의 퇴색을 들 수 있다. 『평안감사』는 『원앙도』와 마찬가지로 병부 실종 사건을 둘러싼 신세대의 지략 대결을 주요 모티프로 삼고 있지만, 사건 해결과 두 집안의 화해 이후 혼인이 성사되고 모든 갈등이 해소되는, 안이한 결말구조를 택하고 있다. 『원앙도』의 말불 격인 『평안감사』의 준상이 고위직에 오르고 작첩하여 두 부인과 해로한다는 에필로그는 명백한 봉건적 퇴행이다. 『원앙도』가 10세가량의 어린아이들을 서두에 등장시킨 것과는 달리 『평안감사』는 혼기가 찬 자제들을 등장시켜 후반부의 수난담을 소거하고 바로 갈등의 해소로 나아갈 수 있었다.

말불의 궁통ᄒᆞᆫ 의ᄉᆞᄂᆞᆫ 어려셔부터 유명ᄒᆞ던 터이라 안셔달과 의론ᄒᆞ고 조판셔 나오게 운동ᄒᆞᆯ ᄶᆡ에 벌셔 얼마 안이 되야 ᄯᅩ 무슨 번복이 잇슬 쥴 짐작ᄒᆞ고 나오ᄂᆞᆫ 길로 포아로 건너가게 ᄒᆞᆫ 일인ᄃᆡ 자긔 ᄂᆡ외가 갓치 간 것은 두 가지 사정이 잇스니 쳣ᄌᆡᄂᆞᆫ 셔양 문명ᄒᆞᆫ 학문을 하로밧비 공부ᄒᆞ야 졸업ᄒᆞᄂᆞᆫ 날 ᄂᆡ 나라에 도라와 자긔ᄂᆞᆫ 남ᄌᆞ 사회를 ᄀᆡ도ᄒᆞ

<u>고 자긔 안악은 녀ᄌᆞ 사회를 고동ᄒᆞ야</u>(강조 - 인용자) 국가 긔초를 공고케 ᄒᆞ고 인민 힝복을 징진케 ᄒᆞ야[9]

『원앙도』와 『평안감사』의 또 다른 차이점은 여성 인물의 역할에서 찾을 수 있다. 『원앙도』의 금쥐는 작품의 전 · 후반부를 시종하여 서사의 중심에 위치하며, 결말 부분에서 말불과 마찬가지로 유학의 기회를 얻는다. 위 인용문에서 볼 수 있듯 금쥐의 유학은 적극적 능동적 의도 하에서 기획된 것이다.

재주 있는 여자 아이가 성년이 되기 이전 이곳저곳을 떠돌면서 고초를 겪다가 신교육의 기회를 얻는다는 설정은 그 간난신고의 내용이 어떤 고소설적 에피소드로 채워지더라도 지극히 개화기적인 전형성을 가진 것으로 해석해야 한다. 부분 부분의 화소가 당대 독자에게 익숙한 고소설의 인유 혹은 모방이라고 할지라도 결혼의 성립과 더불어 선악의 판단을 유도하는 결말을 채택하지 않은 것만으로도 최소한의 당대적 의미를 띠게 되는 것이다. 1910년 전후의 수다한 신소설에서 여주인공의 고난은 개화인으로 거듭나기 위한 통과의례의 성격을 지닌다.

이에 비해 『평안감사』는 경애의 역할이 많은 부분 축소되어 있고 기생 양산월이 서사 진행의 역할을 나누어 맡고 있으며, 결국은 이들 모두 구식 결혼 제도에 함몰되어 가정이라는 울타리에 갇히고 만다. 이왕에 드러난 여성의 재주는 쓰일 곳이 없고, 작가가 그에게 줄 수 있는 보상은 남편과 해로하는 것 외에 없으니, 작가의 입장에서 번거로운 수난담도 필요 없어지는 것이다.

---

9 이해조, 『원앙도』, 보급서관 · 동양서원, 1912, 105면.

2.2. 『월하가인』[10]과 『화원호접』[11]

이해조의 『월하가인』은 초우당주인 육정수의 1908년 작 『송뢰금』과 더불어 근대 초기 유이민소설의 선구적인 작품이다.[12] 1910년 이후 이해조의 고전소설 세계로의 퇴행 흐름에서 당대 현실을 적실하게 묘사한 이질적 작품으로 거론되기도 한다. 살 길이 막막하여 이주를 택한 조선 유이민의 딱한 현실을 그렸는데, 1920년대 중반까지 판을 거듭하여 발행된 것으로 보아 어느 정도의 대중성을 확보한 것으로 판단되는 작품이다.

1905년 단발적으로 이루어진 멕시코 이민은 일제의 속임수에 의한 노예 이민이었다. 『월하가인』이 연재되기 시작한 1911년 1월은 달콤한 유혹의 허구성이 드러나고 이민 생활에 대한 긍정적 기대가 이미 허물어진 시점이었다. 게다가 이해조가 가지고 있었던 기자라는 직업과 신문사라는 직장은 노동 이민의 속사정을 누구보다도 빠르고 정확하게 알 수 있게 한 원인일 것이다. 멕시코 이민자들의 출발 전 들뜬 기대와 현지에서의 참상은 작품 곳곳에 드러나 있다. 이것만으로도 『월하가인』은 근대 초기 소설사에서 뚜렷한 존재 의의를 가진다고 할

---

10 이해조, 『월하가인』, 『매일신보』, 1911.1.18~1911.4.5(61회 완) ; 보급서관, 1911 ; 박문서관, 1916. 『매일신보』 연재 지면에 '新小說 月下佳人 遐觀生'이라고 표기되어 있다. 보급서관에서 1911년 초판 발행되었으며, 1914년 발행 3판본(118면, 25전)을 비교 확인했다. 본문 첫 장에 '신소셜新小說 월하가인月下佳人'이라고 표기되어 있다. 난외서명은 '익졍소셜 월하가인'이다. 1916년 이후 박문서관에서 지속적으로 발행되었으며 1924년의 9판본까지 확인된다.

11 현영선, 『화원호접』, 대창서원, 1913. 본문 첫 장에 '호연싱 현영션'이라고 작가가 표기되어 있다. 책의 판권지에는 저작자가 '玄丙周'로 표기되어 있다. '錦江漁夫' '玄翎仙' 등의 필명으로 활동한 현병주의 작품이다.

12 『송뢰금』(박문서관, 1908)은 하와이 이민을, 『월하가인』은 멕시코 이민을, 또 다른 이해조의 작품 『소학령』은 노령 이민을 그린 유이민소설의 초기작으로서 문학사적 의의를 가진다.

만하다.

그런데 이 작품의 표제는 '월하가인(月下佳人)'이다. 참혹한 이민 생활의 현실을 체험한 남성 주인공이 아닌, 고국에 남아 남편을 기다리는 젊은 아내에 초점이 맞추어진 제목인 것이다. 구한말의 정세와 관련된 작품 전반부의 생활난은 보편적 상황으로 그려져 있으므로 심 진사의 것만이 아니라 부인 장 씨에게도 해당되며, 이주를 실행한 이후의 심 진사의 수난은 상대적으로 후경화되어 남은 자 장 씨의 고초를 부각시키는 역할을 한다. 생과부 처지가 된 젊고 아름다운 부인의 수난은 말할 필요도 없이 대중의 호기심을 자극하려는 의도의 소산이다. 다음은『월하가인』의 경개이다.

> 충청북도 충주에 살던 심 진사가 갑오년 동학란에 입도를 권하는 무리들의 협박과 몰매를 피해 부인 장 씨와 외숙 집으로 피난을 간다. 그러나 유행병으로 두 아들을 잃은 외숙의 처지 또한 막막한 것이어서 내외는 외숙을 모시며 어려운 살림을 이어간다. 설상가상으로 외숙 내외가 죽자 그들의 처지는 더욱 곤궁해진다. 살 길이 막막해진 심 진사는 길에서 우연히 만난 윤조의 권유로 멕시코에 노동 취업을 가기로 결정한다. 열심히 일하면 돈푼이나 모아 고국의 아내에게 부칠 수 있으리라는 기대와는 달리 열악한 작업 환경에 고생만 하던 심 진사는 <u>중국인 왕대춘의 도움</u>으로 미국으로 가게 된다. 아내의 소식을 알 길이 없는 심 진사는 <u>예수교 목사</u> 사환 노릇을 하며 실업학교를 마치고 주미 공사로 있던 민 판서와 함께 귀국한다. 민 판서의 밑에서 일하던 심 진사는 백방으로 아내를 찾지만 소식이 묘연하다. 아내 장 씨는 심 진사가 외국에 나가 있던 동안 방물장수의 간계로 정조를 잃을 위기에 처했다가 장 시어와 의남매를 맺고 그의 도움을 받는다. 장 시어 일가가 원주로 가자 그를 따라 간 장 씨는 장 시어가 새로 들인 아내의 시기로 서울로 쫓겨

가다 주막에서 도둑을 만나 빈털터리가 된다. 이를 중국인 왕대춘이 구해준 것(이상 강조 - 필자)이 인연이 되어 서울로 올라온 장 씨는 우연히 길을 가다 부인의 한탄을 듣게 된 심 진사와 재회한다.(이해조, 『월하가인』 경개)

『월하가인』의 당대 서사문학 속에서의 특수성 혹은 사적 의의는 대개 심 진사가 이끌어가는 서사의 줄기에서 발견된다. 멕시코 이민자들의 생활 묘사가 그렇고, 이민 사회에서 중국인의 도움을 얻는다는 설정 또한 그렇다. 숨은 조력자 중에는 예수교 목사도 있다. 조기 귀국할 기회를 버리고 미국에 남아 공부를 하리라는 심 진사의 결심과 이 과정에서 고국의 가족을 방기하는 자기를 무책임하게 합리화하는 가장의 모습도 개화기 소설사 내에서는 전형적인 풍경이다.

그러나 작품의 서사는 결국 장 씨의 수난이 우연히 만난 조력자에 의해 극복되고 행복한 가정을 복원하는 고전소설적 결말을 향해 맹렬한 속도로 수렴되고 만다. 정조를 잃을 뻔한 위기 상황에서 은인을 만나고 그 은인의 처에 의해 제2의 위기상황을 맞는, 중간 과정에서의 우여곡절도 구태의연하기 이를 데 없다.[13] 결국 이 작품은 '월하가인'이라는 고색창연한 표제와도 같이 봉건적 구소설로 퇴각하여 끝을 맺은 통속적 신소설이나, 근대 초기 이민사를 소재로 한 선구적 작품 중 하나이며, 유이민 생활의 간난신고를 핍절하게 묘사하고 그 부조리의 내면구조까지를 탐색한 문학사적 의의를 가진다고 평가할 수 있겠다.

---

13 최원식은 『월하가인』이 한문단편 「북경거지」와 「홍역관」의 화소를 차용한 것으로 확인했다. 가족 구성원의 고난과 상봉, 행복한 결말의 열쇠인 중국인 왕대춘을 다루는 수법이 한문단편의 화소를 재탕하고 있다는 것이다.(최원식, 「신소설과 노동이민」, 『한국근대소설사론』, 창작사, 1986, 276-277면 참조)

그런데 『월하가인』이 연재되고 출판된 지 얼마 지나지 않아 『화원호접』이라는 책이 발행된다. 1913년이라는 발행연도는 『월하가인』의 재판본이 서점에서 판매되고 있던 시점이다. 『월하가인』은 이후에도 지속적으로 판을 거듭하여 발행된 것이 확인되나, 『화원호접』의 경우 1913년 대창서원 초간본 이외의 판본을 찾기 어려운 형편이다.

남편이 멕시코 이민을 결정하고, 고국에 남은 부인이 온갖 고난을 겪으며, 결국 가족 상봉 후 행복한 가정을 복원시킨다는 이야기의 틀은 우연이라 하기 어려울 정도로 1911년 작 『월하가인』과 흡사하다. 『화원호접』의 경개는 다음과 같이 정리될 수 있다.

> 탁지부 김 국장은 관직을 그만둔 후 개발 회사에 몸담고 멕시코로 건너간다. 오륙 년 동안 돈 한 푼 부쳐오지 않았던 김 국장은 워싱턴에서 기술 공부를 하다가 다시 기계공장 일을 맡아 일본 동경으로 나온다. 김 국장의 부인 리 씨는 행랑아범의 아들 한이와 여종 옥란의 도움으로 근근이 생계를 꾸려 간다. 그러는 중 황날치라는 오입쟁이가 리 부인의 미모에 반해 그녀를 손에 넣기 위해 수단과 방법을 가리지 않는다. 모사가 미동집을 찾아간 황날치는 그녀에게 돈을 주고 일을 도모한다. 미동집은 용슈집이라는 할멈을 시켜 리 부인의 친정아버지 리 참판이 죽었다는 거짓 편지를 보내고 부인을 수원으로 유인한다. 미동집은 괴한들을 사주하여 옥란을 납치해 한강에 던지도록 한다. 황날치와 미동집의 계략으로 위기에 처한 리 부인은 기지를 발휘하여 위기를 모면하고, 귀국한 김 국장과 우연히 용두사에서 만난다. 한강에 던져졌던 옥란은 간신히 목숨을 건진 후 김 국장 내외와 만나 그간의 사정을 들려준다. 황날치와 미동집, 용슈집은 체포되었다가 김 국장의 선처로 풀려나지만, 재산 문제로 재판을 받고 다시 감옥에 간다.(현영선, 『화원호접』 경개)

『월하가인』과 다른 점이라면 남편 김 국장의 서사가 극도로 축소되어 거의 소거되어 버린 점이다. 『월하가인』의 멕시코 이민이 당대 정세와 맞물려 있고, 결정과 실행 과정 및 현지에서의 생활이 내 외적 갈등 국면으로 풍부하게 묘사된 것과 달리 『화원호접』에서는 이 부인을 혼자 남겨 두기 위한 단순한 장치로 쓰였다고 할 수밖에 없다. 이민의 결정 또한 생계가 막막하다는 등의 현실적 상황이 아니라 우연히 얻은 기회 정도로 처리되고 말았다. 이민을 결정할 당시의 여건이나 처지 자체가 확연히 다른 것을 발견할 수 있다. 현지에서의 고생이나 귀국하기까지의 경유지 또한 명료하게 드러난 바가 없으며, 돌아온 김 국장의 술회 내용에서 잠깐 언급될 뿐이다.

『화원호접』은 『월하가인』보다도 여성인물의 수난사에 극도로 집중한 텍스트이다. 복잡한 악인형 인물 군을 설정하고 위기를 고조시키기 위해 인신매매와 납치 살해 등의 소재를 총동원했다. 물론 여주인공은 위기를 벗어나고 든든한 조력자이던 몸종은 목숨을 구하며 악인들은 처벌된다.

남주인공이든 여주인공이든 그들이 겪은 고난은 어떠한 당대적 의의도 획득할 수 없다. 여주인공의 수난이야 『월하가인』의 그것과 별 차이 없다고 하더라도, 멕시코, 미국, 일본이라는 배경이나 힘든 노동과 기술 공부 등 김 국장의 그간 경험은 작품 속의 현재는 물론 가까운 미래와도 무관하다. 『화원호접』이 『월하가인』을 어느 정도로 염두에 두고 소재와 모티프를 차용했는가는 발표 시기에 별 차이가 나지 않는 점 등을 고려하여 좀더 세심하게 고찰할 필요가 있겠지만, 통속 서사 텍스트인 『월하가인』이 획득한 나름의 당대적 의의를 『화원호접』은 어느 하나도 나누어갖지 못했다.

2.3. 『소학령』[14]과 『불쌍한 인생』[15]

우리 문학사에서 처음 노령 이민을 그린 『소학령』은 국내외를 망라한 광대한 공간적 배경과 민족의 생활상을 실감 나게 그린 작품이다. '소학령' 즉 노령은 작품의 시간적 배경인 1905년 경 일본의 영향력이 강한 지역이었다. 작품은 이 지역을 배경으로 설정하여 러시아와 일본을 각각 부정적/긍정적으로 대비시킴으로써 『월하가인』 당시까지는 드러나지 않았던 이해조의 친일적 성향을 노출시킨 작품으로 간주되기도 한다. 『월하가인』에서의 친청 정서가 『소학령』에서는 반청 정서로 바뀌었다는 해석 또한 일리가 있다. 그런데 작품의 경개를 인물구도와 사건 위주로 정리해 보면 외세에 대한 인식은 부차적인 것이며, 민족 내적인 갈등이 주된 서사의 줄기를 형성하고 있음을 알 수 있다.

소식 없이 집을 나간 남편 강한영으로부터 부인 홍 씨에게 편지가 온다. 간도 지역의 추풍에 살림을 장만했으니 오라는 내용이다. 홍 씨는 가재도구를 정리하여 아들 동이와 시동생 위영을 데리고 무작정 남편을 찾아간다. 목적지로 가던 도중 위영은 중국인이 경영하는 홍평자라는 가게에서 돈을 바꾸려다가 흉계에 빠져 돈을 강탈당한다. 돈을 찾으러 간 시동생의 소식이 묘연하던 차에 객주집에서 쫓겨난 홍 씨는 살인강도

14 이해조, 『소학령』, 『매일신보』, 1912.5.2~7.6(57회 완) ; 신구서림, 1913. 『매일신보』 연재 지면에 '新小說 巢鶴領'이라고 표기되어 있다. 을유문화사 『한국신소설전집3』에 '著作者 李海朝 發行者 池松旭'으로 1913년 신구서림에서 간행되었다는 기록이 있으나 단행본 자료를 찾을 수 없다.

15 홍병석 저작 겸 발행, 『불쌍한 인생』, 홍문서관, 1936. 서울대 도서관 소장 홍문서관 본(마이크로 필름) 표지와 본문 첫 장에 '悲劇小說 불상한人生인생'이라고 표기되어 있다.

> 를 일삼는 방인철 형제의 꾐에 빠지나 가까스로 민장의 도움을 얻어 구원받는다. 민장은 동포 회의를 열어 방가 형제의 처벌 방안을 논의하고, 인철은 이에 대한 보복으로 민장을 살해한다. 게다가 남편이 소학령에서 중병을 앓는다는 방가의 거짓 편지에 속아 홍 씨는 또 다시 고생을 하게 된다. 한편 기다려도 가족이 오지 않자 답답한 마음에 고향으로 돌아온 한영은 가족이 이미 고향을 떠났음을 알고 서울 친구 집에 들른다. 거기서 그는 뜻밖에 남의 일에 연좌되어 옥고를 치른다. 온갖 고난 끝에 온 가족이 함께 만나고, 그동안 홍 씨와 동고동락하던 민장의 부인은 방가를 죽여 복수를 한 후 자신도 목숨을 끊는다. 한영의 가족은 고향으로 돌아왔으나 다시 가난에 의해 고통 받는다.(강조 - 필자) 그런데 마침 노령 땅에 머물 때의 집주인이었던 홍구여가 강한영이 남겨둔 족자를 고가에 팔아 돈을 부친다. 덕분에 강한영은 가난에서 벗어난다. 그러나 갑자기 부자가 된 강한영을 시기한 고향 친구 최 진사의 모함으로 어려움을 겪게 되는데, 예전에 방인철과 한 패였으나 강한영의 관용으로 회개한 안국삼이 강한영의 무죄를 입증하여 위기에서 빠져나온다.(이해조, 『소학령』 경개)

일찍이 선행연구에 의해 지적된 것처럼 작품에 등장하는 인물들은 평안도, 강원도, 충청도, 경기도 등 출신지가 제각각이며, 삶의 이력이 다르고, 성격이나 행실 또한 천차만별이며, 이민자로 생활하고 있는 현재의 모습도 긍정적 부정적 양극단 사이에서 넓은 스펙트럼으로 나타나고 있다.[16]

이 작품이 작가의 이전 작품 『월하가인』과 차별되는 친일 및 반청 정서를 드러내고 있음은 물론 중요하지만, 그에 덧붙여 노령이라는

16 최원식, 「신소설과 노동이민」, 『한국근대소설사론』, 창작사, 1986, 283면 참조.

생활의 공간과 그곳을 채우고 있는 조선 민중의 다양한 인간 군상을 냉정한 시선으로 그려내고 있는 점도 함께 주목될 필요가 있다. 저마다의 곡절에 의해 타국으로 떠난 이들이 모여 때로는 갈등하고 때로는 부조(扶助)하는 공간에서 '자치의 질서가 붕괴되는 과정'을 작품은 담고 있다.

민장의 죽음과 강한영 일가의 귀국은 '개척 바닥'이라는 삶의 터전이 불안한 것일 수밖에 없음을 가리킨다. 그런데 이를 이민족의 탄압과 나라 잃은 백성의 고통으로 선명하게 대비시키지 않고 민족 내 갈등으로 서사화한 작가의 의도는 좀 더 세심하게 검토되어야 할 것이다.[17] 아무튼 『소학령』이 당대 이민 사회의 내부를 입체적으로 조명하는 데 다양한 인물 군상의 묘사가 어느 정도 기여한 것만은 사실이다.

『불쌍한 인생』은 앞의 두 모방 텍스트와 비교할 때 저본과의 유사성이 가장 큰 작품이다. '추풍', '홍평자' 등의 공간 명명이나 '방가 형제', '민장' 등의 서사를 추동하는 인물 구도까지 거의 동일하다고 해도 무방할 정도이다.

> 남편 일식이 돈을 벌기 위해 만주로 떠난 뒤, 부인 홍 씨는 아들 동이와 시동생 이식과 함께 살아간다. 일식의 편지를 받고 그가 있는 추풍으로 가기로 한 홍 씨와 이식은 가산을 정리하고 조선을 떠난다. 해삼위에 도착한 일행은 조선인 부락 신개척지로 가 한 객줏집에 여장을 푼다. 은행에서 돈을 환전한 이식은 홍 씨를 위해 청요릿집에서 국수를 사려다가 청인의 꼬드김에 넘어가 돈을 모두 빼앗긴다. 그곳은 행인의 돈을

17 예컨대 최원식이 『월하가인』의 한계를 지적하기 위해 쓴 "민족의 자생적 역량에 대한 회의"(위 책, 123면)나 애국계몽기 소설계에 나타난 우리 계몽사상의 한계를 지적하기 위해 쓴 "개명한 양반층의 의식에 기초"(위 책, 176면)했다는 등의 평가를 여기서도 적용할 수 있을 것이다.

> 빼앗고 살해하는 청인들이 많기로 유명한 홍평자라는 거리였다. 며칠 뒤, 홍 씨도 이식을 찾으러 홍평자로 나섰다가 위기에 빠지지만 어디선가 나타난 일본인의 도움으로 위기를 모면한다. 그러나 홍 씨는 밥값을 못 낸다는 이유로 객줏집에서 쫓겨난다. 홍 씨의 사정을 알고 있는 방인철, 의철 형제는 그녀에게 접근해 집으로 데려다가 겁탈하려고 한다. 꾀를 써서 위기를 모면한 홍 씨는 우연히 '민장'을 만나 그의 집에 머물게 된다. 그는 어려움에 처한 동포들을 도와주는 일을 도맡아 하는 인물로, 인민의 어른이란 뜻으로 조선동포들이 민장이라는 호칭을 지어준 것이다. 그는 홍 씨의 소문을 듣고 온 방 씨 형제에게 살해된다. 홍 씨와 민장의 부인은 의형제를 맺고 방 씨 형제에게 원수 갚을 날만을 기다린다. 그러던 중 홍 씨는 다시 방 씨 형제의 계략에 속아 그들에게 강간당할 위기에 처한다. 이 때 이식이 나타나 그들을 총으로 쏘아 죽인다. 홍평자에서 구사일생으로 빠져나온 그는 홍 씨를 찾아 헤매다가 홍 씨를 도와주었던 일본인을 우연히 만나 돈과 총을 얻었던 것이다. 다시 만난 홍 씨와 이식, 동이는 추풍으로 가 일식을 만난다. 일식은 민장의 은혜를 갚기 위해 민장의 집 옆으로 이사를 하여 그들과 한 가족처럼 오가며 화목하게 지낸다.(강조 - 필자)(홍병석 저작 겸 발행, 『불쌍한 인생』 경개)

무엇보다도 주목되는 것은 『소학령』의 귀국과 『불쌍한 인생』의 현지 정착이라는 상이한 결말이 당대 이민자의 현실과 현지의 상황에 대한 작가의 인식 차이를 드러낸다는 것이다. 노령 현지에서 갖은 고생을 겪던 『소학령』의 강한영 일가는 가족 전체 이주라는 목표를 이루지 못하고 결국 고국으로 돌아온다. 한영의 가족을 돕던 민장은 피살당하고 민장의 부인 또한 복수 후 목숨을 끊는, 일련의 비극적인 사건들을 뒤로 한 채 강한영 일가는 희망이 없어 떠난 고향을 다시 찾게 되는 것이다. 그에 비해 『불쌍한 인생』의 일식 가족은 가족 상봉 후 민장의 집 옆으로 이사를 하여 민장의 부인과 가족처럼 지낸다고 설정되어 있다.

국경 북쪽 만주 혹은 노령 일대가 그래도 정착하여 살 만한 곳인지, 오만 정이 떨어져 발길을 돌릴 수밖에 없는 곳인지의 인식 차이는 중요하다. 1910년대의 이해조 등 선구적 유 이민 작품이 발표된 이후 본격 근대소설 작품뿐만 아니라 1930년대의 구활자본 대중소설 중에서도 만주를 배경으로 한 많은 단행본 작품이 발표되었다. '백의민족'의 설움을 표방한 그들 작품[18]의 결말과 『소학령』, 『불쌍한 인생』의 그것을 세심히 비교하여 고찰하는 작업이 필요하며, 이는 이해조의 『월하가인』이나 『소학령』의 당대적 의의를 정당하게 평가하는 기준이 될 수 있을 것이다.

3. 결론

1909~1912년 사이에 발표된 이해조의 세 작품 『원앙도』, 『월하가인』, 『소학령』과 이후에 발행된 『평안감사』, 『화원호접』, 『불쌍한 인생』의 유사성에 착안하여 각 작품의 인물 구도와 배경, 서사의 경개를 중심으로 비교 분석하여 보았다.

이해조의 『원앙도』는 백화체 한문 단편 「양현령경의혼고녀」의 번안으로 알려져 있는데, 고소설적 인물 구도와 통속적 서사구조를 가

18 『백의미인』(덕흥서림, 1934), 『백의인의 루』(세창서관, 1935), 『백의처녀』(출판사, 연도 불명), 『백의청년』(덕흥서림, 1934) 등 1930년대 중반에는 만주를 배경으로 한 애화(哀話)류 대중소설에 '백의'라는 수식어를 다는 것이 유행이었던 것 같다.

지고는 있으나, 재주 있는 젊은이들의 유학이라는 모티프로 당대의 계몽적 이데올로기를 작품 내에 구현하려 한 텍스트이다. 이에 비하여 허도의 『평안감사』는 작품의 흥미 요소에 집중하고 남성 인물의 입신양명과 작첩에 의한 일부다처제 가정의 성립을 결말로 채택함으로써 구태의연한 통속적 이야깃거리에 머물렀다.

이해조의 『월하가인』과 『소학령』은 우리 문학사에서 유이민 소설의 초기작으로서 의의를 지니는 작품들이다. 『월하가인』은 멕시코 이민을, 『소학령』은 노령 이민을 다루었다. 이들 작품에서 당대 이민의 비참한 생활상과 궁핍한 민중을 호도하는 일제 이민 정책의 허구성 등을 읽어낼 수 있다. 이에 비해 『월하가인』과 유사한 경개를 가진 현병주의 『화원호접』은 창작 및 발표 시기가 근접해 있음에도 불구하고 당대 조선 현실의 묘사 측면에서나 이민 생활의 온갖 난관을 국제 정세에 연관시켜 그려내는 측면에서 현저히 부족함을 드러내는 작품이다. 『평안감사』와 마찬가지로 『화원호접』도 여성 인물의 수난에 초점을 맞추어 구소설적 통속성에 함몰된 작품으로 평가할 수 있다.

『불쌍한 인생』은 주인공의 이름을 빼면 주요인물 및 주변 인물의 구도, 배경 등에서 모방의 저본과 가장 닮은 작품이다. 그러나 『소학령』의 귀국과 『불쌍한 인생』의 현지 정착이라는 상이한 결말은 당대 이민자의 현실과 현지의 상황에 대한 작가의 인식 차이를 드러내는 것으로 판단할 수 있다.

1910년 부근 이해조의 신소설 작품을 가깝게는 2년 후 멀게는 20여 년 후 모방 및 번안한 텍스트와 비교하여 본 결과 모방작의 성격은 저본이 가진 당대적 의의를 대부분 잃어버리고 통속적 대중 독물로서의 집필 의도에 초점을 맞추었다는 것이 확인된다. 여기서 통속성의 강화란 물론 독서 대중을 유인하기 위한 방책이었을 것이며, 계몽성의 탈각과 현실 인식 수준의 저하는 창작 시기의 차이에 따른 정세의 변화와도 연관이 있을 것이다. 이해조 작품의 당대적 의의는 모방작들과의 차이를 통해 밝혀질 수 있으며, 또한 계몽성과 현실성을 소거한 상태에서도 이해조 텍스트의 서사구조는 1930년대 대중 독서 시장에서까지 여전히 경쟁력을 가지고 있었다는 추론이 가능하다.

이인직 초기 신소설의 모방 및 표절 텍스트 양상 연구

1. 김동인이라는 창을 통해 본 이인직과 그의 신소설

『혈의 루』와 『귀의 성』은 이인직의 초기 대표작이자 신소설이라는 양식의 당대적 수준과 지평을 선언적으로 제시한 작품들이다. 『혈의 루』가 '유학' 모티프에 의한 신세대 교육 담론을 계몽적 서사의 전형으로 구축한 작품이라면, 『귀의 성』은 이전에 보기 어려웠던 비극적 결말의 채택으로 사필귀정 및 복선화음의 천편일률적 관행에 충격파를 일으킨 작품이라고 할 만하다. 이미 잘 알려진 바 있지만, 다음의 인용문을 살펴보면 당시의 독서 대중에게 이인직의 새로운 작풍이 얼마나 낯설게 받아들여졌을지 알 수 있다.

> a) 當時의 만흔 小說 가운데 아직것 그 일흠이나마 나의 머리에 남어 잇는 것은 「鬢上雪」과 「鴛鴦圖」다. 前者는 "군밤 사오, 설설 끌는 군밤 사오"라 한 그 서두쌘이 아즉 記憶에 남어 잇고 後者에는 엇던 郡守의 지혜가 자미잇든 記憶이 잇다. 그러나 그 著者가 누구이든지도 알 수 업다.

朝鮮近代小說의 元祖의 榮冠은 李仁稙[1]의 「鬼의 聲」에 도라갈 박게는 업다. 당시의 만흔 作家들이 모도 作中 主人公을 才子佳人으로 하고 事件을 善人 被害에 두고 結末로 惡人必亡을 도모할 째에 이 作家뿐은 「鬼의 聲」으로서 학대밧는 한 가련한 女性의 一代를 우리에게 보여주엇다.

女主人公 '춘천집'은 웨 被殺을 당하엿느냐 이는 在來의 作者에게 보지 못하든 새로운 結構다. 主人公의 幸福을 축수하려기에 小說의 存在할 價値가 잇지 女主人公의 被殺이라 하는 것은 '人生社會'가 아닌 '小說'에는 잇지 못할 殘酷한 일이엇섯다. 「鬼의 聲」을 닑든 筆者의 어머니가, "이 책은 넘우 참혹스럽다"고 책을 덥치고 탄식한 것도 그 당시에는 당연한 일이엇섯다.[2]

b) 筆者는 「鬼의 聲」을 닑은 前後하여 가튼 作者의 「雪中梅」(?)를 닑엇다. 그러나 지금 그 책은 絶版이 되엿스며 그 째 닑은 記憶은 일헛스니 批判할 수가 업다. 다만 日淸전쟁(日露든가)에 女主人公이 다라나든 긔억만 남어 잇다. 그 다음에 열세 살인가 열네 살 적에 筆者는 그 「雪中梅」의 續篇으로 「每日新報」 上에 몃 回 連載되다가 中斷된 「血流」(?)를 본 긔억이 잇다. 그 째에 그 作家는 序言으로서 "이 「血流」(?)는 「雪中梅」(?)의 續篇으로 쓴 것이지만 獨立한 小說로 보아도 괜찬타"는 뜻을 發表하엿다.[3] [4]

---

1 1930년 이전의 김동인 텍스트에는 계속해서 이인직(李人稙)의 한자 이름 오류가 발견된다.

2 김동인, 「조선근대소설고」, 김치홍 편, 『김동인 평론전집』, 삼영사, 1984, 62-63면.

3 위 글, 위 책, 66면.

4 여기서 김동인이 말하는 『설중매』가 곧 『혈의 루』이며 『혈류』가 곧 연재본 『모란봉』이다. 『모란봉』의 『매일신보』 연재가 1913년에 이루어진 것, 연작으로 읽든 독립된 것으로 읽든 관계없다는 작가의 언급을 기억하고 있는 것 등으로 미루어 김동인의 기억은 (작가 및 작품명에 관한 것 이외에는) 비교적 명료하다.

김동인이 『귀의 성』을 조선 근대소설의 효시라 하여 유달리 상찬한 것은 주지의 사실이다. 그에 비해 『혈의 루』에 대한 언급은 위 인용 논문 「조선근대소설고」(『조선일보』, 1929.7.28-8.16)에서 볼 수 있듯 소략한 편이며, 작품 제목부터 오류가 나타나고 있다. 게다가 『빈상설』, 『원앙도』 등 이해조의 소설을 읽었다는 사실과 작품의 경개는 어렴풋이나마 기억하고 있으나, 작가의 이름조차 떠올리지 못하고 있다.

김동인이 이인직과 『귀의 성』을 거론한 것은 위 글 발표 4년 전 「소설작법」(『조선문단』, 1925.4-7)에서부터였던 것 같다. 「소설작법」의 3회분 연재 말미에는 다음과 같은 필자의 말(독자에게 보내는 부탁)이 부기되어 있다.

> c) (여러분ㅅ가운데 李仁稙 著 「鬼의 聲」 下卷을 所持하신 분이 계시면 좀 빌러 주시면 고맙겟슴니다.)[5]

1900년생인 김동인이 『혈의 루』(1906), 『귀의 성』(1906), 『빈상설』(1907), 『원앙도』(1912), 『모란봉』(미완, 1913) 등의 신소설 텍스트를 읽었다면 당시의 나이는 넓게 잡아 7세 내지 13세가량의 유년기이다. 20대 중후반의 야심만만한 김동인에게 단행본과 연재물을 망라한 유년기의 독서체험은 이광수 이전의 소설사를 구상하는 바탕이 된다. 모든 역사가 그러하듯이 선택되거나 배제되는 사료의 운명은 사가가 결정한다. 1925년 머릿속의 강렬한 기억으로만 남아 있던 『귀의 성』은 어떤 경로로든 텍스트 확보 이후 김동인에 의해 재독되었을 것이다. 1925년 「소설작법」 집필 당시 김동인이 『귀의 성』 상권은 소지하고 있었는지, 상·하권 모두 가지고 있지 않았지만 하권의 내용 즉

5 김동인, 「소설작법(三)」, 『조선문단』, 1925.6, 377면.

결말 부분을 우선 정확하게 확인하고 싶었는지는 알 수 없다. 어쨌든 「조선근대소설고」에는 상당한 분량의 작품 인용까지 해 가며 작품 분석을 하고 있다.

그런데 b) 인용문을 보면 김동인에게 『혈의 루』나 『모란봉』 등의 텍스트는 아직도 확보되지 않은 상태였음이 틀림없다.[6] 이후 김동인은 「근대소설의 승리」(『조선중앙일보』, 1934.7.15-22), 「춘원연구」(1934-39) 등의 글에서 『혈의 루』를 제대로 표기하고, 『귀의 성』과 함께 고평하고 있다.

> d) 菊初 李人稙씨로서 그 創草者라는 점에 異義를 가진 사람이 없을 줄 안다. (중략 - 인용자) 「鬼의 聲」이며 「血의 涙」 등 수개의 名篇은 世界文學 수준상에 내놓아도 아무 손색도 없을 作品을 벌써 30여 년 전에 이 암흑한 朝鮮社會上에 내어 던졌다. 내어 던지기는 하였지만 받아 줄 만한 사람이 없기 때문에 외로운 先驅者의 생애를 보내고 그의 作品조차 지금은 구해 보기가 힘든다.[7]

1920년대 중반부터 1930년대까지의 김동인의 글을 통해 볼 때 이인직과 그의 소설은 이미 세간의 관심 밖으로 밀려나 있는 것 같다. 절판이 된 것은 물론 남아 있는 책을 구하기조차 힘든 상태이다. 그러나 1920, 30년대 김동인이 위 글들을 쓰고 있을 무렵 『혈의 루』나

---

6 『혈의 루』는 그 상편이 『만세보』에 연재된 후 1907년 광학서포에서 초판이 발행된다. 이후 1912년 동양서원에서 약간의 첨삭을 거친 텍스트가 '모란봉'이라는 제목으로 출판되는데, 김동인이 실제로 보았던 것은 전자일 가능성이 높다. '『귀의 성』을 읽은 전후'와 '열세 살인가 열네 살 적'의 시점이 굳이 의도한 것처럼 구분되는 뉘앙스를 지니고 있기 때문이다.

7 김동인, 「근대소설의 승리」, 김치홍 편, 『김동인 평론전집』, 삼영사, 1984, 52면.

『귀의 성』을 꼭 닮은 이야기책들이 버젓이 유통되고 있었다. 물론 김동인은 그 책들에 조금의 관심도 가지지 않았을 것이다. 그것들의 제목은 『혈의 루』나 『귀의 성』이 아니었고, 1907년 작의 중간본도 아니었으며, 국초 이인직의 저작도 아니었기 때문이다.

2. 『혈의 루』의 모방 양상과 의미

근대 초기 대표 작가들의 신소설을 저본으로 하여 수많은 모방작들이 후대에 생겨난 것은 그만큼 모방이나 번안의 저본이 가진 내용 및 구조가 쓸모없지 않았음을 드러내는 증거이다. 독자들에게 환영받지 못하는, 즉 팔리지 않는 책의 생산이 지속될 하등의 이유가 없는 것이다. 임화는 저간의 상황을 다음과 같이 설명하고 있다.

> 신소설이 출현하자마자 이렇게 놀랍게 보급되고 현대소설이 생탄 성장한 금일에 이르도록 의연하게 독자층을 유지하고 있는 이유는 그전엔 주로 그 전통적인 양식 때문이고 지금엔 주로 그 낡은 내용 때문이라 할 수 있다. 광무, 융희, 다이쇼 초년에는 아무리 새롭고 좋은 내용이라도 구소설의 양식을 표현형식으로 하지 아니했으면 그러한 전파력이 없었을 것이요, 그 이후에는 그 낡은 양식과 더불어 낡은 독자에 영합될 만큼 내용에 낡음이 없었으면 또한 그만한 독자를 유지하지는 못했을 것이다. 구소설에 비하면 신소설의 내용은 새롭다 할 수 있으나 현대소설에 비하면 신소설의 내용은 역시 낡은 것이다.
>
> 그러므로 아직까지 항간의 독자를 유지하는 근본 비밀은 독자의 의식이 구소설의 내용보다는 새로워졌으나 현대소설의 내용만치는 새로워지지 못한 데 원인이 있다.

즉 신소설이 내용만치 새로워졌고 신소설의 내용만치 또한 낡기 때문이다. 즉 현대의 일반 독자의 의식은 꼭 신소설을 읽을 만하기 때문이다. 다른 말로 하면 민중 가운데 깊이 뿌리박고 있는 의식의 반봉건성(半封建性) 때문이다.[8]

위 글이 발표된 1940년대까지 반봉건적 의식을 가진, 낡은 독자가 다수였다는 임화의 진단에는 큰 무리가 없다. 그러나 1906년 당시의 신소설 독자와 1930년대 이후의 신소설 독자를 동일 차원에서 비교하기는 어렵다. 임화가 이해하는 현대소설 생탄 이전의 신소설은 가장 근대적인 서사양식이었고, 현대소설 이후의 신소설은 여지없이 봉건적인 양식으로 가치나 위상이 달라진 것이다. 『귀의 성』 독후의 김동인과 그 어머니의 반응이 첨예하게 구분되듯 소설 독자층의 차별화가 발생한 것이다.

1900년대 초반의 김동인처럼 신소설의 새로움에 주목했던 새로운 독자에게는 1920, 30년대의 '신소설'이 구태의연한 것으로 여겨졌을지 모르나 당대에 창작되고 발표된 모든 콘텐츠가 새로운 독자만을 목표로 할 수는 없었다. 심지어는 1920년대 이후에 등단한 작가들조차 대중성의 문제로부터 오랫동안 자유롭지 못했음을 문학사를 통해 확인할 수 있다. 새로움 때문에 신소설을 읽던 독자는 일찌감치 현대소설의 독자로 옮겨갔을 것이고, 익숙한 낡음 때문에 신소설을 읽던 독자만이 신소설 독자로 남았을 것이다. 독자층의 요구를 만족시키기 위해서라면 신소설은 더 이상 새로워야 할 필요가 없는 것이다. 신소설 양식의 구소설적 퇴행은 독자층의 분리를 떠나서 이해할 수 없다. 또

8 임화, 「개설 신문학사」, 『조선일보』, 1940.2.8 ; 임규찬 · 한진일 편, 『임화 신문학사』, 한길사, 1993, 166-167면.

한 그러한 '낡은 독자'는 이후로도 사라지지 않았다.

근대 작단의 성립 이후 그 막후에서 대중적 읽을거리를 생산하던 무명작가들의 존재는 개별적 특성이 아닌 보편적 유형으로서 다루어져야 하리라고 믿는다. 무명작가들과 그들이 생산한 텍스트가 개별자로서 소설사 연구의 장에 인입된다면 많은 경우 논의의 성격과 방향은 대단히 소모적인 쪽으로 흐를 위험이 크다. 앞 장에서 말한 '기존 텍스트의 아류 혹은 짜깁기로서 일단 열외로 놓을 작품을 분별하는 일'은 소모적 논쟁을 일단 미루고 생산적 논의를 먼저 진전시키기 위한 선행 작업으로서 의의 있다.

그러기 위해서는 무엇보다도 초기 대표 신소설의 특성과 사적 맥락을 파악하는 일, 후기 대중소설의 경개와 얼개를 정리하여 집적하는 일이 순차적으로 이루어져야 한다. 전자의 작업은 선행 연구 업적에 의지할 수 있다 하겠으나 후자의 작업은 그렇지 않다. 대상 텍스트의 실물을 확인하여 서지 정보와 경개, 얼개의 특징 등을 정리하는 일은 한꺼번에 이루어질 수 없고 한 편 한 편을 차곡차곡 쌓아가야 가능한 일이기 때문이다.

예를 들어 『혈의 루』와 유사하거나 상호 관련이 있는 텍스트는 몇 편인가, 각 텍스트 별로 모방이나 번안의 정도는 어떻게 다르며 이때의 차이는 어떻게 의미화할 수 있는가 등의 질문이 가능하려면 정리의 대상은 광범위할수록 좋을 것이 당연하다. 『귀의 성』 계열의 텍스트 또한 마찬가지다.

본 논문은 우선 확인된 대로 이인직의 신소설 텍스트 『혈의 루』와 『귀의 성』이 후대에 어떻게 모방되었는가를 묻는다. 모방 텍스트는 주로 1920, 30년대에 생산 및 유통된 것들로서 다음의 표에 나타난 바와 같다.

〈표 1〉 구활자본 대중소설의 『혈의 루』, 『귀의 성』 모방 양상

저본	모방 및 표절작
이인직, 『혈의 루』, 광학서포, 1907.	작자미상, 『옥상화』, 광한서림, 1925. 박철혼, 『오동추월』, 영창서관, 1928.
이인직, 『귀의 성(상)』, 중앙서관, 1907. 이인직, 『귀의 성(하)』, 중앙서관, 1908.	작자미상, 『경포대』, 광동서국·동양서원, 1926.

'장편소설'이야말로 자생적이고 주체적인 전통 계승과 발전 과정을 고스란히 간직하고 있는 문학사 속의 독보적 줄기이다. 연대기적 공백이 문제가 아니라 단위 텍스트의 작법이 이전과 이후의 텍스트와 연관을 가지고 계보학적 질서로 정리될 수 있다는 점에서 그렇다. 근대 초기 소설사의 저변을 탐색하는 작업은 단위 텍스트의 의미와 한계를 낱낱이 밝히기에 앞서 상호텍스트성에 입각한 당대 서사의 기본형과 파생 텍스트의 관계를 유추해 내는 데 목적이 있다. 파생 텍스트의 콘텐츠와 형식은 당대 혹은 후대의 장편 서사적 기본형에 다시 영향을 끼칠 수밖에 없으며, 단적으로 당대 평균 혹은 저변에 있는 독자의 요구를 반영한 것으로서의 집단적 의미를 지닌다.

2.1. 『혈의 루』의 표절 – 『옥상화』[9]

『혈의 루』의 경개는 연구자들뿐 아니라 일반 독자에게도 익숙하다고 말할 수 있겠으나 모방작들과의 비교를 위해 우선 간략히 제시한

9 김송규 저작 겸 발행, 『옥상화』, 광한서림, 1928, 총 61면, 25전. 표지에 '悲劇新小說 玉上花옥상화', 본문 첫 장에 '비극신소셜 옥상화 全'이라고 표기되어 있다.

다. 한 가지 주의해야 할 점은 개별 독자가 접한 판본에 따라 『혈의 루』 텍스트는 서너 가지로 구별되며, 이에 따라 각각 유다른 기억을 환기시킬 수 있다는 사실이다. 다음 정리된 경개는 『만세보』에 연재되고, 광학서포에서 출판된 『혈의 루』 상편의 것이다.[10]

> 김관일과 그의 부인 최 씨, 딸 옥련 세 식구는 청일전쟁의 난리통에 서로 헤어진다. 최 씨는 옥련을 찾는 데도 실패하고 남편마저 돌아오지 않자 자살을 결심하여 대동강 물에 뛰어든다. 천행으로 뱃사공에게 구출된 최 씨는 평양의 집에 그대로 머무르게 된다. 한편 김관일은 가족을 잃은 전쟁의 폐허를 뒤로 하고 나라의 큰일을 해야겠다고 결단하여 미국 유학을 떠난다. 그 즈음 옥련은 피란길에 폭탄의 파편을 맞아 부상을 당했으나 일본인 군의 츤상의 후의로 치료를 받고 그의 양녀가 되어 일본으로 건너간다. 총명하고 예쁜 옥련은 츤상의 부인으로부터 사랑을 받고 신교육의 기회를 얻는다. 하지만 츤상이 전사하자, 옥련은 부인으로부터 냉대를 받기 시작한다. 옥련은 갑자기 갈 곳이 없는 신세가 되어 방황하다가, 구완서라는 청년을 알게 되어 함께 미국으로 건너간다. 구완서는 부국강병의 뜻을 품고 유학길에 오르던 중이었다. 옥련은 그곳에서 고등학교를 우등으로 마치고 이미 미국에서 살고 있던 아버지 김관일과 10년 만에 상봉한다. 옥련이 우등으로 졸업하자 그곳 신문에 옥련에 관한 기사가 났는데 이것을 아버지인 김관일이 발견한 것이다. 어머니가 아직 평양에 살아 있음을 확인한 옥련은 매우 기뻐하며, 그리운 마음에 편지를 띄운다. 구완서는 우리나라를 문명한 강대국으로 만들어야

---

10 연재본과 광학서포 초간본, 동양서원 본 등의 정밀한 비교 분석이 이루어져야 마땅하겠으나, 본 논문의 논지 전개에는 큰 영향이 없다고 판단하여 공통의 경개를 정리하고 필요한 부분을 중점적으로 확인하는 것으로 대신한다.

겠다고 다짐하고, 옥련은 우리나라 여자들의 지식을 넓혀서 남자와 동등한 권리를 누릴 수 있게 하며, 또한 여자들도 사회에 유익하고 명예 있는 백성이 되도록 교육할 것을 마음먹는다. 한편 평양에 홀로 남아 남편을 기다리고 있던 최 씨는 어느 날 겉봉에 '옥련 상사리'라고 적힌 미국에서 온 편지를 받는다.(『혈의 루』 경개」)

이후 『혈의 루』는 1907년 5월 17일부터 6월 1일까지 총 11회에 걸쳐 『제국신문』에 하편이 연재되었으며,[11] 1912년에는 동양서원에서 '모란봉'이라는 제목으로 다시 출판되었다. 1913년 2월 5일부터 6월 3일까지는 『혈의 루』의 속편으로 『매일신보』에 『모란봉』이 연재되었으나 미완으로 중단되었다. 『매일신보』의 『모란봉』이야 연재가 중단되어 단행본으로 출판되지도 못했으므로 다수의 독자를 갖지 못했지만, 자신이 접한 텍스트가 상편만의 『혈의 루』냐 『제국신문』 연재 하편을 더한 『혈의 루』냐에 따라 작품의 분위기는 상당히 달라짐을 상기할 필요가 있다.

아무튼 1장에서 언급했듯 이인직의 『혈의 루』는 1920년대 중·후반 당시 이미 절판되어 구해 보기 어려울 정도로 귀한 책이었다.[12] 광

11 적지 않은 현대 독자가 접하였고 기억하고 있는 『혈의 루』는 상편만이 아닌, 상편과 하편의 합으로서의 『혈의 루』 텍스트이다. 이후 편집 및 출판된 몇몇의 선본이 이를 따르고 있기 때문이다.

12 『혈의 루』는 1911년 6월 일제 당국에 의해 발행불허 처분을 받는다. 동양서원 발행 『모란봉』이 세상에 나온 이유 또한 이와 관련되었을 가능성이 높다. 1911년 이후 1920년대 말까지 '혈의 루'라는 표제의 책은 유통될 수 없었던 것이다. 개제된 텍스트인 『모란봉』이 얼마나 활발하게 유통되었는지를 알기는 어렵다. 아무튼 동양서원 본은 연구자들이 용이하게 접근하기 어려운 텍스트이므로, 선행 연구에 의지하여 『문장』 1940년 2월에 전재된 「혈의 루」 텍스트를 참고하기로 한다.(함태영, 「『혈의 루』 제2차 개작 연구」, 『대동문화연구』 57, 2007, 205-211면 참조)

학서포 본이나 동양서원 본이나 사정은 마찬가지였을 것이다. 그런데 같은 시기 『혈의 루』와 거의 같거나 비슷한 이야기책이 보란 듯이 유통되고 있었다는 점은 김동인도 몰랐던 것 같다.

『옥상화』[13]는 『만세보』에 연재되고 광학서포에서 출판된 『혈의 루』 상편을 그대로 베껴 놓은 텍스트이다.[14] 인물명 및 구도와 배경은 물론 하나하나의 문장까지 일치하는, 모방이라기보다는 명백한 표절이다. 다만 결말 부분에서 김관일, 구완서, 옥련의 졸업과 귀국, 옥련과 구완서의 신식 결혼 등 후일담을 12-3행 가량 짧게 덧붙여 둔 것만이 다르다.

> 그 후 김씨는 미국 화셩돈 정치대학을 만치고 구완셔는 법률과를 졸업ᄒᆞ고 옥년이는 경졔과를 마치고 귀국ᄒᆞ니 김씨 ᄂᆡ외는 옥년이를 셔로 붓들고 깁븜을 이기지 못ᄒᆞ야 통곡이 되고 통곡을 지나 깁븜이 되어 젼에 모란봉에셔 지내든 ᄉᆡᆼ각을 다시 ᄒᆞ니 ᄯᆡ는 느진 봄에 피는 ᄭᅩᆺ 경치가 화려하여 가히 한 번 볼 만한 ᄯᆡ이엿다 무졍한 바ᄅᆞᆷ은 ᄭᅩᆺ가지를 후리치니 락화는 유졉이요 유졉은 락화ᄀᆞᆺ치 펄펄 날니다가 모란봉에 은빗ᄀᆞᆺ치 ᄉᆡᆨ라노흔 사이에 옥년과 구완셔는 신식결혼을 맛치고 안락한 가졍을 이루엇ᄯᅥ라[15]

---

13 현재 확인 가능한 비극 신소설 『옥상화』의 판본은 1928년 광한서림본이 있다. 이 책의 기록에 따르면 1928년 본은 재판이며, 초판은 1925년에 출판되었다는 점이 확인된다. 이인직 저작의 『혈의 루』 혹은 개제 출판된 『모란봉』이 아닌 김송규 저작 겸 발행의 『옥상화』가 1920년대 중 · 후반 지속적으로 유통되었다는 사실을 알 수 있다.

14 확인해 본 결과 광한서림 본 『옥상화』의 저본은 광학서포 본 『혈의 루』이다. 『혈의 루』가 발행불허 처분을 당하고 『모란봉』이 나중에 출판되었다고는 하나, 시중에 유통된 사정 등을 불문하고, 광학서포 본의 판형은 남아 있었던 것으로 판단된다. 즉 광한서림이 발행이 불가한 『혈의 루』의 판형을 확보하고, 내용의 윤색 없이 제목만 바꾸어 출판법의 규제를 비켜간 것이라고 할 수 있다.

해적판에 가까운 '비극신소설'『옥상화』가 위와 같은 사족을 덧붙여 놓은 이유는 무엇이겠는가. 광학서포 본의 '상편 종' 표지를 없애고 나름대로 서사를 완결시키기 위한 방편이었을 것이다.『제국신문』연재 하편의 존재를 알았다고 해도 그것을 이어 붙이려는 생각을 하지는 않았을 것 같다. 옥련과 모친의 미국에서의 상봉, 모친만의 귀국이라는『혈의 루』하편의 경개와 위에 인용한『옥상화』말미 부분을 비교해 보면 극단적으로 대비되는 것은 '성장을 위해 자처한 고난의 지속'과 '안락한 가정으로의 전근대적 회귀'이다. 적절한 판단이었든 오해였든 간에 책을 만들고 파는 사람으로서 당대의 '낡은' 독자층을 염두에 둔 선택이었음은 자명하다.

2.2.『혈의 루』의 모방 –『오동추월』[16]

1928년 영창서관에서 발행된『오동추월』또한 이인직의『혈의 루』와 흡사한 작품이다.『옥상화』처럼 베끼다시피 한 책은 아니지만, 인물 구도와 서사구조를 대부분 차용했다.

우선 눈에 띄는 저본과의 차이는 주인공이 청인으로 설정되어 있다는 점이다. 따라서 시대적 배경 또한 중국의 '남북전쟁' 이후[17]이다.

---

15 김송규 저작 겸 발행,『옥상화』, 광한서림, 1928, 60~61면.

16 박철혼,『오동추월』, 영창서관, 1928, 총 56면, 25전. 서울대 도서관 소장 영창서관 본 표지에 '悲劇小說 梧桐秋月 오동추월', 본문 첫 장에 '애정소셜 梧桐秋月 오동츄월 朴哲魂 作'이라고 표기되어 있다.

17 여기서의 남북전쟁은 1911년 중국의 신해혁명과 무장 혁명군의 봉기로 인한 전투를 지시하고 있는 것으로 보인다. 박철혼이 정확히 무엇을 의도했는지는 확인할 길이 없지만,『혈의 루』의 시대적 배경을 지시하는 청일전쟁과『오동추월』의 남북전쟁은 20년에 가까운 시차가 난다. 두 책의 발표 연대가 21년 차이 나는 것으로 볼 때 창작 당시를 기준으로 한 현재와 작품의 시간적 배경으로서의 과거 시점은 비슷하게 떨어져 있다.

여기서 인물들의 국적이 조선인가 중국인가의 문제는 그것을 계몽적 이데올로기를 담지한 텍스트라고 간주할 때 매우 중요해진다. 만약 그 텍스트가 계몽을 포기하였거나 애초부터 의도하지 않은 것이라면 인물이 청인이든 시대적 배경이 남북전쟁이든 별 문제가 되지 않기 때문이다. 상세한 분석이 뒤따라야 할 문제이겠지만, 『오동추월』은 계몽과 관계없는 텍스트이거나 소극적이고 간접적인 방식으로 최소한의 계몽 효과만을 노린 텍스트일 가능성이 크다.

> 옥순은 남북전쟁 중에 부모를 잃어버리고 홀로 산 속을 헤매다 다리에 총상을 입는 부상을 당한다. 하지만 근처에 있던 일본인 군의(軍醫) 촌상의 도움으로 완쾌되어 일본에 가게 된다. 촌상 부인의 도움으로 대판에서 신학문을 배우던 어느 날 옥순은 촌상의 전사 소식을 듣는다. 이에 촌상 부인은 점점 옥순을 구박하기 시작한다. 옥순은 처지를 비관하다 철교 난간 위에 올라 강물에 투신하지만, 때마침 철교 밑을 지나던 청년 김치경의 배 가운데로 떨어져 살아난다.(강조 - 필자) 옥순은 김치경의 권유로 요코하마에서 화륜선을 타고 미국 유학길에 오른다. 그리고 미국 워싱턴에 도착하여 공부를 시작한다. 한편 옥순의 모친 맹씨 부인은 남편과 옥순이 보이지 않자 죽을 작정으로 강물에 뛰어들었다가 뱃사공에게 구원되어 다시 살아난다. 그리고 자신을 찾아온 부친을 통해서 남편이 미국 유학을 떠났다는 소식을 전해 듣는다. 5년 후 옥순은 미국의 고등소학교를 우등으로 졸업하게 되는데, 그녀의 행적이 워싱턴 신문에 실린다. 이때 옥순의 부친 서광춘이 그 기사를 보고 옥순의 학교를 찾는다. 하지만 방학인 관계로 옥순을 못 만나자 신문광고를 내서 상봉을 이룬다. 부친을 통해 모친 소식을 들은 옥순은 눈물에 젖고, 서광춘은 귀국하여 아내에게 옥순의 소식을 전해준다. 결혼을 약속한 옥순과 치경은 미국에 남아서 나라를 부강하게 하고 남녀평등을 이루는

사업에 대해서 이야기를 나눈다. 옥순의 부모는 그녀가 돌아오기만을 고대한다.(『오동추월』 경개)

위 경개 요약에서도 나타나듯이 옥순이라는 이름의 여주인공이 일본인의 구원으로 위기를 극복하고 미국에 건너가 신여성이 된다는 설정은 『오동추월』에서도 반복된다. 그런데 동일한 스토리라인을 가지고 서사 진행의 순서를 조금 바꾸어 놓았다. 인용문의 밑줄 친 부분 즉 일본에서 교육을 받다가 존상의 죽음 이후 달라진 처지를 비관한 옥순의 자살 시도가 서두에 배치되어 있는 것이다. 『혈의 루』에서의 구완서 격인 김치경에 의해 구원받은 에피소드가 진행된 이후에 가족 이산 등 과거지사가 뒤따라 서술된다. 즉 『혈의 루』가 옥련의 어머니 최 씨의 이야기로부터 시작되고 있다면, 『오동추월』은 딸 옥순의 이야기로부터 시작되는 텍스트이다.

독자의 주의를 끌 만한 화소로서 남편과 딸을 창졸간에 잃은 젊은 아낙의 이야기를 전면에 내세우는 게 유리한가, 천애고아의 신세로 타국에서 생활하다가 의지를 잃어 자살을 시도하는 어린아이의 이야기를 앞세우는 게 나은가를 따지기는 어려울 것이다. 그러나 주제의식을 강조한다는 측면에서 보면 『혈의 루』가 가족 구성원 세 사람에게 고른 관심을 나누는 서술 방법을 택하여 다소간 초점이 분산된 반면, 『오동추월』은 어린 딸의 서사에 주의를 집중시키는 효과를 거두었다고 판단할 수 있다. 문제는 다시 옥순의 국적이 중국이라는 것과 함께 그의 신학문 수혜와 향후 활동 계획이 1920년대 후반의 조선과는 동떨어진, 단지 '그때 그곳'에서의 의미만을 가지게 된다는 데 있다. 시공간적 배경이 다르다고 해도 사정을 미루어 짐작할 수만 있다면 약한 나라 백성의 고난담과 장한 성장담 자체가 아무 의미 없다 말하지는 못할 것이나, 옥순이 청으로 돌아가든 옥순을 방불케 하는 조선의 딸이 고국으로 돌아오든 그에게 거는 기대는 1928년의 현실상황에서 현격히 위축될 수밖에 없다.

덧붙여 결말 부분에서 옥순의 부친이 귀국하고, 부모가 함께 딸 내외의 귀국을 기다린다는 설정 또한 『혈의 루』와 차이가 난다. 다음 인용문은 『오동추월』의 마지막 부분이다.

> 부인의 눈은 ᄭᅡ마귀를 ᄯᅡ라셔 항미봉으로 가고 로파의 욕하는 소래는 ᄭᅡ마귀 소래를 ᄯᅡ라간다.
>
> 이 ᄯᅢ에 셔광츈은 맛침 학교도 졸업하고 여러 해를 그리든 ᄯᆞᆯ 옥순이도 맛나봄애 깃거운 즁 옥순에 졸업하기ᄭᅡ지 긔대릴 수가 업서셔 상해에셔 배를 타고 월게촌 자긔 집에 니르럿다. 그 부인이 만고풍상을 다 격고 눈물로 셰월을 보내다가 그 남편을 맛나보니 깃거우면 눈물이 압서는 법이라. 부인이 남편을 붓들고 소래업시 우는대 셔광츈의 눈물은 부인의 져고리를 젹시고 부인의 눈물은 남편 발 우에 ᄯᅥᆯ어지며 장팔 어미도 덩다라 우니 왼 집안이 곡셩 텬디라.
>
> 셔씨가 우름을 ᄭᅳ치고 부인을 흔들면셔
>
> "여보 부인 그만 그치고 옥순에 편지나 좀 보오."
>
> "옥순이 편지라니 옥순니가 사랏소?"
>
> 무슨 변이나 난드시 ᄭᅡᆷ작 놀나는 모양으로 눈물 씨슬 ᄉᆡᆼ각도 아니하고 편지를 박박 ᄯᅳ더보니 옥순의 편지라.
>
> 항미봉에셔 지낸 닐붓터 미국 화셩돈 여관에셔 부녀가 상봉하야 그 모친의 편지 보던 것과 이삼 년을 더 공부하고 나오겟다 하는 것ᄭᅡ지 거린 듯이 자셰히 한 편지라.(이상 강조 - 인용자) 다만 지금 맛나지 못하는 것을 한하나 쥭지 안코 몸 셩히 공부한다 하니 불ᄒᆡᆼ즁의 다ᄒᆡᆼ한 일이라. 셔광츈과 그 부인은 다만 옥순의 졸업하기만 고대하더라.[18]

위 인용문의 밑줄 친 부분은 인명과 지명을 제외하면 모방의 저본이 되었을 광학서포 본 『혈의 루』와 거의 일치한다. 결말 부분뿐 아니라 작품의 번안된 각 부분을 제외하면 토씨 하나 바꾸지 않은 문장이 수없이 나타나고 있다.[19] 1907년 본과 비교하여 볼 때 1920년대 당대의 특징적인 표기법을 반영한다고 할 만한 아래아(ㆍ) 사용이 불규칙하게, 무원칙적으로 나타나고 있는 것 또한 식자 도중 필요한 부분만을 들어내고 바꾸어 넣는 작업 과정에서 생긴 결과가 아닌가 한다.

그런데 위에서 밑줄 친 두 부분의 사이에 놓인 이야기가 흥미롭다. 원래 『혈의 루』에서는 두 부분 사이에 우체사령이 등장하여 옥련의 편지를 전해 주고 간다. 반면 『오동추월』에서는 생사를 알 수 없던 딸의 소식을 다름 아닌 남편이 직접 가지고 오는 것이다. 반가운 소식을 들은 것임에는 틀림없으되 다시 홀로 기다리는 일만 남아 있던 『혈의 루』의 최 씨와는 달리 『오동추월』의 맹 씨는 남편과 상봉하여 그동안의 기다림을 어느 정도 보상받는다. 이 또한 저변의 독자가 가질 수 있는 평균적인 요구를 작가 차원에서 예상하고 나름대로 대응한 결과일 것이다. 『옥상화』처럼 가족 모두가 서로 만나고 청춘 남녀가 결혼에 성공하여 행복한 가정이 복원되는 결말은 아니지만, 고난을 받은 인물과 그것을 지켜본 독자들에 대한 최소한의 위무 장치를 마련해 놓은 것이라 할 수 있다.

---

18 박철혼, 『오동추월』, 영창서관, 1928, 55-56면.

19 확인해 본 결과 『오동추월』도 『옥상화』와 마찬가지로 동양서원 본 『모란봉』보다는 광학서포 본 『혈의 루』 상편과의 친연성이 훨씬 높다. 『오동추월』 또한 광학서포 본을 저본으로 한 모방이라는 점을 알 수 있다. 『혈의 루』에서 『옥상화』로 다시 『옥상화』에서 『오동추월』로 이어지는 관계를 생각해 볼 여지가 없는 것은 아니지만, 『옥상화』가 1925년 초판 발행 이후 1928년에 재판이 유통되고 있었던 사정 등을 감안하면 개연성이 떨어지는 가설이다.

2.3. 『귀의 성』의 모방 – 『경포대』[20]

1906년에 『만세보』에 연재되고 1907년과 1908년에 중앙서관에서 상·하권으로 발행된 『귀의 성』은 신소설 가운데서도 가장 분량이 많은 작품들 중 하나이다.[21] 잘 알려져 있다시피 작품의 내용은 김 승지의 작첩과 강 동지의 야망, 길순(춘천집)의 고난과 악인형 인물들의 작당과 음모 등의 사건들로 전개되다가 길순 모자의 죽음을 정점으로 후반부에는 강 동지의 복수담이 전개된다.

> 춘천에 사는 강 동지는 외동딸 길순을 군수로 부임해 온 김 승지 영감의 첩으로 준다. 돈과 양반의 자리를 위해 아내의 반대를 무릅쓰고 독단으로 결정한 것이다. 김 승지의 본처는 남편이 첩을 두었다는 소식을 듣자 관계 기관에 청원하여 김 승지를 파면시키고 서울로 불러올린다. 춘천에 남은 길순의 뱃속에는 아기가 자라고 있었다. 아내의 성화에 못 이긴 강 동지는 딸을 데리고 상경하지만 김 승지의 집에 들어가지도 못한 채 쫓겨나고, 길순은 김 승지의 주선으로 집을 얻어 숨어 살게 된다. 김 승지의 처와 영악스런 종 점순은 그 사이 무서운 음모를 꾸민다. 길순과 그 아이를 죽이려는 것이다. 점순은 남편 작은돌을 속여 길순의 거처를 알아내고, 본가를 떠나 길순의 집에 들어와서 아이를 키워주며 갖은 환심을 산다. 이어 길순의 곁에 있던 더부살이들도 다 내쫓는다.

---

20 이종정 저작 겸 발행, 『경포대』, 광동서국·동양서원, 1926, 총 113면, 35전. 표지에 '鏡浦臺경포대', 본문 첫 장에는 '가졍소셜 경포딕(鏡浦臺)'라고 표기되어 있다.

21 『만세보』, 1906.10.14~1907.5.31(134회 미완). 상권은 146면으로, 하권은 125면으로 제본되어 있다. 상권과 하권을 합쳐 200자 원고지 780매 가량의 텍스트이다.

3월 대보름날 밤, 점순은 생서방 최가를 시켜 길순과 그 아들을 가마를 태워 깊은 산골로 유인하고 마침내 살해한다. 이후 점순은 용의주도하게 길순이 바람이 나서 도망갔다고 동네에 소문을 낸다. 노비라는 신분에서 벗어나고픈 점순은 최가와 함께 속량문서와 돈뭉치를 챙겨 부산으로 도망친다. / (구분 - 필자) 딸이 김 승지의 본처와 점순의 음모에 의해 죽은 것을 알게 된 강 동지는 점순과 최가를 죽이고 김 승지의 처도 죽여 버린다. 일에 얼마간 관련된 침모마저 죽이려 하였으나 그녀가 잘못을 크게 뉘우치고 있었으므로 용서하고, 김 승지와 관계가 있음을 알고는 김 승지에게 권하여 같이 살게 한다. 딸의 원수를 갚은 강 동지는 춘천 삼학산에 길순 모자의 묘를 쓴다. 삼학산 깊은 곳에 춘삼월이 되면 이상한 새소리가 난다. 길순의 원혼이 새가 되었다는 것이다.(『귀의 성』 경개)

위 작품 요약을 살펴볼 때 빗금으로 구분된 뒤쪽의 부분, 악인들에 대한 강 동지의 사적 처벌은 사실상 사족에 가깝다. 『귀의 성』이 여주인공 길순의 죽음으로 인한 비극적 결말의 작품이라고 일반적으로 알려져 있다는 점을 고려할 때, 분량상 전체의 3분의 1이 넘는 이야기가 여주인공의 죽음 뒤로 지루하게 이어지고 있는 것은 부자연스럽다고 할 수밖에 없다. 김동인이 평가한 『귀의 성』의 미덕 또한 마지막 결말 부분의 무덤가 새소리 묘사를 제외하면 대부분 길순 모자의 죽음 장면까지를 대상으로 한 것이라 할 수 있다.

『귀의 성』을 모방한 작품으로 여겨지는 『경포대』는 단권으로 발행되었으며 분량은 어림잡아 저본의 3분의 2가량이다. 배경 지명과 인물명을 바꾸는 정도를 넘어 한 문장 한 문장을 새로 썼다고 여길 만큼 확연히 다른 문체를 보여주고 있다. 또한 『귀의 성』의 비극적 결말을 전근대적 해피엔딩으로 바꾸어내고 있다는 점에서 작품의 성격이 저본과 본질적으로 달라짐을 알 수 있다. 그러나 『귀의 성』을 기준으로 앞의 절반가량의 서사는 하나하나의 장면을 각각 겹쳐놓을 수 있을 정도로 유사하다. 그런데도 『경포대』의 전체 분량이 저본에 비해 적어진 이유는 악인들을 처리하는 뒷부분의 내용이 확연하게 축소되어 있기 때문이라고 보아도 무방하다.

> 강릉 경포대에 사는 나 의관은 슬하에 숙정이라는 딸을 하나 두고 있다. 그는 자신이 토반에 불과한 것을 못마땅하게 여겨 서울의 세도 있는 양반집과 사돈을 맺고자 한다. 마침 서울의 부유하고 세력 있는 가문 출신인 박 참의가 후취를 구한다고 하자 나 의관은 자기 딸 숙정을 시집보낸다. 그러나 박 참의는 우유부단한 인물로, 첩인 통영집의 질투를 두려워하여 숙정을 친정에 버려둔다. 통영집은 질투가 심하고 포악한 성격으로, 박 참의가 재혼했다는 사실을 알고 분노한다. 숙정이 서울로 올라와 아들을 낳자, 통영집은 자신의 종 옥단과 함께 숙정 모자를 해칠 음모를 꾸민다. 옥단은 자신의 간부 오 서방에게 숙정 모자를 산 속으로 유인하여 죽이라고 한다. 오 서방이 숙정 모자를 죽이려는 찰나, 옥단의 남편 장돌이 나타나 오 서방을 죽이고 두 사람을 구한다. 장돌은 간악한 옥단과 달리 충직한 성격으로, 우연히 음모를 알게 되어 숙정 모자를 구하러 온 것이다. / (구분 - 필자) 장돌은 관청에 가서 오 서방을 죽였다고 자수하는 한편 통영집과 옥단의 음모를 폭로한다. 간악한 두 사람은 법에 의해 처벌받고, 박 참의는 첩의 말만 듣던 우유부단한 성격을 고쳐 숙정과 함께 행복하게 산다.(『경포대』 경개)

길순은 살해되었고, 숙정은 목숨을 건졌다. 이 과정에서 가장 뚜렷하게 차별되는 인물이 『귀의 성』의 작은돌과 『경포대』의 장돌이다. 작은돌은 길순이 모처에 집을 마련하고 살림을 하는 데 조력하다가 그만 점순에게 속아 그곳이 어딘지 탄로 나게 한 뒤 작품 내에서 사라지지만, 장돌은 위기에 빠진 숙정을 구하고 악인들의 사후 처리에 결정적인 기능을 하는 인물로 설정되어 있다. 『귀의 성』에서 강 동지가 뜬금없이 지혜롭고 용맹무쌍한 인물이 되어 사적인 처벌을 수행하는 것과 달리 『경포대』에서 장돌은 통영집과 옥단의 처벌을 법정에 맡김으로써 결말을 간결하게 하는 데에도 기여하고 있다.

어쩌면 『귀의 성』은 『혈의 루』가 상편만으로 자족적인 텍스트인 것처럼 길순의 죽음 뒤에 시앗새의 소리만을 장면화하는 것으로 충분했을 작품이다. 이와 비교해 보면 『경포대』는 작품의 지루한 뒷부분을 줄이는 데 성공했으나 김동인 등의 새로운 독자를 열광시켰던 '약자의 패배' 구도와 참혹하도록 선명한 살해 장면의 묘사는 소거시키고 말았다.

그렇다면 『경포대』의 필자가 의도했던 바는 자명해진다. 새로운 독자의 의식이 세계를 강자와 약자의 전쟁터와 같은 구도로 인식하고 약자가 패배할 수밖에 없는 현실을 이해하고 있을 때, 김동인의 모친과 같은 기층 독자들을 염두에 두고 그들이 기피하는 것을 소거하는 한편 선호하는 요소들을 가려서 뽑아 현실과 동떨어진 선인과 악인 구도의 서사를 진행시키려 하고 있는 것이다.

3. 결론

1920, 30년대의 모방작이 그 저본이 되었을 이인직의 초기 신소설에 비해 당대적 계몽 담론 혹은 작법상의 혁신이 약화 혹은 퇴보한 형태로 유통된 이유는 자명하다. 모방 작가들은 그것을 의도할 필요가 없었고, 독자들 또한 그것을 요구하지 않았기 때문이다.

해당 모방작들은 1900년 이후 1910년 이전의 조선 사회를 반영하거나 민족적 과제를 제시하기 위하여 집필된 것이 아니었다. 그러니 여주인공의 신교육 수혜가 가정적이고 개인적인 문제로 축소되는 것도 무리가 아니다.

또한 김동인이 상찬했던 작법상의 선구적 성취를 후대 작가라는 이유로 진일보시킬 필요도 없었다. 인물 성격의 묘사나 결말 구조의 갱신 등 소설 기법의 혁신이 모방 작가들의 당대적 소임이 아니었음은 물론이거니와, 그런 측면에 관심이 있을 소수의 본격적인 근대소설 독자가 대중 작품에서 그것을 요구할 하등의 이유 또한 없었다고 보아야 한다.

대중 작가들의 타겟은 여전히 『춘향전』이나 『추월색』을 읽을 만한 독자로 설정되어 있었을 것이다. 이때 절판되어 잊힐 만한, 저작권 및 판권이 애매한 과거 텍스트의 재활용이 거리낌 없이 행해진 것이다. 저본의 서사를 재활용하는 과정에서 가미되는 부분이 있다면 그것은 어김없이 헤어진 가족이 다시 만나고, 청춘 남녀가 결혼을 하며, 보상과 처벌이 순리인 것처럼 이루어지는 결말을 위해 마련된다.

이와 같은 작품들을 통해 추론할 수 있는 것은 당시 작가들의 기법적 수준이 아니라 당시 기층 독자들의 평균적인 서사 개념과 대중적 요구인 것이다. 이인직의 (혹은 이해조 등의) 신소설이 가지고 있던 이야기의 틀이 인물의 이름과 배경을 바꾸어 오히려 단순화된 구조로 계속해서 재생산된 것은 당대 독자층의 분리와 전근대적(반봉건적) 독자 대중의 존재를 떠나서 이해할 수 없다.

박철혼, 『월미도』에 나타난 혼성모방의 성격

1. 머리말

근대 초기 문학사에서 신소설의 성격을 규정하는 서술은 중간적이거나 과도기적인 것으로서 그 의의 및 한계를 지적하는 일반적 논의이거나, 혹은 그 텍스트의 작가를 고려한 개별적 특성의 논의가 될 가능성이 높다. 특히 이인직이나 이해조, 최찬식 등의 대표 작가들을 거론하면서 당대적 의의를 가늠해 보고, 그들 텍스트 각각의 차이를 유형화하여 인식하는 것이 1910년대 초반까지의 신소설을 전반적으로 이해하는 하나의 방식으로 자리 잡았다고 볼 수 있다.

근대 초기의 신소설이 한 시대를 풍미하고 근대소설의 생탄과 전개 과정에서도 그 양식적 특질을 보존하면서 지속적으로 유통되었던 가장 큰 이유는 그것이 지닌 가독성이었을 것이다. 독자의 흥미와 수준을 고려한, 익숙한 텍스트의 활자화는 '딱지본'이라는 구매하기 용이한 당대적 매체의 생명력을 연장시키는 계기가 되기도 했다. 1920년대를 넘어 1930년대까지 이 '낡은 새로움'의 양식은 기존 텍스트의 판과 쇄를 거듭하는 데에서 한 걸음 나아가 각양각색의 새로운 텍스트로 독서 시장을 채워 넣게 된다.

이 과정에서 신소설 양식의 형성에 지대한 역할을 한 것으로 평가되는 이인직, 이해조, 최찬식 등 작가와 그들의 텍스트가 일정한 영향력을 지니고 있었음은 부인할 수 없는 사실이다. 많은 후기 구활자본 대중소설 텍스트들이 근대 초기 대표 신소설 작가들에 의해 미리 제출된 소재와 주제, 작법의 틀을 광범하게 활용하고 있기 때문이다.[1]

본 논문은 선행 논문과의 연속성 속에서 초기 신소설을 저본으로 한 후기 대중소설 텍스트의 양상을 다룬다. 우선 2장에서는 최찬식의 초기 작품을 모방하거나 번안한 이본적 성격의 텍스트를 표를 통해 간략히 제시하고자 한다. 3장에서는 『월미도』가 가지는 혼성모방적 성격을 규명하고, 박철혼이 생각한 '저작'의 의미를 되짚어 보기로 한다.

2. 최찬식의 신소설과 모방 텍스트의 양상

이인직과 이해조의 초기 신소설이 후대 대중소설 집필자들에 의해 모방되거나 번안될 때 두드러지는 양상은 '계몽성의 약화와 통속성의 강화'로 요약될 수 있다. 기법적 차원에서의 근대성을 보여 주는 요소

1 이와 관련하여 졸고, 「이해조 신소설을 저본으로 한 모방, 번안 텍스트의 양상 연구」(『현대소설연구』 57, 2014)와 「이인직 초기 신소설의 모방 및 표절 텍스트 양상 연구」(『우리어문연구』 53, 2015)를 참고할 수 있다. 본 논문은 앞의 두 논문에 이어 최찬식의 초기 신소설을 모방하거나 개작한 후기 대중소설 텍스트들을 확인하고, 그 중 한 편인 박철혼의 『월미도』를 대상으로 한 분석을 수행한다. 논문 본문에서 서술하겠지만 『월미도』는 이인직의 『혈의 루』를 모방한 작품으로 알려져 있다. 그러나 『월미도』를 살펴보면 「혈의 루」뿐만 아니라 최찬식의 대표작 『추월색』과의 유사성도 상당하다. 『월미도』는 『혈의 루』와 『추월색』 모두에 영향을 받은 혼성모방적 텍스트라고 볼 수 있다.

나 당대적 정론성의 요소 또한 더불어 언급할 필요가 있는데, 왜냐하면 이러한 요소들은 집필 혹은 발표의 시기와 밀접한 관련을 맺고 있기 때문이다. 1910년 이전의 참신한 기법이나 당대에 유효한 담론이 1930년대에도 유효할 리가 없는 것이다.

1920년대 이후 1930년대의 대중소설 필자들에게 필요한 것은 이인직이나 이해조가 생산한 텍스트의 '서사적 요소'였을 뿐이다. 이야기의 틀과 인물 구도, 매력적인 화소들이 필요했다. 그것들을 재활용해서 집필한 텍스트는 단지 1930년대의 구식 독자들에게 읽히거나 팔릴 수 있는 것이면 족했다.

그렇다면 최찬식과 그의 작품이 후대의 대중소설 작가들에게 끼친 영향은 어떠할까. 우선 1940년에 『조선일보』를 통해 발표된 임화의 다음과 같은 서술을 참고해 보기로 한다.

> 이인직은 단지 가장 우수한 신소설작가일 뿐만 아니라 실로 신소설이란 양식을 창조한 사람이다.
>
> (중략 - 인용자)
>
> 이해조는 이인직의 다음 가는 신소설 작가 중의 웅(雄)이나 거의 「자유종」이란 정치적 소설 1편을 제외하고는 일관하여 이인직의 초기작인 「치악산」의 경지를 벗어나지 못하고 끝난 사람이며, 최찬식은 그것을 일층 흥미 본위로 통속화하여 오늘날까지 천하를 풍미하는 문학으로서의 신소설 도(道)를 개척한 사람이다.
>
> 요사이 용어로 고친다면 이인직은 순수한 현대작가요, 이해조는 전통적 작가요, 최찬식은 대중작가라 부를 수 있다.[2]

2 임규찬 · 한진일 편, 『임화 신문학사』, 한길사, 1993, 156-157면.

임화가 위 글을 쓸 당시인 1940년 즈음은 구활자본 후기 대중소설이 여전히 유통되고 있는 시기였다. 「신문학사」에 드러난 신소설의 양식과 특질에 대한 임화의 인식은 1930년대 이후의 대중소설을 포함한 범주 설정에 의해 형성된 것이다. 그렇다면 30년 이상 지속적으로 유통된 텍스트로서 구소설과도 다르고 현대소설과도 다른 신소설의 성격을 가장 대표적으로 구현해낸 작가는 누구이겠는가. 임화에게 신소설이 구현할 수 있는 예술적 수준의 선두를 보여 준 작가가 이인직이라면 가장 보편적인 신소설다움을 보여준 작가는 최찬식이라고 할 만하다. "구소설에 못지않은 독자를 획득하고 차차로는 더 왕성히 유행하여 다이쇼(大正) 7, 8년까지 일세를 풍미했음은 물론 금일에 와서까지 수백의 종수(種數)와 연 판매고 10만 부를 불하(不下)한다는 놀라운 반포력"[3]을 가진 대중적 양식의 대표성은 『추월색』이나 『능라도』의 작가 최찬식이 가지는 것이 자연스럽다.

임화의 말대로 신소설이 나름의 선구적 성격을 지속적으로 발전시키지 못하고 정체된 것이 사실이라면, 이인직이나 이해조가 초기 작품에서 보여 준 근대적 가능성들은 현대소설에서 계승되거나 변주되었다고 보아야 할 것이며, 신소설이 태생적으로 가지고 있던 구투의 한계는 후기 대중소설에 의해 재생산되었다는 해석이 가능하다. 또한 최찬식의 작품이 가진 대중성이 초기소설에서부터 드러나는 특징이라면 그것을 모방한 텍스트가 변주시키는 요소와 그 수준은 이인직이나 이해조의 모방작에 비해 범위가 좁은 것이 사실일 터이다. 즉 최찬식이 저술한 원본 텍스트와 후기 모방작의 비교를 통해 드러나는 변화양상은 독자의 구미에 맞게 구소설적 결말로 퇴행하는 등의 것이 아니라 풍속적 소재와 인물 묘사 등에서 부분적으로 드러나는 것이라고

---

3 위 책, 166면.

보아야 할 것이다.[4]

아래는 최찬식의 초기 신소설과 그것을 저본으로 한 모방작의 관계를 드러낸 표이다.

〈표 1〉 최찬식 초기 신소설을 저본으로 한 모방 텍스트 목록[5]

번호	저본	모방 및 번안작
1	최찬식, 『추월색』, 회동서관, 1912.	박승엽, 『열녀의 루』, 태화서관, 1929. 작자미상, 『추야월』, 서지불명. 작자미상, 『추월공산』, 덕흥서림, 1947. 작자미상, 『추풍명월』, 한성서관, 1926. 작자미상, 『행화촌』, 광한서림, 1931. 작자미상, 『견우직녀』, 서지불명. 박철혼, 『월미도』, 서지불명.*
2	최찬식, 『능라도』, 유일서관, 1919.	작자미상, 『능라도의 봄』, 세창서관, 1964. 작자미상, 『능라도총성』, 명문당, 1936. 작자미상, 『제일강산』, 영창서관, 1928.

4 조경덕은 「최찬식 『능라도』의 변모 양상과 그 의미」(『국제어문』 46, 2009)에서 "2·30년대 딱지본 형태의 소설에서는 '신소설'에서 큰 비중을 차지했던 계몽적이고 정론적인 성격이 거의 의미가 없다시피 되고, 작품의 대중적인 성격이 크게 강화되었다"고 지적했다. 또한 같은 글에서 "이인직과 이해조는 서로 계열은 다르지만 계몽주의 문학으로 포섭될 수 있는 '신소설'을 창작했다. 그에 비해 최찬식은 개화 의식이나 계몽 의식이 약화된 통속적인 작품을 주로 썼다"고 보았다. 이에 따르면 최찬식이 발표한 작품들은 이인직, 이해조 등의 '신소설' 작품들보다는 20~30년대의 구활자본 대중소설의 성격을 지닌 비교적 이른 시기의 텍스트가 된다. 조경덕이 "전대소설에서 주로 볼 수 있는 통속적인 남녀 이합형의 모티프가 서사의 중심에 놓여 있고, 그 배경에 외국의 풍경이 자리 잡고 있는 것"을 최찬식 신소설에 나타나는 구조적 특징이라고 했을 때, 그것이 지닌 전대소설적 특징도, 최소한의 근대적 면모도 모두 후기 구활자본 대중소설과 공유하고 있는 것이라는 판단이 가능하다.

5 이 외에도 『추월색』이나 『능라도』를 차용한 이본은 적잖이 발견되는 것이 사실이다. 그러나 최소한의 첨삭이나 변개 없이 원전을 그대로 옮긴 것이나 다름없는 판본들은 제외하였다.

그런데 위 표에서 『월미도』라는 텍스트를 주목하여 볼 필요가 있다. 2007년 『민족문학사연구』 34호에 '발굴 신소설'로 수록된 『월미도』는 간기가 누락되었지만, 본문 첫 장에 "朴哲魂 著"라는 뚜렷한 표지를 두고 있다. 이현식은 해제에서 『월미도』가 1915년 이후의 작품[6]이고, 『혈의 루』의 아류라고 할 만큼 스토리라인이 닮아 있으며, 통속적 경향의 후기 신소설적 특징을 갖고 있는 것으로 파악하였다.[7]

> 지나친 우연성의 남발은 이 소설의 통속적 경향을 강화시켜 초창기 신소설이 갖고 있던 근대성의 실험으로부터도 후퇴하게 만든 것으로 보인다. 소설의 배경이 서울 · 인천 · 요코하마 · 상하이 등으로 다채롭게 전개되지만 지명이 그런 것일 뿐 소설을 통해 그런 배경의 의미는 크게 다가오지 못하고 있다. 요컨대 작가의 문제의식이 동아시아 여러 곳으로 연결되어 있다고 판단되기보다 당시 신소설의 창작적 관습처럼 이해되는 것이다.[8]

이현식이 『월미도』를 『혈의 루』 계열의 작품으로 본 근거는 여주인공 려화가 『혈의 루』 옥련의 다른 모습이며, 그를 구원하고 자신의

---

6 2007년 『민족문학사연구』 34호에 공개된 『월미도』는 표지와 간기가 누락된 상태의 본문 51면 분량이며, 본문 첫 장에 '新小說 月尾島'라고 표기되어 있다. 『설정산실기』(박문서관, 1930) 뒷면 광고에 작품 제목이 수록되어 있어 출간 연도를 짐작할 수 있다. 위 이현식의 논문이 제시한 1915년 이후 작이라는 근거를 수용할 때 이 작품은 1915년에서 1930년 사이에 발표된 것으로 확인된다. 다만, 박문서관에서 출간한 이전 연도의 서적 광고 등에서 존재를 발견하지 못했고, 박철혼의 활동 기간을 그의 다른 작품 출간연도에 비추어 추정한다면 이 작품은 1930년에 가까운 시점에 창작 발표된 것일 가능성이 높다. 이하 본론에서 『월미도』 작품을 인용할 때는 『민족문학사연구』에 수록된 작품 본문에 표기된 면수만을 밝히기로 한다.

7 이현식, 「(해제) 신소설 『월미도』」, 『민족문학사연구』34, 2007, 561-562면 참조.

8 이현식, 위 글, 562면.

집으로 보내 학교 교육을 받게 한 일본인의 이름이 '촌상(村上)이라는 점, 촌상이 죽은 이후 촌상 부인의 구박을 받아 외톨이 신세가 되는 점 등의 서사 요소에 있다. 그러므로 자연히 『월미도』의 통속성과 비교 대상으로 놓이는 초창기 신소설의 근대성은 『혈의 루』와 같은 작품의 섯이 된다. 그런데 엄밀하게 말하자면 박철혼의 『월미도』는 단순히 『혈의 루』 하나를 모방하거나 번안한 작품이라고 할 수 없다. 이 작품은 혼성모방의 성격을 띠고 있는 것이기 때문이다. 필자가 『월미도』를 최찬식의 『추월색』 계열 모방작으로 간주하는 이유는 이와 관련이 있다. 이인직과 그의 작품이 최찬식과 그의 작품에 비하여 당대적 의의 측면에서 차별성을 띠는 것이 사실이라면, 『월미도』의 비교대상이 『혈의 루』인가 『추월색』인가에 따라서도 다른 해석이 도출될 수밖에 없다.

3. 박철혼의 『월미도』를 통해 보는 혼성모방의 양상

3.1. 『월미도』 모방 저본으로서의 『혈의 루』와 『추월색』

이현식의 위 해제 논문 이후 『월미도』를 다루었거나 『혈의 루』와의 관계에 주목한 성과는 다시 제출되지 않은 것 같다. 필자는 이전에 발표한 이인직의 초기 신소설을 저본으로 한 후기 구활자본 대중소설의 양상을 다루는 논문에서 『월미도』를 분석 대상에 포함하여 다루지 않았다. 해당 논문에서 필자가 『혈의 루』 계열 모방작, 혹은 표절작으로 다룬 작품은 저작자 미상의 『옥상화』와 박철혼의 『오동추월』이었다.[9]

그런데 『월미도』 또한 『오동추월』의 저자 박철혼의 작품이다. 우선 주목되는 것은 『오동추월』에서 『혈의 루』의 서사구조 및 인물 구도를 모방한 바 있는 박철혼이 큰 시차 없이 다시 한 번 『혈의 루』 계열로 간주할 수 있는 작품을 집필했다는 것이다.[10] 『혈의 루』를 비교 연구의 대상으로 삼자면, 시간 구성을 달리하여 유사한 스토리를 중국 배경으로 번안한 작품이 『오동추월』이라고 할 때, 『월미도』는 배경을 조선으로 돌려놓고 이야기의 시작과 끝을 대중들에게 익숙한 혼사장애 모티프의 스토리로 채워 넣은 작품이다. 『월미도』의 경개를 통해 『혈의 루』와의 차이점과 친연성을 동시에 파악한다면 다음과 같이 정리될 수 있다.

경성에 사는 김 시종의 외동딸 여화와 이 승지의 외아들 성구는 부모에 의해 혼인을 언약한 사이이다. 하지만 이 승지가 대역죄의 누명을 쓰고 전라도로 유배되면서 둘은 헤어진다. 어느 날 김 시종 내외는 이 승지 가족이 유배지에서 처형되었다는 소문을 들은 후 여화에게 새로운 혼처로 시집갈 것을 권유한다. 여화는 일부종사의 도리를 좇아 바다에 빠져 죽기로 결심하고 인천에 간다. 난봉꾼 류춘삼에게 잡혀 겁간당할 위기에 빠진 여화는 자살을 기도하다 혼절한다. 여화가 죽은 것으로 오인한 춘삼은 그녀의 신체를 거적에 말아 인천 앞바다에 버린다. <u>월미도 앞바다 바위까지 떠밀려온 그녀는 그곳에서 낚시하던 일본 영사관 부영</u>

9 졸고, 「이인직 초기 신소설의 모방 및 표절 텍스트 양상 연구」, 『우리어문연구』53, 2015 참조.

10 필자는 선행 연구 「이인직 초기 신소설의 모방 및 표절 텍스트 양상 연구」에서 『오동추월』의 모방 저본이 광학서포 본 『혈의 루』임을 주장한 바 있다. 박철혼이라는 한 작가의 이본이라고 생각하면 당연한 일일지도 모르지만, 『오동추월』이 그러했듯 『월미도』 또한 『혈의 루』를 차용한 부분의 표기 및 내용이 동양서원 본 『모란봉』보다는 광학서포 본 『혈의 루』에 가깝다. 본 논문의 이후 『혈의 루』 인용은 광학서포 본의 표기내용과 면수를 따른다.

사 촌상의 구조로 소생한 후 촌상의 도움으로 일본 요코하마에 건너가 교육을 받는다. 한편 이주한 일본인을 돕기 위해 청국 운남에 급파되었던 촌상이 죽자, 촌상 부인은 점점 여화를 미워하고 구박한다. 여화는 이내 자신의 처지를 비관하고 요코하마 앞바다에 뛰어들지만 천주교 부인 마리아에게 다시 구원된다.(강조 - 인용자) 마리아를 따라 청국 상해에 도착한 여화는 그녀가 주관하는 교회 부속학교에 입학하여 사 년 만에 우수한 성적으로 졸업한다. 어느 날 여화는 상해공원에서 일본적십자 병원에 와 있던 성구를 만나 그간의 일을 전해 듣는다. 부모님은 바다에 빠져 죽고, 자신은 일본의학박사 안전태랑의 구원을 입어 일본 제국대학을 졸업하고 이곳까지 따라오게 되었다는 것이다. 후일 여화와 성구는 마리아와 안전의 도움을 받아 귀국하여 백년가약을 맺는다.(『월미도』 경개[11]

위 경개 부분에서 알 수 있듯 『월미도』는 부모에 의해 인연이 맺어진 두 남녀 사이의 이별과 만남을 그리고 있다. 애초의 설정부터가 전쟁이 가족 이산의 원인이 된 『혈의 루』와 차이가 난다. 소설의 배경이 서울, 인천, 요코하마, 상하이 등으로 다채롭게 전개되고 있으며, 경인선 객차의 운임 차이 등 당시 사정을 엿볼 수 있는 풍속적 소재가 드러나 있다. 일본인 촌상에 의해 구원 받은 후 일본에서 신교육을 받고, 다시 촌상의 죽음에 의해 위기를 맞는 과정의 서사가 『혈의 루』에서 파생된 부분이다.

그런데 『혈의 루』와 닮은 해당 부분을 둘러싼 앞뒤의 내용 또한 근대 초기 신소설의 독자에게는 어쩐지 낯익은 이야기라고 할 수 있다. 다음은 1912년 회동서관에서 초판 발행하여 이후로도 가장 널리 애독

11 송하춘, 『한국근대소설사전』, 413면 참조.

된 것으로 알려진 최찬식의 『추월색』 경개이다. 『월미도』와 비교하면서 읽어볼 필요가 있다.

> 이 시종의 외동딸 정임과 김 승지의 외아들 영창은 정혼한 사이이다. 김 승지가 초산군수로 부임하면서 정임과 영창은 헤어진다. 초산에서 민란이 일어나고 김 승지 가족의 행방이 묘연해진다. 그러자 이 시종 내외는 딸을 다른 곳으로 출가시키려 하고, 이에 정임은 가출하여 일본으로 건너간다. 정임은 일본에서 대학을 최우등으로 졸업하고 다시 조선으로 돌아갈 결심을 한다. 귀국을 앞둔 어느 날 정임은 공원에 산책을 나갔다가 강한영을 만난다. 한영은 평소에 정임에게 흑심을 품고 있던 인물로, 정임을 추행하려다가 실패하자 그녀를 칼로 찌르고 도망간다. 정임은 때마침 영창에게 도움을 받지만, 영창은 범인으로 오인 받아 체포된다. 정임은 법정에서 자신을 구해준 것이 어린 시절 헤어졌던 영창임을 알게 되고, 영창과 해후한다. 영창은 부모와 헤어진 뒤 영국인을 따라 영국으로 건너가 그곳에서 공부를 마치고 일본으로 온 것이다. 두 사람은 함께 귀국하여 결혼을 하고 만주로 신혼여행을 떠난다. 그곳에서 우연히 시부모인 김 승지 부부와 다시 만나게 되면서 헤어졌던 가족들이 모두 상봉한다.(『추월색』 경개[12])

세교가 두터웠던 두 집안의 아들딸이 정혼하였다가 불의의 헤어짐을 당하고, 집안의 출가 요구를 받아들이지 못한 처녀가 가출을 감행하여 해외로 가게 되며, 타국에서 헤어졌던 약혼자를 우연히 만나 귀국 후 결혼한다는 결말까지 『월미도』와 『추월색』은 상당 부분의 모티프를 공유한 작품이다.[13] 어찌 보면 『월미도』는 『추월색』의 서사를 중

12 송하춘, 위 책, 542-543면 참조.

심에 두고 『혈의 루』의 주요 모티프를 삽입하여 직조한 텍스트라고 할 수 있다.

여주인공이 가출한 이후 일본으로 가게 되는 계기를 만들기 위해 『혈의 루』 부분을 차용한 것이며, 이외에 『추월색』에서의 한바탕 공원 활극과 빕징 장면이 소거된 점, 약혼자와 상봉하는 공간이 일본 아닌 청국으로 설정된 점 등이 『추월색』과 『월미도』의 텍스트 간 거리를 형성한다. 동시에 『월미도』와 부분적 저본으로서의 『혈의 루』 사이의 거리는 『추월색』과 『월미도』의 공통분모가 만들어내는 것이라고 판단할 수 있다.

3.2. 모방작 『월미도』와 저본 『혈의 루』, 『추월색』 사이의 거리

작품의 부분 부분을 통해 모방의 수준 즉 친연성의 정도를 분석할 차례이다. 먼저 『월미도』의 일부와 그에 관련되는 『혈의 루』의 부분을 인용해 보기로 한다.

(가)

「이애! 너의집으로는 아직갈수가업는 형편이니 네가내집에가서잇스면 내가너를 학교에보내여 공부하도록하여줄것이니 네가공부를잘하고잇스며 내가아모조록 리승집일을탐지하여보마.」

「고맙습니다댁에가서 아모것을시키더래도하겟습니다.」

---

13 선행 연구와 필자의 추가 확인에 의하면 『추월색』 계열로 정리할 수 있는 구활자본 후기 대중소설 텍스트의 수는 〈표 1〉에서 보듯 『월미도』를 포함하여 최소한 7종 이상이다. 이 중 박철혼이 집필 당시 저본으로 삼은 텍스트가 회동서관본 『추월색』이라고 단정할 수는 없다. 후속 연구를 통하여 세심한 고찰이 행해져야 할 것이다.

「그러면 오날이라도 어용선을타고 일본으로가게할것이니 내집은일번횡빈이라 내집에가면 우리마누라잇는대 아들도업고 딸도업스니 너를보면 대단히귀애할것이니 너의어머니로알고 가서잇거라.」 하면서귀국하는 인편에부탁하야 일본횡빈으로보내니 려화가 인천에서 륜선을타니 등뒤에는 부모소식이모연하고 눈압헤는 타국산천이생소하다.(이상 강조-인용자)[14]

(나)

(군의) 그러면 네가 ᄂᆡ 집에 가셔 잇스면 ᄂᆡ가 너를 학교에 보ᄂᆡ여 공부ᄒᆞ도록 ᄒᆞ여 줄 것이니 네가 공부를 잘ᄒᆞ고 잇스면 ᄂᆡ가 아모조록 너의 나라에 탐지하야 너의 부모가 살아거든 너의 집으로 곳 보ᄂᆡ쥬마.

(옥) 우리 아버지 어머니가 살아잇ᄂᆞᆫ 쥴을 알고 날을 도로 우리집에 보내쥴 것 ᄀᆞᆺ흐면 아무데라도 가고 아무것을 시기더ᄅᆡ도 하깃소.

(의) 그러면 오날이라도 인쳔으로 보ᄂᆡ셔 어용션을 타고 일본으로 가게 ᄒᆞᆯ 것이니 내 집은 일본 ᄃᆡ판이라 내 집에 가면 우리 마누라가 잇ᄂᆞᆫ ᄃᆡ 아들도 업고 ᄯᆞᆯ도 업스니 너를 보면 ᄃᆡ단히 귀ᄋᆡᄒᆞᆯ 것이니 너의 어머니로 알고 가셔 잇거라.

ᄒᆞ면셔 귀국ᄒᆞᄂᆞᆫ (病傷兵) 병상병의게 부탁ᄒᆞ야 일본 ᄃᆡ판으로 보ᄂᆡ니 옥년이가 교군 밧탕을 타고 인쳔ᄭᅡ지 가셔 인쳔셔 륜션을 타니 등뒤에ᄂᆞᆫ 부모 소식이 묘연ᄒᆞ고 눈 압헤ᄂᆞᆫ 타국 ᄉᆞᆫ쳔이 ᄉᆡᆼ소ᄒᆞ다.(이상 강조-인용자)[15]

인용 (가)와 (나)는 각각 『월미도』와 『혈의 루』의 일부분이다. 여

14 박철혼, 『월미도』, 22면.

15 이인직, 『혈의 루』, 광학서포, 1907, 34-35면.

주인공이 죽을 위기를 겪다 구원되어 새로운 삶을 시작하게 되는 부분의 묘사이다. 우선 여주인공이 다른 이름으로 호명되고 있음을 알 수 있다. 『혈의 루』의 '옥련'이 『월미도』에서는 '려화'로 바뀌었다. 여주인공을 구원한 사람이 일본인이라는 점, 그의 이름이 '촌상'이라는 점은 그대로이지만, 군의(軍醫)에서 부영사(副領事)로 직업이 바뀌었고, 일본 집의 소재지가 대판에서 횡빈으로 바뀌었다. 그 외의 부분은 대화 지문이든 서술 부분이든 거의 동일한 내용이다.

내용상의 공통점뿐만 아니라 밑줄 친 부분을 비교하여 보면 문장 구조나 단어 수준에서도 비슷하거나 동일한 부분이 많이 보인다. 이는 『월미도』를 저술할 당시의 박철혼이 『혈의 루』를 미리 읽어 서사 내용을 숙지한 상태에서 자신의 문장으로 서술한 것이 아니라, 『혈의 루』라는 저본을 옆에 두고 한 줄씩 따라가며 자신의 원고를 썼다는 것을 의미하는 것이다. 띄어쓰기를 포함한 정서법 혹은 표기법, 화법이나 어미 등에서 1920, 30년대적 특성이 가미된 점, 전체적인 원고 분량을 줄이기 위해서인지는 모르지만 여러 부분을 삭제하여 간결하게 문장을 구사한 점[16] 등이 보이지만 위 인용문에서 보이는 표현이나 문장은 전적으로 저본에 의지하여 구사되고 있음을 한눈에 알 수 있다.

다음의 두 인용문은 『월미도』 텍스트의 위와 다른 일부분과 그에 관련되는 내용을 포함한 『추월색』의 부분이다.

(다)

원래그처녀는 성명이 김려화(金麗華)인대 김시종의 무남독녀이다. 김

16 실제로 위 인용문은 띄어쓰기(공백)을 제외하고 (가)가 250여 자, (나)가 300여 자 분량이니 17% 정도의 분량을 줄인 것이다.

시종내외는 슬하에 참경을 여러번보고 늣게야겨우 려화한아를길넛는고로 애지중지하야 불면날까 쥐면꺼질까하며 아들자식못지안케녁이는대 그김시종의집 동리에사는 리승지는 김시종의 죽마고우(竹馬故友)뿐아니라 서로 즉기하는 친구인대 그리승지도 역시늣도록 혈육이업시 슬허하다가 려화낫튼해에 관옥가튼 아들을나흐니 우업시깃버하야 일홈을 성구(星求)라하고 더할것업시 귀애하는터이라(강조 - 인용자) 김시종과 리승지는 소시때부터 친한친구일뿐더러 겸하야 한동리에 살무로 정의가 더욱친밀하야 두집내행들도 서로일가친척의집과가치한다. 그럼으로 성구와려화는무론언의날 언의때던지 별로떨어저오는때가업시 맛치친남매와가치 잘아나는대 조흔음식을먹어도가치먹고 이상한작란감을보아도 가치논아가저 비록철몰으는 어린아해라도 정의가상득하야 심상치안케 뵈일적이극히만터라.[17]

(라)

그 녀학ᄉᆡᆼ은 조션ᄉᆞᄅᆞᆷ이오 일홈은 리졍임(李貞姙)인ᄃᆡ 리시죵○○의 ᄯᆞᆯ이라. 자식사랑ᄒᆞᄂᆞᆫ 마음이야 누가 업스리오만은 리졍임의 부모리시죵ᄂᆡ외ᄂᆞᆫ 늣게졍임을 나흐ᄆᆡ 슬하혈육이 다만일ᄀᆡ 녀ᄌᆞ ᄲᅮᆫ인고로 그ᄋᆡ지즁지홈이 남에셔 특별히 귀ᄒᆞ게 넉이ᄂᆞᆫ 터인ᄃᆡ 그 리시종의 엽집에 사ᄂᆞᆫ 김승지 ○○ᄂᆞᆫ 리시죵의 죽마고우-ㄹ ᄲᅮᆫ아니라 셔로지긔ᄒᆞᄂᆞᆫ 친구인ᄃᆡ 그김승지도 역시늙도록 아달이 업셔 슬허ᄒᆞ다가 졍임이 낫튼ᄒᆡ에 관옥갓흔남ᄌᆞ를 나흐니 우업시깃버ᄒᆞ야 일홈을 영창(永昌)이라ᄒᆞ고 더ᄒᆞᆯ 것업시 귀ᄒᆞ게 기르ᄂᆞᆫ 터이라.(이상 강조 - 인용자) 리시종은 김승지를 맛ᄂᆞ면「자네ᄂᆞᆫ 져러ᄒᆞᆫ아들을 두엇스니 마음에 오작죠켓ᄂᆞ. 나ᄂᆞᆫ 일ᄀᆡ녀아ᄂᆞᄆᆡ 남달니사랑ᄒᆞ네」ᄒᆞ며 이약이ᄒᆞ고 셔로친ᄌᆞ식갓치 귀히ᄒᆞ

17 박철혼, 『월미도』, 9-10면.

니 그 두집가정에셔-ㄹ지라도 셔로사랑ᄒᆞ기를 남의ᄌᆞ손갓치역이지 아니 ᄒᆞ더라.

그두아희가 두살되고 세살되야 거름도ᄇᆡ호고 말도옴기ᄆᆡ 놀기도흠씌 놀고 작난도셔로ᄒᆞ야 친형졔도 갓치졍다우며 쌍동이도 갓치 자라ᄂᆞᆫᄃᆡ 자라갈수록 더욱심지가 상합ᄒᆞ야 글도갓치읽고 조흔음식을 보아도 ᄂᆞᆫ아 먹으며 영쳥이가 아니 오면 졍임이가가고 졍임이가아니가면 영쳥이가와 셔 잠시도셔로 써ᄂᆞ지 아니ᄒᆞ야 그졍분이 졈졈깁허가더라.[18]

『추월색』을 모방의 저본으로, 『월미도』를 모방작으로 간주할 때 저본의 여주인공 정임은 모방작의 려화로 이름이 바뀌었고, 이시종은 김시종으로, 김승지는 이승지로, 영창은 성구로 각각 바뀌어 있다. 그 외의 내용은 대동소이하며 양 집안의 내력을 설명하는 순서도 그대로 지켜지고 있다. 앞서 비교한 (가), (나)보다는 문장과 표현의 변화가 심한 듯하나, 밑줄 친 부분 등을 비교해 보면 역시 미리 숙지된 서사구조를 자신의 문장으로 구사하였다고는 보기 힘들다. 그때그때 저본을 참고하면서 때로는 저본을 있는 그대로 따르고 때로는 부분적인 첨삭을 수행하면서 자신의 저술 행위를 이어나간 것이라고 판단할 수 있다. (가), (나)의 비교에서와 마찬가지로 저본보다는 모방작의 분량이 줄어든 것도 눈에 띄는 변화의 양상이다.[19]

이상의 비교를 통해 초기 신소설 『혈의 루』, 『추월색』과 박철혼이 저술한 『월미도』 사이의 저본과 모방작이라는 관계 및 모방의 수준을 확인할 수 있다. 단적으로 말해 『월미도』의 경우 박철혼이 이전의 독

---

18 최찬식, 『추월색』, 회동서관, 1912, 12-13면.

19 각주 18)의 방법대로 환산할 때 (다)의 분량은 360여 자, (라)의 분량은 460여 자이다. (라) 분량을 기준으로 27% 정도 줄어든 텍스트가 (다)이다.

서 경험과 자신에게 축적된 서사 화소를 이용하여 원고용지와 펜만으로 저술 행위를 한 것은 아니라는 점을 알 수 있다는 것이다.

물론 이는 당대의 상황에 비추어 볼 때 박철혼이라는 개인의 문제만으로 보기 어렵다. 토씨 하나 바꾸지 않은 텍스트 전체를 다시 옮겨 출판하면서 저자의 이름만 바꾼 경우도 수두룩하며, 저본의 내용에 결말 등 극히 일부분을 가필하여 출판한 경우도 볼 수 있는 것이다. 인물의 이름이나 지명 정도를 바꾸는 수준으로부터 문장의 일부를 첨삭하는 수준의 텍스트, 일부를 덜어내거나 전체적으로 축약하여 내용 훼손 없이 분량을 줄인 텍스트들이 허다하다.

그러나 자신을 저자 혹은 작가로 내세운 몇몇 텍스트는 저본 서사의 얼개를 차용하되 문장구조를 답습하지 않고, 원전과의 거리를 떨어뜨리려는 최소한의 시도를 선보이기도 했다. 그렇다면 박철혼이 『월미도』를 자신의 저작으로 스스로 인식하기 위해 활용한 방법은 어떤 것이었는가를 살펴볼 필요가 생긴다.

3.3. 서사 단락 조합으로서의 『월미도』 저술 양상

앞 절에서 언급했듯 『월미도』는 『혈의 루』와 『추월색』, 2편의 저본을 가진 모방작이다. 이 절에서는 『월미도』의 내용을 서사 단락으로 분절하여 정리하고, 각각의 서사 단락이 모방의 저본 안에서 대응되는 부분을 밝힌다. 그렇게 되면 저본의 서사 단락이 어떻게 취사선택되어 제3의 텍스트를 구성하게 되는지 그 양상을 드러낼 수 있을 것이다.

서사 단락 순번	내용	지면	모방 저본의 지면
1	자살을 결심한 한 처녀가 인천으로 가던 도중 열차에서 만난 색주가 주인에게 유인되어 봉변을 당할 위기에 처한다. 격렬히 저항하여 강간을 모면한 처녀는 감금된 방에서 치마끈으로 지신의 목을 졸라 기절한다.	1-9	『추월색』, 35-41
2	그 처녀의 이름은 려화이다. 려화의 아버지 김시종과 그의 죽마고우 이승지는 늦도록 자식을 갖지 못하다가 같은 해에 딸 려화와 아들 성구를 각각 얻었다. 두 집안은 자식들을 정혼시키고 사이좋게 지낸다.	9-10	『추월색』, 12-16
3	이승지가 모함을 받아 가솔들을 데리고 귀양을 가게 된다. 헤어진 이후에도 려화는 성구와의 약속을 저버릴 마음이 없어 그리워하나, 어느 날 김시종은 이승지가 대역죄인으로 몰려 일가 구몰하였다는 소식을 가족들에게 전한다.	10-15	『추월색』, 16-26
4	세월이 흘러 려화의 혼기가 차자 김시종은 서둘러 혼처를 구하고 딸을 혼인시키려 한다. 려화는 성구를 잊지 못해 혼인하지 않겠노라 말하지만, 김시종은 크게 노하여 딸의 말을 듣지 않고 기일을 잡아 혼례를 강행하려 한다. 려화는 부모에게 편지로 하직 인사를 남기고 가출한다.	15-19	『추월색』, 26-35
5	가출하여 인천으로 가다가 색주가 주인인 류춘삼에게 봉변을 당할 뻔하고 목을 매어 기절한 뒤 려화는 거적에 싸여 인천 바다에 던져진다.	19-20	
6	려화를 구출한 일본인 촌상 부영사는 그 처지를 딱하게 여겨 일본 횡빈의 자기 집에 가 있기를 권한다. 신학문을 공부할 기회를 얻은 려화는 부영사의 집에서 촌상 부인과 함께 지내기로 하고 인천에서 배로 출발한다.	20-23	『혈의 루』, 32-37
7	일본 촌상 부영사의 집에 도착한 려화는 모든 것이 낯설지만, 촌상 부인의 호의로 교육을 받고 일본에 간 지 반년이 못 되어 일본어에 능통하게 된다.	23-26	『혈의 루』, 37-42

8	청국 운남에서 채악이 혁명을 일으키고 일본 정부의 명을 받은 춘상 부영사는 위험 지역에 이르렀다가 죽음을 당한다. 춘상이 죽었다는 기별을 받은 부인은 려화를 구박하기 시작하고, 마침내 려화는 춘상의 집을 떠나 강물에 투신한다.	26-29	『혈의 루』, 42-58
9	려화의 몸이 배에 걸린 것을 자선가 마리아 부인이 건져 구출한다. 부인은 려화에게 천주학을 권하며 죽을 마음을 되돌리고, 프랑스어와 청국말을 가르친다. 려화는 상해의 교회 부속학교에 입학하여 공부한다.	29-31	
10	어느 날 객수에 젖어 공원으로 산책 나간 려화는 친구 채금랑의 집에서 본 적 있는 청년 최천식을 만난다. 귀찮게 려화의 뒤를 따르던 천식은 마침내 야욕을 드러내고, 저항하던 려화는 기색이 되어 거꾸러진다.	31-39	『추월색』, 1-11
11	마침 그곳을 지나던 성구가 려화를 구하고 천식은 달아난다. 성구와 려화는 몇 마디 문답 끝에 서로를 알아본다.	39-42	『추월색』, 64-69
12	부모를 따라 강령으로 갔던 성구는 역괴로 몰려 바다에 투신한 부모의 뒤를 따라 물에 빠졌다가 일본인 의학박사 안전태랑에 의해 구조된다. 성구는 일본 동경의 안전 가옥에 거처하며 소학교와 중학교에서 공부하다가 상해의 병원으로 가게 된 안전 박사와 동행한다.	42-45	『추월색』, 55-63
13	상해 상업학교 교수 산번 박사가 자신의 딸과 성구를 결혼시키고자 한다. 성구는 려화와의 일을 이야기하며 통혼을 거절한다. 회포를 이기지 못한 성구는 산보를 나가 월색을 완상하다가 불한당에게 욕을 보고 있는 처녀를 구하는데, 그가 바로 려화였다.	45-47	『추월색』, 63-64
14	려화의 상처가 회복되자 마리아 부인과 안전 박사는 서로 주장하여 교회에서 혼례를 거행하고자 하는데, 성구와 려화는 귀국하여 부모 슬하에서 결혼하겠다고 한다. 김시종의 집으로 돌아온 두 사람은 내외 빈객의 축복 속에 혼인한다.	47-51	『추월색』, 69-86

위 표를 통해 우선 알 수 있는 것은 전체 14개의 서사 단락 중 6에서 8까지 이어지는 『혈의 루』에서의 파생 부분을 그 앞과 뒤의 『추월색』 관련 부분이 에워싸고 있다는 점이다. 서사 단락 5와 9는 이야기를 자연스럽게 잇기 위해 박철혼 나름대로 추가한 내용이다. 『혈의 루』 관련 부분이 주인공 려화의 수난담 중 하나라고 할 때 전체적인 서사의 주된 흐름은 『추월색』의 것을 따르고 있다는 판단이 가능하다.

비교적 박철혼의 서술에 가까운 단락 5와 9가 주인공 려화에게 닥친 죽음의 위기를 묘사하고 있다는 점은 흥미로운 사실이다. 이는 『혈의 루』와 『추월색』 각각의 삽화가 교차하면서 생긴 필연적인 결과라고 할 수 있다. 『혈의 루』의 옥련이 일본으로 가려면 촌상을 만나야 하는데, 그렇게 이야기를 끌어가기 위해서 필요한 장치는 전쟁 통에 총상을 입는 것이었다. 『월미도』의 려화가 총상을 입을 순 없으니 『추월색』에서는 묘사되지 않은 '실신'과 '유기'의 에피소드가 서사 단락 5에 삽입된 것이다.

이야기를 『혈의 루』로부터 끌어내어 『추월색』 쪽으로 이어나가기 위해서도 수완이 필요했다. 촌상의 집을 나온 『혈의 루』의 옥련이 우연히 구완서를 만나 미국으로 향하는 대신 『월미도』의 려화는 자살을 시도한 끝에 천행으로 천주교도인 마리아 부인을 만난다. 서사 단락 9에서 려화가 마리아 부인을 따라 간 곳은 상해이며 이는 우여곡절 끝에 성구를 만날 장소로 박철혼이 예비해 놓은 장소이다.

덧붙여 위 표를 통해 드러나는 것은 축약과 생략의 양상이다. 저본으로서의 『추월색』에서 70면 가량으로 서술된 분량이 『월미도』에서는 40면 가량으로 줄어들었다. 또한 『혈의 루』 해당 부분 26면 분량이 『월미도』에서는 10면 분량으로 서술되었다. 상세한 비교의 과정을 거치지 않더라도 기본적인 서사의 줄기는 유지하면서 대화 지문 등 묘사의 분량을 줄이고 필요치 않은 삽화는 삭제하였다는 것을 쉽게 알 수 있다.

또한 『추월색』을 서사의 근간으로 삼고 『혈의 루』의 에피소드를 삽입 직조한 작품이 『월미도』라고 할 때, 『추월색』의 내용에서 원천적으로 배제된 부분이 있음은 따로 고찰해야 할 사항이다. 『추월색』 전체 112면 분량 중 위 표에서 소거된 부분은 중간의 14면, 말미의 25면 정도의 분량이다.

『월미도』에서 추수되거나 번안되지 않은 『추월색』의 41면부터 55면까지는 정임이 일본에 도착하여 공부로 이름을 날리고, 유학생 모임에서 강한영을 만나며, 살해 위기를 넘긴 후 병원에서 순사와 문답하는 내용 등이 서술되어 있다. 우선 『추월색』의 정임은 부모의 집에서 처음 가출한 후 겪은 위기상황을 스스로 탈출하여 일본으로 향했다고 설정되어 있으니 『월미도』의 려화와는 처지가 다르다. 또한 정임이 괴한에게 피습을 당한 것은 일본에서였는데, 려화가 비슷한 일을 당한 것은 중국에서였다. 마지막으로 『추월색』에서 정임은 칼을 맞은 후 병원으로 실려 가고 그를 구한 영창은 범인으로 몰리게 되는데, 『월미도』의 려화는 별다른 상해를 입지 않은 채 성구로부터 직접 구출된다. 그러니 『추월색』 41면에서 55면까지의 내용은 나머지 서사 단락에 요약 서술로 흡수되거나 생략될 수 있었던 것이다.

『추월색』의 86면에서 마지막 102면까지의 내용은 괴한 강한영의 내력과 도망 후에 체포되는 장면, 정임과 영창의 신혼여행과 마적 떼에게 붙잡혀 봉변을 치르는 사건, 그곳에서 우연히 시아버지를 만나 가족 상봉을 완결하는 장면 등이 서술되어 있다. 어쩌면 박철혼은 이와 같은 후반부의 내용을 사족으로 여겼을 가능성이 있다. 려화와 성구의 만남과 결혼이라는 대단원을 극적으로 마련하기 위해서는 성구 부모를 죽은 것으로 처리하여 후일담을 없애고, 사법처리 등 괴한에 대한 서사적 응징 또한 축소 및 생략하는 것이 유리하리라고 판단했을 것이다.

필요치 않거나 덜 중요하다고 생각되는 부분을 덜고, 직접 모방의 대상이 되는 부분도 최대한 축약하여 매수를 줄이고자 한 데에는 몇 가지 이유가 있을 것이다. 가장 먼저 생각해 볼 수 있는 이유는 저자 박철혼이 고전소설의 그것처럼 단순하고 무난한 결말을 당대 구식 독자가 원했을 것이라고 판단했을 가능성이다. 이에 덧붙여 초기 신소설의 발행 시기와 비교해 볼 때 지가(紙價) 등의 출판비용이 증가한 영향 또한 고려할 수 있다. 독자들에게 부담 없는 가격을 책정하기 위해서는 지면을 줄이는 고육지책이 필요했을 것이다.

분명한 것은 박철혼이 『월미도』를 저술하면서 『혈의 루』도 아니고 『추월색』도 아닌 텍스트를 만들어 그것을 자기의 작품으로 여기고자 했다는 점이다. 오늘날의 관점에서 보면 『월미도』는 박철혼의 창작이라기보다 이인직과 최찬식이 쓴 작품을 모방한 텍스트에 불과할지 모르지만, 신소설 및 구활자본 대중소설 시장에서 1920, 30년대까지도 저본과 서사 내용이 크게 다를 바 없는 번안물이나 모방작이 저작물의 지위를 가지고 유통되었음을 고려할 때 『월미도』가 가지는 혼성모방적 성격은 다양한 모방의 양상 중 하나로 특기될 수 있을 것이다.

4. 결론

1920년대는 근대소설의 본격적인 전개 과정에서 번역과 번안, 그리고 저작의 개념이 분화하고 순수 창작의 지위가 정립되는 시기였다. 그러나 신소설의 양식을 계승한 구활자본 대중소설의 장에서는 표절과 다를 바가 없는 모방 텍스트들이 난무하고 있었던 것이 사실이다. 이인직과 이해조는 물론 최찬식의 초기작들도 훌륭한 모방의 저본으로 기능했다. 특히 『추월색』, 『능라도』 등의 작품들은 해적판 텍스트와 명백한 표절 텍스트를 포함하여 많은 모방작들의 저본이 되었다.

이인직과 이해조의 초기 신소설 작품들이 번안되거나 모방되는 경우 저본에서의 계몽성을 약화시키고 모방작에서 통속성을 극대화하는 방향으로 나아갔다면, 최찬식의 작품과 그 모방작들의 관계는 조금 다른 측면에서 해석될 수 있다. 최찬식의 초기작 『추월색』, 『능라도』 등이 이미 이인직, 이해조의 초기 신소설이 지닌 계몽성이나 당대적 정론성을 상당 부분 탈각하고 있기 때문이다. 즉 저본 자체가 통속적인 텍스트이므로 그것을 모방한 텍스트가 변주시키는 요소와 그 수준은 이인직이나 이해조의 모방작에 비해 범위가 좁은 것이 사실이다. 그러나 1910년대의 최찬식 작품과 1920, 30년대의 구활자본 후기 대중소설이 비슷한 양상을 띠고 있다고 하여 동일한 문학사적 의의를 지닐 수는 없다. 후기 신소설로 일컬어질 수 있는 텍스트들은 10년 20년이 흐르는 동안에 특별한 변화나 갱신 없이 1910년대적 성격을 그대로 보존 및 추수하고 있을 뿐이기 때문이다.

이 논문에서는 박철혼의 『월미도』를 분석의 대상으로 삼아 그 저본으로 간주되는 『혈의 루』, 『추월색』과의 비교 작업을 수행하였다. 두 편의 저본을 가진다고 하는 것에서 알 수 있듯 『월미도』는 혼성모방적 성격을 지니는 텍스트이다. 좀 더 자세하게 말하자면 『추월색』의 주서사를 근간으로 하여 『혈의 루』의 에피소드를 삽입, 직조한 텍스트이다.

『추월색』의 의의를 적극적으로 해석하여 자유연애 및 결혼관을 전면화한 점, 공간적 배경을 더욱 확장하여 동북아와 유럽까지를 풍속화 안에 담았다는 점 등을 『혈의 루』로부터 몇 걸음 나아간 양상으로 볼 수 있다면, 『월미도』 또한 그만큼의 영역 안에서 나름의 진폭을 가진다. 그렇다고 해도 역시 『월미도』는 1907년 작 『혈의 루』와 1912

년 작 『추월색』의 당대적 의의를 1930년 부근의 시점에서 온전히 계승할 수는 없었으며, 『혈의 루』의 패기만만한 가능성을 『추월색』의 통속 서사 안에 침몰시킨, 단순한 읽을거리에 그치고 말았다. 그럼에도 불구하고 박철혼은 『월미도』를 자신의 저작으로 규정하려 했으며, 저본의 존재를 뚜렷하게 알 수 있도록 본받아 쓰는 것만이 아니라 압축과 생략, 서사 단락의 첨가 등 나름의 노력을 기울였다.

『월미도』가 『추월색』을 닮으려 한 이유는 자명하다. 『추월색』과 같은 텍스트를 당대의 구식 독자들이 원하고 있었기 때문이다. 그런데 또 『월미도』는 『추월색』과 달라야 했다. 『월미도』가 통속적 서사물로서 경쟁해야 하는 상대는 다름 아닌 『추월색』이었기 때문이다. 『혈의 루』는 얼마 지나지 않아 절판되었지만, 『추월색』은 1930년대 이후까지 그 자체로 읽을거리로서의 생명력을 잃지 않은 텍스트였음을 상기할 필요가 있다.

김교제의 『목단화』, 『화중왕』과 박철혼의 『홍안박명』 비교 연구

1. 김교제의 신소설과 『목단화』 개작에 관련된 문제들

김교제는 10여 편의 초기 근대 장편서사 텍스트를 저술한 대표 신소설 작가 중 한 사람이다.[1] 그가 저술한 책들의 성격을 살펴보면 초기 신소설로 간주할 수 있는 텍스트, 번역 및 번안물로 확인된 텍스트 정도로 구분이 가능하다.[2] 이 중 전자에는 여타 초기 신소설 작가 이해조, 최찬식 등의 영향을 받은 텍스트와 이인직의 『치악산』 상편을 이어받은 하편 등이 포함되어 있다.[3]

---

1 지금까지 알려진 김교제의 저술은 『목단화』(광학서포, 1911), 『지장보살』(동양서원, 1912), 『현미경』(동양서원, 1912), 『비행선』(동양서원, 1912), 『난봉기합』(동양서원, 1913), 『일만구천방』(동양서원, 1913), 『쌍봉쟁화』(보문관, 1919), 『화중왕』(초판 확인 불가), 『애지화』(보문관, 1920), 『경중화』(보문관, 1923) 등이다. 『마상루』(동양서원, 1912)의 교열자, 『삼촌설』(동양서원, 1913)의 윤색자이며, 이인직이 상편을 쓴 『치악산』의 하편(동양서원, 1911)을 저술했다. 『목단화』를 제외하면 1911년부터 1913년까지의 모든 작품이 동양서원에서 발행되었고, 1919년 이후의 모든 작품은 보문관에서 발행된 것임을 알 수 있다.

2 김교제의 작품 중 『현미경』, 『쌍봉쟁화』, 『비행선』, 『지장보살』, 『일만구천방』은 번역 및 번안소설로 분류되고 있다.

김교제와 그의 작품에 대한 연구사의 축적은 상대적으로 미흡한 것이 사실이다. 앞서 언급한 것처럼 그의 작품들은 독립적인 의의를 갖지 못하고 당대의 국내외 텍스트 혹은 전대의 텍스트와 수많은 접점을 만들고 있어 단독 연구의 대상이 되지 못한 것이 아닐까 생각해 보게 된다. 식민지 시기로부터 해방 이후 전광용의 문학사적 서술[4]에 이르기까지 김교제는 근대비평의 뚜렷한 주목을 받지 못했다. 최원식에 의해 '이해조의 계승자'라는 문학사적 지위를 부여받기까지[5], 그리고 강현조 등의 최근 논의[6]를 통해 작가론적 세목이 다소 보충되기까지 김교제는 근대 초기 소설사에서 중심도 변방도 아닌 언저리에 어정쩡하게 위치해 있었다.

『목단화』는 김교제의 첫 신소설 작품이며, 후에 『화중왕』으로 개작되는 등의 정황으로 보아[7] 작가가 특별한 애착을 가진 작품이었을 가능성이 높다. 최초본인 『목단화』는 광학서포에서 1911년 간행되었는데[8], 개작본 『화중왕』의 현존 판본은 간기가 누락된 영창서관 본이

---

3 최원식은 김교제의 『목단화』와 『현미경』을 고찰하면서 이들 작품이 '여성 개명론' 등 이해조의 작업을 계승한 것으로 평가하고 있다. 그 외에도 많은 작품이 이해조 혹은 이인직이 선보인 담론과 모티프를 활용하고 있는 것으로 진단한다. 한편 김교제의 『애지화』는 최찬식의 『추월색』을 모방한 작품으로 본다.(최원식, 『한국계몽주의문학사론』, 소명출판, 2002, 108-135면)

4 전광용의 『신소설 연구』(새문사, 1982)에는 신소설의 주요 작가로 이인직, 이해조, 최찬식, 안국선을 들고, 다섯 번째 항목에 '김교제 및 그 밖의 작가' 절을 덧붙여 소략하게 정리하고 있다.

5 최원식, 앞의 책, 108-135면 참조.

6 강현조, 「『목단화』의 개작 양상 연구 - 새 자료 개작 텍스트 『화중왕』의 소개와 내용 비교를 중심으로」, 『현대소설연구』 45, 2010. 강현조, 「김교제 번역 · 번안 소설의 원작 및 대본 연구 - 『비행선』, 『지장보살』, 『일만구천방』, 『쌍봉쟁화』를 중심으로」, 『현대소설연구』 48, 2011.

7 이에 대해서는 강현조의 논문 「『목단화』의 개작 양상 연구 - 새 자료 개작 텍스트 『화중왕』의 소개와 내용 비교를 중심으로」에서 상세히 고찰했다.

8 표지에 '신쇼셜 목단화 新小說 牧丹花'라고 표기되어 있다. 본문 첫 장에는 '아쇽

다.[9] 『목단화』가 『화중왕』보다는 앞서 발표된 작품이라는 전제 하에 『화중왕』의 개작 및 발표·발간이 어느 시점에 이루어졌는지가 확인해 볼 문제였는데, 우선 현존 영창서관 본은 1934년경에 출판된 것으로 여겨지고 있으며, 개작본의 최초 출판은 1919년에 이루어졌다는 의견이 제시되어 있다.[10]

지금까지 확인된 김교제의 작품은 다수가 1911~1913년에 집중적으로 출판되었다. 1914년부터 1918년까지의 출판 기록은 확인되지 않으며, 1919년과 1920년, 1923년에 각각 1편의 작품이 출판되었다. 만약 『화중왕』이 1919년에 초판 발행된 것이라면 1919년에 출판된 김교제의 작품은 총 2편으로 늘어난다.

모든 작품의 창작 시기를 출판 시기와 구분하여 명확히 알 수는 없겠지만, 『화중왕』은 초기 작품의 정수라고 할 수 있는 『목단화』의 서사를 재현하면서 1910년대 후반 이후 1920년대까지 작품 활동을 지속하려는 작가의 욕망을 짐작할 수 있는 텍스트이다. 따라서 『화중왕』과 관련한 초기 서사 점검과 개작의 과정은 작가적 생애의 일종의 분기점을 형성한다고 볼 수 있다.

김교제의 전체 저작 중 작가의 특질을 가장 명확히 보여 주는 텍스트의 하나인 『목단화』 서사의 원형이 후기 대중소설에 어떻게 수용되고 계승되었는지를 밝히는 것이 본 논문의 일차적인 목표이다. 강현조에 의하면 『화중왕』은 『목단화』의 단순 개작이 아니라 서사적 결절을 복원하고 최초 저작 당시의 의도를 구현하는 차원에서 재출판한

싱啞俗生'으로, 판권지에는 '김교제'로 저자를 표기하고 있다.

9 국립중앙도서관 소장 영창서관 본 표지에 '新小說 花中王 화즁왕'이라고 표기되어 있다. 본문 첫 장에 '啞俗先生 金敎濟 纂'이라고 표기되어 있다. 판권지가 유실되어 이 책만으로는 간행 시기를 확인할 수 없다.

10 강현조, 위 논문 참조.

텍스트이다.[11] 그렇다면 이러한 개작의 시기가 1910년대 후반이냐, 1920년대 혹은 1930년대이냐의 문제는 김교제 작가론의 구성에 중요한 쟁점이 될 수 있다. 본 논문의 분석을 통해 『화중왕』의 최초 출판 시기를 가늠할 수 있는 또 하나의 근거가 보충될 수 있을 것이다.

2. 박철혼의 저술 행위와 모방 텍스트 분석의 필요성

본 논문에서는 김교제의 『목단화』와 그 개작본 『화중왕』이 후기 구활자본 대중소설에 어떻게 수용되고 모방되었는지를 고찰한다. 『목단화』와 『화중왕』은 그 저자에 의한 원작과 개작의 관계에 있으므로, 서사 내용에 유사성이 있는 것은 당연한 귀결이다. 그런데 1920년대 후반 이후, 즉 후기 구활자본 대중소설이 다수 출판 및 유통되던 시기에 『목단화』 혹은 『화중왕』의 서사를 그대로 차용한 제3의 텍스트가 선을 보였다. 박철혼 저 『홍안박명』[12]이 바로 그것이다.

필자는 본 논문 이전의 선행 연구[13]에서 박철혼의 저작으로 표기된 작품 2편을 분석한 바 있다. 이인직의 『혈의 루』을 모방한 『오동추월』이 그 하나이고, 최찬식, 『추월색』의 주 서사에 『혈의 루』의 부분적 서사 요소를 끼워넣은 『월미도』가 또 다른 하나이다. 『오동추월』은 저본의 인물구도와 서사구조를 대부분 차용하고 배경만을 중국

11 위 논문, 85면 참조.

12 박철혼, 『홍안박명』, 신구서림, 1928. 서울대 도서관 소장 신구서림 본 표지에 '紅顔薄命홍안박명', 본문 첫 장에 '紅顔薄命 朴哲魂 著'이라고 표기되어 있다.

13 「이인직 초기 신소설의 모방 및 표절 텍스트 양상 연구」(『우리어문연구』 53, 2015), 「초기 신소설을 저본으로 한 모방 텍스트의 양상 연구」(『구보학보』 15, 2016)가 그것이다.

으로 바꾼 작품으로, 『월미도』는 두 개의 저본을 활용한 혼성모방적 작품으로 각각 그 의미를 부여할 수 있다. 아무튼 박철혼이라는, 당대적 양식의 서사 출판물 저작 주체에 대한 연구가 아직 미진한 상태에서 또 다른 모방작을 한 편 더 소개하고 분석하는 작업은 조심스러울 수밖에 없다. 어쩌면 한 작가의 독창성을 인정하지 않고, 그가 답습과 표절에 준하는 집필행위만을 일삼은 작가라는 선입견을 들씌울 수 있기 때문이다. 그러나 박철혼의 모방은 당대에 통용되던 저술 작업의 일종이라는 점을 인정하고, 저본과 모방작의 거리 혹은 차이점에 의미를 부여할 수 있다면, 상대적으로 순수 창작에 가깝다고 여겨지는 당대 작품과 그 작법으로 이행하는 통로를 발견할 수 있을 것이다.[14]

본 논문의 두 번째 목적은 선행논문으로부터 지속적으로 분석해 온 '후기 구활자본 대중소설의 초기 신소설 모방 양상' 중 하나의 예를 김교제 관련 텍스트로 검증하고, 그것의 모방작이 그간에 반복 노출된 작가 박철혼의 집필에 의한 것이라는 점에 의미를 부여하기 위한 것이다. 모방이라는 범주 안에 묶을 수 있는 박철혼 저술 방식의 사례를 한 가지 더 제시함으로써 '초기 신소설 모방'의 양상을 다채롭게 검증함과 동시에 '박철혼의 작가적 특징'을 설명하는 근거 하나를 추가할 수 있을 것이다.

14 본 연구논문과 연구 과제를 종료하고 나면 좀 더 대상 작품의 범위를 확장하고, '화소' 등의 요소를 활용하여 서사 텍스트 작법의 전개 양상을 추적하는 후속 작업을 이어갈 예정이다. 나아가 본격 근대소설과의 상호텍스트성에 대한 연구로까지 이어질 수 있기를 기대하고 있다.

3. 김교제의 저본과 박철혼의 모방작 비교

3.1. 『목단화』와 『화중왕』의 저본 가능성 검토

김교제의 『목단화』를 포함한 신소설 작품들이 후기 구활자본 대중소설 텍스트에 영향을 주었으리라는 설명은 관점에 따라 별 의미 없이 느껴질 수도 있다. 김교제의 이야기들은 그의 첫 작품 『목단화』부터도 그리 참신한 면을 보이지 않고 있다고 보이기 때문이다. 오히려 그의 작품에는 이인직과 이해조의 작품에서 익숙하게 볼 수 있었던 서사 화소들이 눈에 띄게 개입되어 있고, 초기 신소설 작가들의 통속적 혹은 구소설적 퇴행이라는 관점에서 보면 1911년이라는, 작가로서의 출발부터 이미 그러했다는 진단을 내릴 수 있을 정도이다.

그러니 김교제가 후기 구활자본 대중소설에 영향을 주었다기보다는 초기 신소설 작가인 이인직, 이해조, 최찬식 등의 서사구조와 모티프에 영향을 받았고, 그것을 후대의 작가들과 공유하고 있었다는 설명이 오히려 설득력 있게 들릴 수도 있다.

그러나 후대의 텍스트가 전대의 텍스트 및 당대의 텍스트와 상호텍스트성을 가지면서 유사한 부분을 공유하는 차원이 아니라 전체 서사구조와 모티프를 그대로 답습하는 양상이 김교제의 작품으로 말미암아 생성된다면 그 나름대로의 의미를 부여할 필요가 있을 것이다. 예컨대 이인직, 『귀의 성』이나 이해조, 『빈상설』의 그림자가 김교제의 작품에 드리워져 있다고 해도 후대의 모방 작품이 『귀의 성』 혹은 『빈상설』이 아닌 김교제의 것을 저본으로 하고 있음이 분명하다면, 적극적인 의미부여 이전에 그 자체로 분석해 볼 가치가 있다.

이 참판의 딸 정숙은 신학문을 배운다는 이유로 시댁에서 쫓겨나 친정에 머문다. 정숙의 외모와 학식을 시기한 이 참판의 후처 서 씨는 사사건건 그녀를 구박한다. 수구파의 모함을 받은 이 참판이 제주도로 유배를 떠나자 서 씨는 수하인들을 시켜 정숙을 욕보이도록 한다. 서 씨의 친정오라비 병신은 정숙의 시비 금년을 겁탈하려다 실패하자 그녀를 강물에 던진다. 정숙은 탈출을 시도하다가 그만 기절을 하고 만다. 정숙이 죽은 줄로 오해한 서 씨의 수하인들은 그녀를 숲속에 버린다. 정신을 차린 정숙은 황 동지라는 사람에게 구출되어 그의 집에 기거한다. 황 동지는 행방불명이 된 자신의 딸 금순을 대신하여 정숙을 돌본다. 한편, 정숙이 살아 있다는 소식을 들은 서 씨는 다시 수하인들을 시켜 정숙을 찾아 없애려고 한다. 정숙은 황 동지 부인의 도움으로 최 과부 집으로 피하고, 다시 최 과부의 오빠가 있는 의주로 변복하고 도망간다. 우연히 서흥학교의 교장 최듕락을 만난 정숙은 그의 제의에 따라 학생들을 가르치다가 일 년 후 이 참판이 유배에서 풀려났다는 소식을 듣고 집으로 돌아오던 중 금년과 만나게 된다. 간신히 목숨을 건진 금년은 집으로 돌아가 부모님을 모시고 살고 있다. 이 참판은 우연히 기생집에 들렀다가 금순을 만나 딱한 사정을 듣고 그녀를 집으로 데려온다. 금순이 황 동지의 딸임을 알게 된 정숙은 두 사람을 만나게 한다. 이 참판은 정숙과 금년을 통해 그간의 자초지종을 듣고 서 씨의 악행을 알게 된다. 결국 서 씨와 그녀의 오빠 병신, 수하인들 모두 처벌을 받는다. 정숙은 금순과 함께 이 참판과 황 동지 내외를 극진히 모시고 행복하게 살아간다.[15]

위 요약문은 김교제, 『목단화』의 경개를 정리한 것이다. 신학문을

15 송하춘, 『한국근대소설사전』, 고려대학교출판부, 2015, 161면 참조. 서사 전개를 명확히 전달하기 위해 내용 일부를 첨삭하였음.

공부한 여성 정숙이 시집에서 쫓겨난 후 숱한 고난을 겪다가 사필귀정으로 행복한 삶을 되찾는다는 이야기이다. 선인(혹은 개화 세력)은 복을 받고, 악인(혹은 수구 세력)은 처벌된다는 천편일률적 해피엔딩의 결말구조를 답습하고 있으나, '이해조의 후계자'라는 별칭답게 여성의 교육과 사회적 역할을 강조한다는 면에서 당대적 의의를 평가할 만한 작품이다.[16] 특히 위기를 벗어나기 위해 변복(남장)하고 길을 떠나는, 구소설로부터 이해조의 신소설까지 원용되던 모티프[17]를 다시금 활용하는 한편 바로 그 길에서 교육 사업에 헌신할 기회를 얻는다는 설정으로 - 우연일지는 모르지만 - 고전적 요소와 당대적 요소의 결합을 이루어냈다. 이후 김교제는 여러 편의 신소설과 번역 및 번안소설을 상재하지만, 이 정도 수준의 시대정신을 새로 형상화하거나 발전시키는 데에는 한계를 보였다.

그런데 김교제는 『목단화』의 서사를 그대로 유지하면서 서사적 완결성을 보완하는 개작 텍스트를 후일 다시 선보인다. 그것이 바로 『화중왕』의 세계다. 다음은 『화중왕』의 서사를 요약한 것이다.

> 서울 사는 리 참판은 일찍 개화한 인물로 무남독녀 형자를 여학교에 보낸다. 형자는 박 승지의 아들 제신과 혼인하는데, 개화에 반대하는 완고한 박 승지는 여학교에 다닌다는 이유로 형자를 내쫓는다. 한편 리 참판의 후취로 들어온 김 씨 부인은 돌아온 형자가 남편 리 참판의 사랑

16 널리 보아 이인직의 『혈의 루』가 옥련이라는 여성 인물의 근대 교육과 사회공헌이라는 의도적 설정을 한 것부터 해당 서사 화소의 연원을 따져볼 수 있을 것이다.

17 고전소설 『남강월전』과 그 요소를 차용한 것으로 알려진 이해조의 『빈상설』을 예로 들 수 있다. 위기 극복을 위해 남매가 각각 이성(異性)의 것으로 변복하고 길을 떠나는 장면이 등장한다.

을 독차지하는 것을 못마땅하게 여기고 리 참판이 억울하게 옥살이를 하게 되자 형자를 팔아넘길 음모를 꾸민다. 그리하여 김응한과 점룡네, 삭주집이 김 부인과 공모하여 형자를 최병렵에게 돈을 받고 팔아넘기기로 한다. 김 씨 일당의 협잡으로 인한 죽을 고비에서 동 첨지는 우연히 혼절한 형자를 구하게 되고 기운을 회복한 형자는 남장을 하고 서울로 올라온다. 그 과정에서 형자는 노인 내외의 도움으로 살아난 자신의 몸종 은섬과 재회하게 된다. 한편 무죄가 입증되어 방면된 리 참판은 형자의 행방을 찾기 위해 애를 쓰다가 삭주집의 농간으로 팔려온 월매라는 여인을 구해주는데 그 여인이 바로 동 첨지의 무남독녀이다. 리 참판은 동 첨지가 형자를 도와준 은인이라는 것과 형자가 아직 살아있다는 것을 알게 된다. 결국 김 씨 일당의 죄상이 백일하에 드러나고 별순검이 이들을 잡아들인다. 리 참판은 극적으로 형자와 상봉한다. 자신의 절조를 지키고 인격의 고상함을 보여준 세 여인들의 이름이 널리 퍼져서, 은섬은 지방재판소 김 주사의 후취가 되고 월매는 서 참서의 후실로 들어가게 된다. 한편 제신은 부친의 명을 어기고 일본 동경으로 건너가 정치학을 공부하고 귀국한다. 마침내 제신과 형자는 재회하여 부귀영화를 누린다.[18]

초기 작품 『목단화』와 그것의 개작인 『화중왕』의 차이는 상기 요약문만을 비교해도 어렵지 않게 발견된다. 첫째, 작품의 제목뿐 아니라 '정숙'이 '형자'로 바뀌는 등 주요 인물들의 이름이 바뀌어 있다. 둘째, 여성 인물의 수난담, 복선화음의 메시지, 남장을 하고 길 떠나기

18 송하춘, 『한국근대소설사전』, 고려대학교출판부, 2015, 626면 참조. 일부 첨삭. "『절세미인 강명화전(영창서관1935)』의 뒷면 광고에 작품 제목이 실려 있어 1935년 이전으로 발행연도를 짐작할 수 있을 뿐"이라고 해당 페이지에 기록되어 있다.

등의 고전소설적 모티프는 동일하게 쓰이고 있는 반면, 『목단화』의 여성 인물이 위기를 벗어나기 위해 떠난 고난의 길에서 교육 사업에 투신하게 되는 등의 당대적 혹은 계몽적 요소는 『화중왕』에서 축소되거나 생략되어 있음을 보게 된다. 셋째, 『화중왕』은 결말 부분에서 부부의 재결합을 통해 부귀영화를 누리게 된다는 설정을 하여 오히려 고소설적 퇴행이 부각되는 점도 『목단화』와 구분된다 할 것이다.

이 중 첫 번째의 차이점은 개작의 의도가 '보완된 『목단화』의 재출판'이 아니라 독자에게 완전히 다른 작품으로 인식되기를 바라는 '전면 수정'의 의미를 지니고 있음을 알게 한다. 그리고 두 번째와 세 번째 차이는 1910년대 초반과 1920년대 이후의 신소설이 당대적 정론성이나 계몽 의지가 가면 갈수록 후퇴하여 통속적 텍스트로 고정되는 일반적 양상이라고 할 수 있다.

특히 셋째의 경우 일반적으로 신소설의 효시로 거론되는 『혈의 루』가 구완서와 옥련의 결혼을 지연시키는 것에 빗대어 살펴볼 만하다. 신세대 혹은 청년에게 서사적으로 베풀어지는 교육의 세례와 성과가 당대의 민족에게 온전히 나누어지려면 결혼의 성취나 부귀영화 같은 사적 범주에 함몰되는 결말은 적당할 리가 없다. 이는 단지 고생을 겪은 작중 인물에 대한 독자의 보상 심리를 만족시키기 위한 것일 뿐이다. 교육받은 신여성으로서의 형자의 당대적 효용가치는 더 이상 부각되지 않는다. 그는 단지 동경에서 정치학을 배우고 돌아온 훌륭한 남편 제신의 아내로 남을 뿐이다.

1928년 신구서림에서 발행된 박철혼의 『홍안박명』은 신학문을 공부한다는 이유로 시집에서 쫓겨난 여성 인물이 계모를 비롯한 악인들의 흉계로 숱한 고초를 겪는 내용을 다루고 있어 『목단화』 혹은 『화중왕』과 상당 부분 유사한 양상을 보이는 작품이다. 김교제의 작품을 박철혼이 모방한 것이리라는 점은 쉽게 추론해낼 수 있다. 두 작가의 활동 시기 등을 고려하지 않더라도 『목단화』의 출판이 1911년에 이미 이루어진 것은 변치 않는 사실이기 때문이다. 설사 초판 발행 시기가 불분명한 『화중왕』의 저술 및 출판이 1928년 이후에 이루어진 것이라 해도 『홍안박명』이 『목단화』보다 앞설 수는 없는 것이다.

문제는 모방작인 『홍안박명』의 저본이 『목단화』인가, 『화중왕』인가 하는 것이다. 이는 김교제의 작품 『목단화』와 『화중왕』의 차이를 염두에 두고 『홍안박명』의 서사 요소가 무엇과 더 흡사한가를 따져 보아야 사실에 가까워질 수 있는 쟁점이다.

> 서울 리 참판의 전실 소생 영자는 숙명여학교에 입학하여 신학문을 공부하던 중에 서울 사는 최 승지의 아들 병화와 결혼한다. 그러나 계모 김 씨와 시비 점동 어미의 간계에 속은 시아버지의 모함을 받아 결국 친정으로 쫓겨난다. 한편 리 참판이 어떤 중대사건의 혐의로 감옥에 갇히는 일이 발생한다. 김 씨는 이를 기회로 영자의 의자매 옥섬을 쫓아내기로 작정하고, 친정 당질 김응한을 시켜 공덕리 산 속으로 유인한다. 응한은 산 속에서 옥섬을 욕보이려다 실패하자 그녀를 두들겨 팬 후 강물에 버리고 달아난다. 한편 김 씨는 뚜쟁이 진주집과 공모하여 영자를 장안 갑부 민병호에게 팔아넘길 계략을 꾸민다. 이들은 숙명여학교 운동회 초대장을 위조하여 그녀를 병호가 있는 진주집의 처소로 유인한다. 이상한 낌새를 눈치 챈 영자는 창문 밑의 식칼로 병호와 진주집을 공격하지만 결국 결박당하여 산 속에 버려진다. 죽을 위기에 놓인 영자는 마침 그곳을 지나가던 정 첨지에게 구원되어 기사회생한다. 얼마 지나지 않아 리 참판의 석방 소식이 전해진다. 황해도 은율로 피신해 있던 진주집은 영자가 살아있음을 알고 재차 죽이려 하나 영자는 변복하고 달아난다. 그녀는 비를 피하기 위해 들른 촌락에서 옥섬을 만나게 되고, 옥섬의 은인 춘주 내외와 서울로 향한다. 한편 리 참판은 진주집의 처소

에서 불한당에게 잡혀 온 장 첨지의 딸 영희라는 규수를 발견하고 그녀의 몸값을 지불한 후 집으로 데려온다. 그리고 그녀가 진주집에게 팔려 온 사정을 자세히 편지에 적어 경무사로 보낸다. 경무청 순검에 체포된 진주집이 모든 사실을 자복함에 따라 김 씨를 비롯한 여러 죄인들이 사형 등의 중형을 언도 받는다. 한편 정 첨지 부부와 옥섬 아비 유 선달, 영자와 옥섬이 연달아 서울 리 참판 집에 당도하여 재회하고, 영자는 일본 동경의 와세다 대학 정치과를 졸업하고 돌아온 병화와 재결합한다.[19]

『홍안박명』의 경개이다. '정숙'에서 '형자'로 다시 '영자'로 이름은 바뀌었지만 주인공 격의 여성 인물은 이 참판의 딸이다. '영자' 또한 친정으로 돌아온 후 숱한 고난을 겪는다거나, 변복을 하여 길을 떠나는 등 여러 유사점을 확인할 때, 『홍안박명』은 박철혼의 순수창작이라고 보기 어렵고, 김교제의 『목단화』 계열 서사를 모방한 것임이 줄거리만을 통해서도 여실히 드러난다.

김교제의 작품을 박철혼이 모방하여 새로운 책으로 출판한 것이 분명하다면 저술 당시에 활용된 저본이 무엇인가가 다음 문제다. 위에서 간략하게 다룬 『목단화』와 『화중왕』의 차이, 그 중에서도 두 번째와 세 번째 항목을 상기해 보면 『홍안박명』이 두 작품 중 무엇을 따른 것인지 어렵지 않게 알 수 있다.

요컨대 『홍안박명』은 『목단화』가 제시한 '여성 인물의 교육 사업 참여'를 그리지 않았다. 또한 여성 인물이 혼인 관계의 복원을 선택하지 않는 『목단화』의 것과 달리 『화중왕』에서의 '부부의 재결합과 안

19 송하춘, 『한국근대소설사전』, 고려대학교출판부, 2015, 615-616면 참조. 일부 첨삭. 616면에 "김교제, 『화중왕(영창서관)』의 내용과 비슷한 점이 많다. 『화중왕』의 간행 연도가 분명치는 않으나 두 작가의 활동시기를 비교해 볼 때, 『홍안박명』이 『화중왕』의 모방작일 가능성이 크다"고 기록되어 있다.

락한 가정의 구축'이라는 결말의 내용을 그대로 따랐다. 해당 부분을 주목하여 더 자세히 살펴야 할 일이지만 『홍안박명』의 저본은 『화중왕』일 가능성이 크다는 점을 시사하는 유력한 근거이다.

3.2. 『홍안박명』의 『화중왕』 모방 양상과 그 의미

그렇다면 박철혼은 『홍안박명』을 저술하면서 『화중왕』을 닮았으나 그것이 아닌 독립적인 텍스트로서 자리매김하기 위해 어떤 방법을 사용하였을까. 우선 눈에 띄는 것은 작품의 서두를 어떤 장면의 묘사로 채우는가이다.

> 춘삼월길고긴해가 서산에너머가고 갈구리가튼 초생달이 사창에 빗추엇다가 어언간 그달그림자가 지내가고 원촌에자즌닭이 새벽을보하는대 모발이 흿득흿득세인 륙십여세 가령된령감이 죽장망혜로(강조 - 인용자) 창골뒤성터진대를 막넘어스랴니까 엇던노인한아이 무엇신지 질머지고 성을넘어서 사면을휘휘둘너보다가 바위엉어리틈에다 짐을버서놋코 한참주저쥬져하더니 별안간에 아래ㅅ배를 웅쿠려잡으며 바위뒤로하야 언의으슥한곳에가 똥을누는지라 그령감이 그놈의거동을보고 감안이생각하니 저게무엇인데 저놈이저러틋조심을하는가 필연저속에 무슨갑진물건이 들어잇나보다 그런대저놈의거동을본즉 갑진물건은갑진물건인대 저놈이어대가 도적하야가지고 도망하는모양이니 나의갈길은 아모리밧부더래도 슷슷내 뒤를좀밟아보리라하고 어썬소나무를안ㅅ고숨어섯더니 그놈의멀리가는것을보고 올타구나생각이들어 바위틈에노아둔 부대를도적하야지고 황황급급히다라나노라[20]

20 박철혼, 『홍안박명』, 신구서림, 1928, 1면. 이하 『홍안박명』의 인용은 인용문

위 인용문은 『홍안박명』의 첫머리이다. 이 장면은 민병호에게 욕을 볼 뻔한 영자가 반항하다가 정신을 잃은 후이다. 영자가 죽은 줄로 알고 부대에 담아 버리려는 것을 영문도 모르는 정첨지가 다시 훔쳐 그야말로 우연히 은인이 되는 부분의 묘사다. 이 장면은 『홍안박명』의 55페이지에서 다시 이어진다. 즉 전체 서사의 중반 이후에 위치한 에피소드를 맨 앞으로 끌어와 서두로 설정한 것이다. 이하에 인용되는 『화중왕』의 서두 부분과 비교해 보면 앞서 살펴 본 두 작품의 다대한 유사점을 예단하지 못할 정도로 차이가 남을 알 수 있다.

슈진동어느녀학교에셔하학죵쇼리가ᄶᅦᆼ그렁ᄶᅦᆼ그렁ᄒᆞ고나더니그런지얼마동안이멋되여죠고마죠고마ᄒᆞᆫ쇼몰ᄋᆡ기녀학ᄉᆡᆼ들이손목을셔로잇글고억개를셔로겻틀고ᄌᆡᆨ갈ᄌᆡᆨ갈셔로이약이를ᄒᆞ며무리무리지어나오기시작을ᄒᆞ더니그뒤로부터는그보다좀큰녀학ᄉᆡᆼ이몰려나온다ᄆᆡᆫ나죵으로정작큰녀학ᄉᆡᆼ들이쥴을ᄃᆡ여나오ᄂᆞᆫᄃᆡ여러녀학ᄉᆡᆼ들의품질을각기의론ᄒᆞᆯ진ᄃᆡ정츄가갓지못ᄒᆞ야어엽분학ᄉᆡᆼ도잇고밉살스러운학ᄉᆡᆼ도잇고ᄒᆡᆼ위잘가지ᄂᆞᆫ학ᄉᆡᆼ도잇고잘못가지ᄂᆞᆫ학ᄉᆡᆼ도잇슬터이나지날ᄉ결에무심코볼디경이면그여러학ᄉᆡᆼ들이모다씌슷ᄒᆞ야뵈이고얌전ᄒᆞ야뵈일터이라

그러ᄒᆞ나만일유심ᄒᆞᆫᄉᆞ람이유심ᄒᆞ게볼디경이면누구ᄂᆞᆫ엇더ᄒᆞ고누구ᄂᆞᆫ엇더ᄒᆞ며누구ᄂᆞᆫ그러ᄒᆞ고누구ᄂᆞᆫ그러ᄒᆞ다즉셕판결로릉히평단ᄒᆞᆯ슈가잇슬거시라

검은무명치마져고리에히사시가미를탈쇽ᄒᆞ게ᄒᆞ고한손에ᄎᆡᆨ보를밧쳐들고한손에우산을들고여러동무틈에셧기어나오ᄂᆞᆫ학ᄉᆡᆼ한아이잇난ᄃᆡ[21]

끝에 책의 면수만을 부기한다.

21 김교제, 『화중왕』, 영창서관, 발행연도 불명, 1면. 이하 『홍안박명』의 인용은 인용문 끝에 책의 면수만을 부기한다.

『화중왕』에서는 위와 같이 띄어쓰기를 완전히 없앴고, 단락 나누기도 최소화하고 있는 것이 눈에 띈다. 이는 다름이 아니라 지면을 줄이기 위한 고육지책이었을 것이다. 아무튼 『화중왕』의 서두는 하학 종소리에 맞추어 집으로 돌아가는 여학생들을 묘사하는 장면으로 채워지고 있다. 학생들 틈에서 주인공 '형자'에게 초점을 맞추고, 그의 독보적인 외모와 자질을 평가하는 서술로 이어지게 된다.

참고로 『화중왕』의 서두는 아래 인용하는 『목단화』의 서두와도 많은 차이가 난다. 『목단화』의 첫 장면은 고색창연한 한시의 인용으로부터 계절적 배경과 서술의 현재 시점을 제시하고, 공간적 배경이 되는 집과 그 속의 인물에 점차적으로 시선을 고정시키는, 당대의 신소설에 흔히 보이는 서두의 양식을 보여 준다. 현재의 표기법과는 차이가 있지만, 띄어쓰기도 간간히 적용하고 있다.

> 무정셰월이약류파(無情歲月若流波)라 무정홀ᄉᆞ 져셰월은 츈하츄동ᄉᆞ시절이 펼적나케교환되여 길길이ᄊᆞ였든젹셜은 흔적업시 다녹고 압들뒤들에 푸릇푸릇ᄒᆞᆫ풀빗은 봄소식을 젼ᄒᆞᄂᆞᆫᄃᆡ 물네(文萊)박휘돌듯 밤낫쉴ᄉᆡ업시 핑핑도ᄂᆞᆫ 디구(地球)는 ᄒᆞᆫ박휘를 씽돌아 하오열두졈이되니
>
> 쩽-쩽-쩽-쩽-쩽-쩽-
>
> 죵로(鐘路)마루턱이 보신각(普信閣)의 일만팔쳔근이나되ᄂᆞᆫ 인경소리가 형뎨자ᄆᆡ의 깁히든ᄌᆞᆷ을 경성(警醒)ᄒᆞᆫ다
>
> ᄉᆞᄅᆞᆷ마다 ᄉᆡ벽ᄌᆞᆷ이깁히들어 만호쳔문졍부졍(萬戶千門靜復靜)이라
>
> 동남풍이슬슬불어 인경소리를인도ᄒᆞ야 인왕산밋막바지 리참판집건은방으로 들어가니 십오륙셰ᄂᆞᆫ 되락말락ᄒᆞᆫ 녀학도한아히 ᄎᆡᆨ상우에ᄎᆡᆨᄒᆞᆫ권을펴놋코 한참닑다가 무엇을ᄉᆡᆼ각ᄒᆞᄂᆞᆫ지 우둑ᄒᆞᆫ이 안졋더니[22]

---

22 김교제, 『목단화』, 광학서포, 1911, 1면.

『화중왕』의 서두가 『목단화』의 그것과 달라야 했던 이유는 자명하다. 김교제는 『목단화』의 부분 수정이 아닌 개작, 즉 '새 책'을 내놓으려 했던 것이다. 『화중왕』의 초판이 1919년에 발행되었다는 견해를 신뢰한다면, 『목단화』의 새로운 판본이 동시에 같은 출판사에서 발행되었음을 상기할 필요가 있다. 책사의 서고에 『목단화』와 『화중왕』이 함께 진열되어 있었던 것이라고 생각해 보면 될 일이다. 저자뿐 아니라 서점 주인의 입장에서도 두 책은 다른 책이어야 하고 함께 팔려야 하는 책이었다.

그러니 『화중왕』의 모방작인 『홍안박명』이 전혀 다른 서두로 첫 페이지를 채운 의도 또한 명확해진다. 『화중왕』이 유통되고 있던 시기에 같은 서사를 지니고 있으면서도 다른 책으로 인식될 수 있는 가장 쉬운 방법은 첫 페이지를 달리하는 것이었다.

하지만 『홍안박명』이 이처럼 전혀 다른 장면으로 첫 페이지를 채워 넣은 이후, 이어지는 서술들은 『화중왕』의 문장을 거의 그대로 베끼다시피 한 것이 수두룩하다. 앞에서 인용한 『홍안박명』 서두 부분 또한 밑줄 친 처음 두 줄을 빼면 『화중왕』의 68면을 복사한 것처럼 차이가 나지 않는다.

창골뒤셩터진ᄃᆡ를막넘야랴니싸엇던놈한아이무어신지ᄭᅡ박ᄭᅡ박지고셩을넘어셔ᄉᆞ면을휘휘둘너보다가바위엉더리틈에다짐을버셔놋코한참쥬져쥬져ᄒᆞ더니별안간에아ᄅᆡㅅ배를웅쿠려잡으며바위뒤로ᄒᆞ야언의으슥ᄒᆞᆫ곳에가ᄯᅩᆼ을누는지라동쳠지가그놈의거동을보고감안이ᄉᆡᆼ각ᄒᆞ니(져게무엇인데져놈이져러틋죠심을ᄒᆞ는가필연져속에무슨갑진물건이들엇나보다그런ᄃᆡ져놈의거동을본즉갑진물건은갑진물건인ᄃᆡ져놈이어ᄃᆡ가도적ᄒᆞ야가지고도망ᄒᆞᄂᆞᆫ모양이니나의길은아모리밧부더ᄅᆡ도ᄉᆞᆺᄉᆞᆺᄂᆡ뒤를좀ᄇᆞᆲ아보리로다)ᄒᆞ고엇던쇼나무를안ㅅ고슘어셧더니그놈의멀니가ᄂᆞᆫ것을보고(올타

쿠나)싱각이들어바위틈에노아둔부딕를도젹하야지고황황급급히다라나노라(『화중왕』, 68면)

아래아(·)를 포함한 표기법이나 띄어쓰기의 차이, 몇몇 오자(오식)와 '동 첨지'라는 인물 명명을 제외하면 완전히 같은 문장들이다. 모방작 『홍안박명』의 저본이 『화중왕』임을 넉넉히 알 수 있는 부분인 것이다. 이와 같은 양상은 작품의 마지막까지 이어져 부부 상봉 직전 여주인공 남편의 그간 행적을 서술하는 결말 부분에도 나타난다.

당쵸에박데신이완고ᄒᆞᆫ그부친의강데로경상도쇼학ᄌᆞ를차져가무릅을꿀고형식만남은례셜조목과졸가리만남은녜전습관을ᄇᆡ호라여러돌을허비ᄒᆞ고묵연이자긔의전졍을ᄉᆡᆼ각ᄒᆞ니긔가막힌지라하로는결심을뎡ᄒᆞᆫ후그션ᄉᆡᆼ을하직고그근쳐친졀ᄒᆞᆫᄉᆞ람에게학비를엇어가지고일본동경으로들어가차례로공부ᄒᆞ야죠도젼ᄃᆡ학에서정치과우등졸업을ᄒᆞ고(『화중왕』, 136면)

당초에최병화는 완고한부친의강데로 경상도손ᄒᆞᆫ자를차저가서무릅을쓸고 형식만남은례절조목과 졸가리만남은네전습관을배호라 여러달을허비하고 묵연히자긔의전정을생각하니긔가막힌지라 하로는결심을정한후그션생을하직하고 그근처친절한사람의계학비를엇어가지고 일본동경으로들어가차례로공부하야 조도뎐대학에서정치과를우등으로졸업하고(『홍안박명』, 76면)

박철혼이 『화중왕』 텍스트를 모방하여 『홍안박명』을 저술했음이 분명하다는 사실은 『화중왕』의 집필과 발표의 시기를 가늠하는 데도 기여하는 바가 있다. 현존 『화중왕』 판본은 간기가 누락되어 있으나 1930년대 중반 영창서관에 발행되었다. 그런데 논문의 첫 장에서 언급한 바처럼 기존 연구에서 강현조는 『화중왕』의 초판이 1919년에 출판되었으리라 주장한 바 있다. 이 지점에서 모방작 『홍안박명』이 1928년에 출판된 것이라면, 그 저본인 『화중왕』은 당연히 그 이전에 출판된 것으로 보아야 하므로, 1919년 초판 발행 주장에 일정 정도의 설득력을 더할 수 있을 것이다.

쌍생아처럼 닮은 위의 두 인용문 이후 『화중왕』은 1페이지 가량을 할애하여 부부 상봉의 기쁨, 박제신의 입신양명, 형자의 부인회 활동 등을 요약 서술하고 있다. 그런 반면 『홍안박명』은 6행 가량에 한하여 부부 상봉과 주변 인물 격인 옥섬, 영희의 출가를 요약 서술한다. 『홍안박명』에서는 흔적을 찾아볼 수 없는 『화중왕』의 마지막 문장은 다음과 같다.

> 그부인형자도그남편의ᄉᆞ업이이러ᄒᆞᆯᄉᆞ록녀ᄌᆞ계의ᄉᆞ업을발젼키위ᄒᆞ야그남편과의론ᄒᆞ고부인회(婦人會)를죠직ᄒᆞ야형자부인이회장되고은셤이가부회장이되고월ᄆᆡ가춍무가되야녀ᄌᆞᄉᆞ회에명망이진동ᄒᆞ더라(만셰만만셰)(『화중왕』, 137면)

김교제가 『목단화』에서 여주인공 정숙의 교육 사업 진출을 다루었던 것은 작가 자신의 개작본 『화중왕』에서 삭제되었다. 그러나 『화중왕』 결말 부분의 후일담을 통해 여성의 사회 활동 참여를 언급하여 계몽적 의도의 편린을 드러낸 것은 최소한으로라도 당대적 의의를 획득하려는 노력으로 보아야 한다. 이와 같은 김교제의 노력은 후기작 『경중화』[23]에 좀 더 분명하게 드러나는데, 1928년 당시의 박철혼은 그 중 가장 계몽적 의도가 약화된 텍스트인 『화중왕』을 모방의 저본으로

23 김교제, 『경중화』, 보문관, 1923.

삼은 것이며, 그마저도 결말 부분의 계몽적 의도를 소거함으로써 고전소설적 통속성을 극대화시킨 것이다. 고전소설적 통속성이 부각된 텍스트를 저술한 의도는 분명하다. 낡은 것일지라도 익숙한 이야기를 원하는 구식 독자의 존재가 독서 시장의 저변에 여전히 남아 있다고 판단했기 때문이다.[24]

4. 결론

『목단화』는 김교제의 첫 신소설 작품이며, 후에 『화중왕』으로 개작되었다. 그리고 박철혼의 『홍안박명』은 『목단화』 혹은 『화중왕』과 상당 부분 유사한 양상을 보이는 작품이다. 본 논문에서는 김교제의 『목단화』와 그 개작본 『화중왕』이 후기 구활자본 대중소설에 어떻게 수용되고 모방되었는지를 박철혼의 『홍안박명』과 비교하면서 고찰하였다.

그런데 그 중 『목단화』가 제시한 '여성 인물의 교육 사업 참여' 에피소드를 그리지 않고 누락시킨 점, 대신 『화중왕』에서의 '부부의 재

24 본 논문은 서론 부분의 각주에서 밝힌 바와 같이 선행연구 3편의 연속선상에 있다. 근대 초기에 저술된 이인직, 이해조 등의 신소설 텍스트가 가지는 계몽성과 정론성은 그것을 모방한 후기 구활자본 대중소설 텍스트에서 많은 경우 소거되고 통속적 서사 요소만이 부각된다는 것이 세 편의 선행 연구에서 결론지은 저본과 모방작 사이에 나타나는 보편적인 양상이다. 구소설과 함께 신소설까지를 낡은 것으로 평가하고 새로운 근대소설의 전개를 대망한 신식 독자층이 존재하였으나 여전히 『춘향전』과 『추월색』이 더 높은 판매고를 기록하는 등 구식 독자의 존재 또한 절대 무시할 수 없는 상황이었다. 당대의 독자층이 이처럼 신식 독자와 구식 독자로 양분되어 있었고, 박철혼이 타겟으로 삼은 독자층은 후자에 있었으므로, 그들의 일반적인 요구를 나름대로 해석하고 추종한 것이라고 할 수 있다.

결합과 안락한 가정의 구축'이라는 결말의 내용을 그대로 따른 점 등을 주목하면 그 저본은 『화중왕』일 것이 틀림없다. 게다가 『화중왕』과 『홍안박명』은 유사하거나 동일한 문장을 작품 전체에 걸쳐 공유하고 있는 것이다. 그렇다고 할 때 현존하는 1930년대 중반 발행 『화중왕』 판본과 별개의 초판이 『홍안박명』이 출판된 1928년 이전에 존재하고 있었음을 알게 된다.

박철혼의 『홍안박명』이 가지는 후기 구활자본 대중소설로서의 평범성과 한계는 『목단화』에 비해 구소설적 퇴행을 보인 『화중왕』의 통속성을 그대로 답습한 데 따른 것이다. 김교제는 초기작 『목단화』의 결절된 서사를 『화중왕』에서 보완하여 완결성을 높였으나, 원 서사에서 엿보이는 여성의 사회적 역할에 대한 관심을 『화중왕』에까지 이어가지는 못했다. 그래서 현재까지 밝혀진 마지막 작품 1923년 작 『경중화』에서 다시 한 번 능동적 성격의 여성을 형상화한 것인지도 모른다. 그러나 결과론적으로 박철혼은 김교제 초기의 『목단화』나 말년의 『경중화』가 아닌 모색기의 『화중왕』을 모방의 저본으로 택함으로써 당대 구식 독자의 요구에 충실한 통속적 서사를 재현한 것이다.

소설사의 맥락과 텍스트의 계보

제 2 부

'수난'과 '모색'의 서사, 그리고 '선택'의 문제

- 전경화된 '고민'과 후경화된 '희생'

1. 머리말

김동인은 80여 년 전 「춘원연구」에서 『무정』의 인물 형식에 대해 다음과 같이 말했다.

> 적어도 형식은 이만치 약하고 줏대업는 人物이다.
>
> 이러한 줏대업는 人物을 가지고 作者가 自己의 戀愛觀을 說明하려 하고 新人生觀이며 新道德을 말하려 하니 여간 힘든 노릇이 아닐 것이다. 처음부터 긋까지 련달아 나오는 矛盾이 모도, 作者가 主人公의 性格을 잘못 選擇한 데 잇다. 이러한 줏대업고 定見업고 자기의 主張이 업는 人物에게 (저 곳 속담말과 가치) 竹に棒を 접한 것가치 超人的이며 巨人的인 思想을 먹음게 하엿스니 어찌 矛盾이 생기지 안흐랴.[1]

1 김치홍 편저, 『김동인 평론전집』, 삼영사, 1984, 96-97면. 해당 부분은 『삼천리』 1935년 1월호의 3회 연재분에 수록되어 있던 것이다.

약하고 강한 것을 떠나 김동인의 말처럼 형식은 과연 줏대가 없어 보이고, 세상 걱정은 다 짊어진 것 같으면서도 제대로 된 반성보다는 늘 변명만 늘어놓는다. 이미 답은 정해져 있는 것 같은데, 선택은 계속해서 지연되곤 한다.

김동인은 『무정』의 작중인물 형식을 작가 이광수와 덮어놓고 동일시하면서까지 그 성격적 결함을 비판하였지만, 결과적으로 고민하는 남성 인물의 창조는 우리 소설사를 전근대와 근현대로 나누어 놓았다. 『무정』의 남성 인물 형식은 영채와 선형 사이에서, 과거의 의리와 미래의 가능성 사이에서 끊임없이 고민했다. 우리 소설사에서 그런 남성 인물은 일찍이 발견하기 어려웠다.

그런가 하면 『무정』의 영채는 신소설을 포함한 전대 이야기문학의 여주인공과 많이 닮았다. 영채에게 일생의 향방을 결정할 만한 선택의 상황은 형식을 만나기 전에 미리 있었다. 영채는 수감된 부친과 오빠를 구하기 위해 자진해서 기생이 된 것이다. 이미 기생이 된 영채에게 상황을 변화시킬 만한 다른 선택의 기회는 좀처럼 오지 않는다. 끝없는 수난의 과정이 기다리고 있을 뿐이다. 우연히 구원자가 나타나기만을 기다려야 하는 형편임을 알 수 있다.

최초의 근대 장편소설 『무정』을 굳이 떠올리지 않더라도 고민하는 남성 인물과 고난 받는 여성 인물의 입지 차이를 드러낸 근대소설 작품은 우리 소설사에 차고 넘친다. 남성 인물과 여성 인물의 서사적 역할에 따른 성격은 한 작품 안에서뿐만 아니라 우리 근현대소설사 전체의 장에서 확연히 구분되고 있다고 해도 과언이 아니다.[2]

---

2 본 논문과 분석 방법 및 주안점은 다르지만, 김복순의 논문 「『무정』과 소설 형식의 젠더화」(『대중문화연구』 14, 2005)는 서사적 층위에서 남성 인물과 여성 인물의 지위와 역할을 위계적으로 구분하여 분석한 좋은 예이다.

본 논문은 고민하는 남성 인물과 고난 받는 여성 인물의 이야기가 후대에 어떻게 계승되거나 변주되었는가를 살피기 위한 것이다. 그들이 무엇을 위해 고민하는지, 왜 고난을 받게 되었는지도 따져 보아야 할 문제이지만, 왜 늘 고민은 남성 인물에게 고난은 여성 인물에게 짐 지워지는 것인지도 생각해 볼 필요가 있을 것이다.

고민과 수난의 서사에는 선택의 상황이 가로놓여 있다. 고민하는 인물 앞에 놓인 선택지는 미래를 좌우하는 지표로 기능할 수 있다. 이에 반해 고난 받는 인물이 미리 취한 선택지는 현재의 상황을 초래한 이유로 독자에게 제시되는 것이나 다름없다.

2. 선택의 지연과 모색의 서사

2.1. 모색의 전경화, 고민의 기원

『무정』이 우리 문학사에서 다루어지는 방식은 대개 그 자체의 기원적 성격을 인정하고 선구적 업적으로서의 지위를 부여하는 것에서 비롯되거나 그것으로 귀결된다. 『무정』의 의의와 한계에 관한 논의와 관련하여 그 독보적 성취를 긍정하는 것보다 어려운 문제가 있다. 그것은 기원으로서의 『무정』은 또한 무엇에서 기원하였는가를 논하는 것이다. 그리고 물론 그것은 단순하거나 단일한 원류를 밝히려는 무모한 시도로는 결코 해명할 수 없는 과제일 것이다.[3]

---

3 예컨대 문한별의 논문, 「이광수, 『무정』과 활자본 고소설 『채봉감별곡』의 공시적 비교 연구 - 여성 인물들을 중심으로」(『한국근대문학연구』 5(2), 2004)는 『무정』과 동시대에 독자들에게 소비되었던 신작구소설 『채봉감별곡』을 비교 분석의 대상으로 삼은 것이다. 이때 1920년대 및 그 이전의 소설사에서 고소설과

본 연구는 『무정』에서 파생될 수 있는 숱한 논점 중 독립적인 서사를 거느린 남성 및 여성 인물의 구도, 그들이 지향하거나 영위하는 삶의 좌표를 결정하는 데 영향을 끼치는 선택의 문제에 집중한다. 그런 면에서 참고할 만한 전대의 서사 텍스트로 권필의 『주생전』을 제시하려는 것인데, 이것은 양자 사이의 수직적 영향관계를 밝히려는 의도가 아님을 밝혀 둔다. 즉 이광수가 『무정』 창작 이전에 권필의 『주생전』 등을 읽었는지는 중요하지 않다.

『주생전』이 창작되고 수용되던 당시 작가 및 독자의 가치관은 텍스트에 반영되어 당대 및 전대 텍스트와 상호텍스트의 맥락을 만들고 있었을 것이며, 이는 조선 후기나 구한말뿐 아니라 일제강점기의 서사텍스트에까지 일정한 흔적을 남긴 것이 분명하다. 특히 20세기 전반기의 독서 시장에서 전근대적 주제와 내용을 담은 신소설 텍스트는 물론 전근대적 주제와 서사 내용을 답습한 신소설 텍스트가 딱지본 등의 형태로 활발히 유통되었던 사정을 감안할 필요가 있다. 『혈의 루』, 『무정』 등 새롭거나 근대적인 텍스트의 출현과 그 이전 일정 기간의 공백상태만큼이나 중요하게 다루어져야 할 것은 공백 없이 지속된 익숙한 서사 텍스트의 유통과 소비이다.

『주생전』과 『무정』에서 가장 먼저 눈에 띄는 유사점은 인물 구도에 있다. 두 작품은 모두 한 명의 남성 인물을 가운데 두고 두 명의 여성 인물이 경쟁하는, 삼각구도의 애정 서사로 볼 수 있다. 두 작품의 남성 인물인 '주생'과 '형식'이 모두 (실질적으로 그러나 잠정적으로) 가정교사 일을 하고 있다는 점, 여성 인물 중 한 축을 담당하는 '배도'와 '영채'가 과거의 인연에 얽힌 사람들이며 현재는 기생 신분으

신소설, 근대소설의 상호텍스트성은 각 텍스트의 창작 및 발표 시기의 선후 관계보다 양식적 특질을 우선하여 고찰되어야 한다.

로 전락하여 있다는 점 등은 우연의 일치라고만 보기는 어려울 정도의 상당한 공통점이다.

그뿐만 아니라 두 작품은 주생과 형식이 결국 선화와 선형을 선택하기 위하여 배도와 영채를 무정하게 외면하는 이야기라는 전체 서사의 틀 또한 완벽하게 공유하고 있다. 애정 서사의 관점에서만 보자면 『주생전』은 갈 데 없는 전근대적 『무정』이고, 또한 『무정』은 근대적 『주생전』이나 다름없다.

그러나 『무정』을 애정 서사로만 볼 수는 없다. 『주생전』이 나름대로 지니고 있는 당대적 의의를 폄하하고자 하는 것은 아니지만, 유사한 인물 설정과 선택의 구도에서 『무정』이 보여준 주제 구현 방식은 당대 사회의 가장 중요한 쟁점을 관통한다는 점에서 단순한 연애소설의 범주를 쉽사리 뛰어넘는다. 그리고 이는 작품의 전면에 배치된 형식이라는 인물의 생각과 말, 행동을 통해 독자들에게 제시된다.

단적으로 말해, 최소한 연애의 삼각 구도 안에서 주생은 고전 소설의 주인공답게 선택을 위한 고민을 하지 않는다. 선화의 존재를 알고 나서부터 배도는 이미 버려진 존재나 다름없어지는 것이다. 배도의 질투에 의해 어쩔 수 없이 선화의 집을 나오게 된 이후에도 주생의 연정은 오로지 선화를 향해서만 직진하며, 따라서 그림자처럼 곁에 머무는 배도의 존재는 철저히 무시되는 것이다.

그러나 『무정』의 형식은 표면적으로 두 여성 사이에서 진지하게 고민하는 모습을 보인다. 이때 형식의 고민은 철저해야만 하고, 그에 따른 선택은 온당해야만 한다. 그래야 독자를 설득시킬 수 있을 것이고, 작가 이광수의 메시지가 왜곡 없이 전달될 수 있을 것이기 때문이다. 하지만 서론에서 인용한 김동인의 비평을 보면 형식의 고민과 선택이 누군가에게는 불철저하거나 부당한 것으로 받아들여졌음이 분명하다.

그러면 어떡할까. 영채를 어떻게 할까.

은인의 따님인 것을 위하여 내 아내를 삼을까. 그러하는 것이 내 도리에 마땅할까. 형식의 눈앞에는 어젯저녁 바로 이 방에 앉았던 영채의 모양이 보인다. '아버지는 옥중에서 굶어 돌아가시고……' 할 때의 눈물 그렁그렁한 영채의 얼굴은 과연 어여뻤다. 그때에 형식은 영채를 대하여 황홀하였었다. 그러고 영채와 회당에서 혼인할 광경과 영채와 자기와의 사이에 어여쁘고 튼튼한 아들과 딸이 많이 날 것도 상상하였었다. 형식은 지금, 어젯저녁에 영채가 앉았던 자리를 보고 그때의 광경과 그때의 상상하던 바를 생각한다. 그리고 형식은 한참이나 황홀하였다.

'그러나!' 하고 형식은 눈을 번쩍 떴다. '그러나 영채는 처녀가 아니다. 설혹 어저께까지는 처녀라 하더라도 오늘 저녁에는 이미 처녀가 아니로다.' 하고 청량사의 광경을 한번 다시 그렸다.[4]

'은인의 딸'이라는 과거의 인연을 도의상 외면할 수 없다는 것 외에 영채는 선하고 아름다운 여성으로 제시된다. 영채를 만난 순간부터, 좀 더 정확히 말하자면 기생임을 알고 나서부터 시작된 형식의 의심은 오로지 영채의 처녀 여부에 집중된다. 위 인용문은 영채가 강간당한 이후 형식의 내면을 기술한 것인데, '처녀가 아님을 확인했다는 판단'이 비로소 섰음을 보여주고 있다. 그토록 '줏대 없이' 갈팡질팡하던 마음이 어느 한 쪽으로 기울어 감을 표현하는 것 치고는 다른 한 쪽의 선택지를 의도적으로 배제하기 위한 작가의 고육지책으로 보이기까지 한다.

형식이 영채를 포기하고 선형을 선택하는 수순에 강간 모티프가 개

4 이광수, 『무정 외』(한국소설문학대계2), 동아출판사, 1995, 141면. 이하 『무정』 작품 인용은 같은 책의 면수만을 밝히기로 한다.

입된 것 자체만으로 김동인이 '줏대 없다'는 비판을 한 것은 아닐 것이다. 이전에도 그리고 이후에도 형식은 크게 다를 바 없는 기준과 이유로 동일한 고민을 반복하고만 있다. 마치 형식은 바로 얼마 전에도 같은 고민을 하고 있었다는 것을 까맣게 잊은 것 같다. 그러는 동안 수십 회 연재분이 지나가도록 분명한 선택은 끊임없이 지연된다.

사실 형식은 영채를 다시 만난 첫날부터, 영채의 파란만장한 옛 이야기를 목전에서 듣는 동안에도 끊임없이 영채의 처녀성을 의심하고 있다. 형식의 안타까움은 마치 영채가 그토록 험난한 세월을 보낸 것에 대한 동정보다는 영채의 몸이 뭇 남성들에 의해 유린되었을 것이라는 자의적 판단 때문에 생기는 것 같다.

그런데 영채가 강간을 당한 사건 이후 내용에서 작가는 형식으로 하여금 영채를 버리게 하는 이유가 처녀성의 상실에 국한되지 않도록 하기 위해 애쓰기 시작한다. 영채를 선택하지 않고 선형을 선택하는 것은 소위 '시대정신'에 의한 것이라는 작가적 메시지가 올바로 전달되어야 하기 때문이다.

영채는 자살을 결심하고 평양으로 간다. 이 사실을 안 형식은 죽음을 선택한 영채의 생각과 행동에 대해 장황하게 비평하는데, 그 결론은 다음과 같다.

> 형식은 이론(理論)으로는 영채의 행위를 그르다 하면서도 정(情)으로는 영채를 위하여 울지 아니치 못하였다. 그러나 형식은 영채를 '낡은 여자'라 하고, 다시 형용사를 붙여서 순결 열렬한 구식 여자라 하였다. 그러나 우선은 이번 영채의 행위는 절대적으로 선하다 한다. 하나는 영문식(英文式)이요, 하나는 한문식(漢文式)이로다.[5]

5 『무정』, 168면.

결국『무정』이 지닌 연애의 삼각 구도는 신구(新舊)의 대립구도로 전환되고, 영채는 '순결하지 않은 여자'여서가 아니라 '낡은 여자'이므로 버려지게 된다는 것이다.

재미있는 것은 '영채냐, 선형이냐' 하는 형식의 위와 같은 지리멸렬한 고민이 숱한 우여곡절과 함께 전개되는 동안 소설 속 시간은 단 사흘이 지났다는 점이다. 형식이 김 장로의 집으로 가정교사로서의 첫 출근을 하고, 하숙을 찾아온 영채를 만나 지난 날 고생한 이야기를 듣고, 학교에서는 동맹 휴학이 일어나고, 형식이 영채가 있는 기생집을 찾아가고, 영채가 김남작의 아들과 배학감에 의해 강간을 당하고, 실심한 영채가 자살을 결심하여 평양으로 떠나고, 뒤미처 형식이 우선과 함께 기생집에 왔다가 영채의 평양행을 알게 되는 것까지, 이 모든 일들이 2박 3일 동안 일어났다.

바로 그날 밤 형식은 평양으로 뒤따라가고, 다음날 평양역, 경찰서를 거쳐 계향이라는 어린 기생을 만나며, 느닷없이 영채 찾는 일을 포기하고 서울로 향한다. 그 다음날 형식은 출근했다가 주위 사람들의 오해에 분개하여 학교를 때려치우고, 하숙에 돌아와 영채에게 무정했음을 깨달은 나머지 다시 평양으로 향하려다가, 갑자기 방문한 목사와 함께 김 장로의 집으로 가서, 놀랍게도 바로 그날 약혼을 한다.

총 4박 5일 동안 이렇게 파란만장한 사건들이 연속되었다는 것도 놀랍지만, 이것을 서술하는 데 85회에 이르는 연재분이 소요되었다는 사실은 더 놀랍다. 물론 그 사이에는 영채와 형식의 지난 일들, 각각의 수난담이 요약 제시되어 있다. 주변 인물들을 묘사하는 부분이 개입되어 있으며, 장광설에 가까운 형식의 사유가 단행본 기준 몇 페이지에 걸쳐 펼쳐지기도 한다. 아무튼 달라지지 않는 것은 형식의 시간이 5일 흐르는 동안 그것을 전해 듣는 독자의 시간은 4개월 가까이

흘렀다는 사실이다. 전체 126회 연재분 중 3분의 2가 형식의 '선택을 위한 고민의 과정'에 할애되어 있는 것이다.

이와 같은 서사 지연 전략은 연재소설의 특성상 독자들로 하여금 이후 전개에 대한 궁금증을 증폭시키는 데 어느 정도 기여했을 것이다. 독자들의 궁금증이란 결국 형식이 어떤 선택을 할 것인가에 집중될 수밖에 없다. 작품이 보여준 서사 지연 전략이 효과적인 것이었는가의 여부는 차치하더라도 그것을 기획한 작가의 의도는 넉넉히 짐작할 수 있다. 형식의 선택을 보여주고 그것을 통해 독자 대중을 계몽시키기 위해서는 사건의 요약적 전개 혹은 필연성보다 인물의 가치관 제시 및 선택 결과의 당대적 타당성이 더욱 강조되어야 하기 때문이다.

김동인이 지적했듯 형식의 생각과 말과 행동은 모순투성이인 것처럼 보인다. 사실 형식의 고민이란 작가 이광수에 의해 강요된 일종의 제스처에 불과하기 때문이다. 애초부터 결론이 난 상태에서 고민은 지속해야 하니 매번 우왕좌왕이다. 그러나 여기서 주목해야 할 것은 등장인물 '형식의 고민', 그것의 내용과 수준이 아니라 작가 이광수가 고안한 '고민의 형식(形式)'이다.

2.2. 남성 인물을 매개로 한 전망의 탐색

다수 독자의 기대를 배반하는 결론을 낸 상태에서 이광수는 형식이라는 인물을 통해 당대 지식인이 고민하는 표정을 그려냈다. 형식은 결국 이광수의 가치관에 따른, 당대에 필요한 지식인의 행동양식을 보여주기 위한 인물이다. 형식의 무정한 선택을 독자는 긍정적으로 혹은 부정적으로 받아들일 수 있는데, 최종적으로 제시된 방향성에는 동의할 수 있어도 심정적으로는 저항감을 느끼는 독자들이 많았으리라 추측된다. 그리고 이와 같은 반응에는 전에 보기 힘들었던 '줏대 없는', 고민하는 인물의 존재가 한 가지 이유로 작용했을 것이다.

아무튼 작품 서두의 선택이 우여곡절의 전개로 이어지고 운명적 결말로 수렴되는 인과율의 구조에서 『무정』은 한 걸음 벗어나 있다. 애정 문제를 포함한 인간 만사가 보편적 가치에 의해 재단되고 시공을 초월한 인생의 문제로 다루어지는 전대의 서사와 차별되는 부분이기도 하다. 이는 마치 무비판적인 태도로는 살아낼 수 없는 시대, 고민하지 않고는 어떤 선택과 결정도 할 수 없는 시대가 근대라는 작가의 자각을 표현하는 것과 같다.

이와 같은 고민의 형식은 이후 많은 작가들에 의해 변주되었다. 한 순간의 선택이 어떤 파급효과를 지니는지를 따라가는 서사가 아니라 주인공이 어떤 선택을 할 것인가를 궁금해 하며 함께 가는 서사다. 이는 사실 우리 근대문학이 선명한 전망을 제시할 수 없는 시대에 시작되었다는 것을 생각할 때, 일제강점기에 활동한 작가들에게 대단히 유용한 작법으로 인식되었을 법하다.

우리 소설사의 수많은 작품들 속에서 고민하고 주저하는 지식인 유형의 인물들은 나름대로 신중한 태도를 취하고 있지만, 많은 경우 줏대 없어 보이기도 한다. 그들은 제가끔 당대 현실의 문제를 인식하고 자신이 어떻게 살고 있는가를 점검하며 어떻게 살아가야 할 것인가에 대한 모색에도 게으르지 않다. 하지만 뾰족한 대안이나 가능성이 얼른 보이지 않는 만큼 고민의 결론 또한 쉽게 내려지지 않는다.

최명익의 「무성격자」나 「심문」의 인물 '정일'과 '명일'의 경우가 그렇다. 「무성격자」의 정일이 '문주'의 근거리에서 보여주는 방황과 주저는 두 가지 삶의 방식 사이의 고민으로 독자에게 제시된다.

> 이러한 문주와 자기의 생활에 자연히 눈살을 찌푸리게 되면서도 퇴폐

적 도취가 그리워 패잔한 자기의 영상을 눈앞에 바라보며 아편굴로 찾아가는 중독자와 같이 교문을 나선 발걸음은 어느덧 문주의 처소로 찾아가는 것이었다.

이러한 생활을 반성하며 한나절 후에 집에 닿았을 때 병석에서 신음하리라고 생각하였던 정일이의 아버지는 전보다 좀더 수척하였을 뿐 여전히 사랑에서 그의 채무자와 거간과 대서인들을 상대하고 있었다.[6]

정일의 현재 상황은 현실 도피적이고 퇴폐적인 생활과 현실 순응적이고 탐욕스러운 생활의 경계에서 진자 운동을 하는 추와 같다. 문주와 아버지의 성격에 의해 대표되고 구별되는 양극단 사이에서의 끝없는 고민과 방황, 반성의 과정이다. 『무정』의 형식이 양자의 긍정성 사이에서 고민하다가 한 쪽의 부정적 측면을 발견하고 배제함으로써 다른 한 쪽으로 다가가는 선택을 한 것이라면, 「무성격자」의 정일은 양자의 부정적 속성 사이에서 고민하고 있고 그나마 어느 쪽이 일말의 긍정성을 가지고 있는가를 탐색하고 있는 중인 것 같다.

결국 정일은 소설의 마지막 단락에 이르러서야 문주가 아닌 아버지 쪽으로 향하는 선택을 한다. 그 마지막 순간까지 선택은 유예되고 고민은 지속된다. 그런데 독자는 결말 부분에서의 정일의 선택에 대해 속 시원히 긍정하거나 납득하기 어렵다. 어쩌면 그 선택이 최종적인 것이 아닐 가능성이 높다고 느끼거나 종래의 방황이 곧 다시 시작될 것으로 보이기 때문이다.

6 최명익 · 유항림 · 허준 · 안회남, 『심문 · 마권 · 잔등 · 폭풍의 역사 외』(한국소설문학대계24), 동아출판사, 1995, 51면. 이하 최명익의 작품 인용은 작품 제목과 함께 같은 책의 면수만을 밝히기로 한다.

나날이 쇠약하여 간다는 문주는 자기의 죽음이 정일이의 인생의 길을 터주는 보람이 되기를 바란다고, 이러한 자기의 말을 주제넘은 말이라고 정일이가 비웃어 주기를 바란다고, 문주 너 때문에 내 일생을 그르칠 정일인 줄 알았더냐고 자기의 말을 비웃고, 문주 너와의 관계는 한때 침패한 내 생활의 희련(戱戀)이었을 뿐이라고 웃을 수 있는 뱃심이 정일이에게 생기기를 바란다고, 만일 그렇지 못하다면 자기가 죽은 후에 제이 문주가 정일이의 앞에 나타나게 되면 그들은 또 사랑하게 될 것이 아니냐고, (중략 - 인용자) 문주의 말을 자기는 그대로 실행할 수 있는 위인인가하고 생각하였다. 사실 이렇게 되어서까지도 죽기가 싫은가 하고 아버지를 눈 찌푸리고 바라보는 자기는 죽음의 공포를 해탈한 무슨 수양이 있는 것이 아니라 단지 애써 살려는 의지력이 없는 것뿐이다.[7]

정일 자신도, 문주도 사실은 알고 있다. 퇴폐적 생활에 매혹을 느끼지만 투족할 용기가 없어서, 탐욕스러운 세속적 현실에 염증을 느끼지만 거부할 용기가 없어서 언저리에서만 서성이는 정일의 방황은 지속될 것이다.

「심문」의 명일 또한 현재의 무기력한 생활을 바꾸어야 하겠다는 의식이 있지만 어떤 실천도 하지 않는 인물이다. 그나마 떠밀리듯 긴 여행을 떠나고 그곳에서 생활의 국면을 전환시킬 수 있을 만한 일종의 선택을 요구받지만, 결단력 있는 태도나 새 삶에의 의지를 내보이지 못하고 계속해서 결정을 미루다가 마침내 여성 인물의 파국을 목격하게 된다.

명일은 지속적으로 여옥의 주변을 맴돌고 가끔은 함께 사는 것을 꿈꾸어 보면서도 먼저 손을 내밀어 잡지 않고 망설인다. 여옥이 죽은

7 「무성격자」, 68면.

아내 혜숙과 닮았기 때문이기도 하고, 여옥이 혜숙과 다른 사람이기 때문이기도 하다. 여옥이 혜숙과 완전히 닮았더라면, 혹은 여옥이 혜숙과 완전히 다른 사람이었다면 명일은 여옥을 새 배우자로 선택했을지 알 수 없다.

그러나 다른 각도에서 생각해 보면 명일은 다른 누구를 만나더라도 그에게서 혜숙과 닮은 점을, 그리고 다른 점을 찾아내고야 말 사람이니, 누군가는 다시 외로워질 것이 뻔하다. 혜숙은 이미 죽었고 명일의 방랑은 지속될 것이다. 혜숙과 함께한 이상적인 삶은 더 이상 유효한 선택지가 아니며, 그런데도 그것에 집착한다는 것은 다른 선택지를 외면하기 위한 수단으로까지 읽힌다.

어찌 보면 정일은 누가 봐도 그쪽으로 갈 수밖에 없는 길에 발을 들이지 않으려 머뭇거리는 중이고, 명일은 아무리 애써도 갈 수 없는 길 앞에서 서성거리고 있는 셈이다. 한쪽의 선택지는 소설 속 상황에 의해 이미 지워져 있는데, 남은 하나의 선택지를 취할 마음은 아무래도 생기지 않는다. 즉 끝없는 고민과 탐색의 과정이 이어지더라도 결국 차선도 되지 않는 차악을 받아들이거나 파국의 상황을 맞이해야 할 수밖에 없는 것이 최명익 소설 속 남성 인물들에게 주어진 현실이다.

『무정』이 보여주었던, 미래에 대한 답이 미리 정해진 상태에서의 '고민의 형식'은 '최선의 선택을 찾기 위해 분투하는 틀'이 아니라 '작가가 생각하는 최선의 선택을 독자들에게 제시하기 위한 틀'이라고 할 수 있다.

이에 비해 최명익 소설의 남성 인물들이 보여 주는 고민과 방황은 도무지 답이 나오지 않는 당대의 삶이 야기한 필연적인 과정이다. 그들에게 있어 고민이란 일종의 제스처가 아니라 숙명처럼 그들의 어깨에 지워진 짐이다. 즉 1930년대 후반이라는 시대 상황은 지식인의 치열한 모색 과정이 수반되더라도 실낱같은 전망을 이끌어내기 힘들 정도로 절망적인 것이었음을 보여준다.

그렇다면 『무정』의 독자에게 주어지는 과제는 형식이라는 남성 인물의 고민을 뒤따라가다가 그를 통해 이광수가 제시하는 방향성에 대해 긍정적인 혹은 부정적인 판단을 내리는 것이다. 반면 「무성격자」나 「심문」의 독자에게는 정일 혹은 명일의 고민을 지켜보면서 함께 고민하고 어느 방향을 선택해야 할지를 스스로 모색하는, 단순치 않은 과제가 주어져 있다.

3. 선택의 오류와 수난의 서사

3.1. 희생의 후경화, 수난의 변주

이전 장에서 거론한 고전소설 『주생전』의 배도는 주생에 의해 버림받고 사랑을 지척에 두고서도 쓸쓸히 생을 마감하는 비극적인 인물이다. 그런가 하면 『무정』의 영채는 형식의 선택을 받지 못한, 애정 관계 속에서의 패배자이다. 배도와 영채가 선화와 선형을 결코 이길 수 없었던 데는 기생이라는 신분적 한계가 크게 작용했다고 하지 않을 수 없다.

여러 가지 공통점이 있다고 해도 이들이 기생의 신분으로 전락한 이유에는 본질적인 차이가 있다. 배도의 경우 집안이 몰락하고 부모마저 세상을 떠나자 남의 손에 길러지다가 저도 모르는 사이에 기생이 된 것이라면, 영채의 경우에는 옥중의 아버지와 오라버니를 구하기 위해 스스로 기생이 되는 선택을 한 것이다.

내가 이제 옛날 처녀의 본을 받아 내 몸을 팔아 돈만 얻으면 아버지와 오라버니는 옥에서 나오시렷다. (옥에서 나오시면 나를 칭찬하시렷다.) 세상 사람이 나를 효녀라고 칭찬하렷다.[8]

영채의 능동적인, 그러나 성급한 선택은 이후의 작품 전개 과정에서 부정적 결과를 초래하는 원인이 된다. 우선 부친과 오라버니가 옥중에서 자살하는 이유가 되고, 여러 남성들에 의해 봉변을 겪는 이유가 되기도 한다. 또한 어렵사리 다시 만난 형식에 의해 끊임없이 의심을 받는 계기가 되고, 마침내 김현수와 배명식에 의해 강간을 당하는 결과로 이어진다.

근·현대소설 속에서도 끊임없이 호명되고 소환된 심청과 춘향의 형상을 독자들은 기억하고 있다. 그런데 그들은 텍스트 속에서 고전적 복선화음의 시공간 속에 최종적으로 안착하지 못하고 차가운 당대 현실의 그늘에 방치되거나 심지어 희생되기도 한다. 그들의 수난과 비극적 희생에는 전근대 작품들과 어떻게 다른 논리가 숨어 있는 것인가.

고전소설 『주생전』의 배도가 품은 뜻을 이루지 못하고 죽은 배경에는 질투의 감정이 자리 잡고 있었다. 승상 댁의 규수를 대상으로 한 기생의 질투가 애정의 대립 구도에서 승리할 가능성은 애초부터 희박했을 것이라 보인다. 게다가 배도가 고향에 돌아온 주생과 재회했을 때 자신을 허락하는 조건으로 제시한 것을 차근차근 따져 보면 당대의 봉건적 질서 속에서 그녀가 희생당할 수밖에 없었던 이유를 짐작할 수 있다.

---

8 『무정』, 53면.

이제 낭군을 보니 풍ᄎᆡ와 거동이 쌔여나고 ᄌᆡ조와 의ᄉᆡᆨ 쥰일ᄒᆞ고 호매ᄒᆞ니 쳡이 비록 미쳔ᄒᆞ나 원컨대 침셕을 ᄀᆞ음알며 슈건과 비슬 밧들리니 원컨대 낭군이 일즉 급뎨ᄒᆞ야 쳡의 일홈을 기젹의 업시ᄒᆞ야 조샹 일홈을 더러이 아니케 ᄒᆞ시면 이ᄂᆞᆫ 쳡의 ᄇᆞᄅᆞ던 원이 ᄆᆞᄎᆞ리니 비록 쳡을 ᄇᆞ리셔도 몸이 ᄆᆞᆺ도록 은혜ᄅᆞᆯ 감동ᄒᆞ리라(강조 - 인용자)[9]

배도는 주생에게 빠른 시일 내에 급제할 것, 그래서 자신을 기생 신분으로부터 벗어나게 해 줄 것을 요구하고 있다. 그렇게만 하면 비록 자신을 버리더라도 감내할 것이라고 말하고 있는 것이다. 귀족 집안의 규수이던 배도가 기적에서 자신의 이름을 빼려 하는 것은 적극적으로 자신의 지위와 신분을 회복하려는 노력이다. 그러나 제삼자의 입장에서 보면, 배우자를 출세시키고 그 힘을 빌려 자신의 신분을 세탁하려는 이러한 시도는 봉건적 질서에 대한 무모한 도전으로 읽힐 수 있는 대목이다.

주생이나 선화의 시선 속 배도는 아름답고 재주 있는 여성이지만 여흥을 북돋우는 데 기여하고 복무하는 한낱 기생일 뿐이다. 선화에게 질투를 느끼고 애정적 경쟁 구도 속에 자신을 위치시키는 것은 위험한 상황을 자초하는 일과 다름이 없다.

배도의 부질없는 욕망과 비참한 최후는 그러나 작품의 전면에서 몇 걸음 뒤로 물러나 후경화되어 있다. 그 대신 전경화된 것은 사랑에 실패한 주생의 슬픈 얼굴이다. 선화와의 꿈같은 사랑이 좌절되고 첫사랑 배도와도 사별하기에 이른 주생의 처지는 한 번 품은 뜻을 세상에 펼쳐 보지도 못한 비운의 재사(才士) 이미지와 겹쳐 비극적으로 형

9 간호윤, 「『주생전』·『위생전』 원문 국역본」, 『새로 발굴한 『주생전』·『위생전』의 자료와 해석』, 박이정, 2008, 125면.

상화된다. 배도의 희생은 이 과정에서 주생의 비극을 구성하는 한 요소로 기능하거나 어둡고 쓸쓸한 배경 정도로 밀려나 있는 것이다.

『무정』을 형식의 서사와 영채의 서사가 더해진 작품이라고 할 때, 작품의 전면에 드러난 것은 역시 형식의 서사라고 할 수 있다. 영채의 서사는 배도의 서사가 그랬던 것처럼 주서사를 둘러싼 주변의 서사이거나 작품의 무대 즉 시공간을 다채롭게 하는 배경의 서사다. 『무정』의 주제 및 근대적 성취가 형식의 서사로부터 견인되는 것임을 인정하지 않을 수 없다는 점, 그에 비해 영채의 서사는 고전소설로부터 상투적 신소설로 이어진 전근대적 수난담의 재현일 뿐이라는 점을 감안하면, 영채의 서사가 담당하는 기능은 상대적으로 부수적이거나 제한적이다.

형식이 선택의 상황에서 끊임없는 고민을 하는 인물로 묘사된 것과 대조적으로 영채는 별다른 고민 없이 중요한 선택을 하고 그 결과를 감내하는 인물이다. 그 선택은 도덕적으로, 더 정확히는 전근대적 윤리에 입각하여 볼 때 특별한 하자가 없는 것으로 보이지만, 영채가 기대했던 결과로 이어질 수 없었다.

영채가 기생이 되는 선택을 한 배경에는 전통적 효의 덕목이 자리잡고 있었는데, 결과적으로는 자신의 불효로 인해 부친과 오라버니가 죽음을 맞이하는 참상으로 이어졌다. 깨끗한 몸을 지키며 언젠가 형식을 찾으리라는 결심은 정절의 가치에 기인한 것이지만, 많은 남성들의 야욕을 스스로 집중시키고 형식으로부터도 외면 받는 비극적 처지는 따져 볼 것도 없이 최초의 선택이 초래한 결과이다.

어쩌면 고전소설 속 인물인 배도의 형상, 즉 영악하게 주변 상황을 파악하고 상대방인 주생과 타협 혹은 거래를 하며 신분 회복이라는 현실적 목표를 추구하는 모습이 오히려 근대소설의 여주인공 영채와 비교해 볼 때 훨씬 근대적인 것이라고 말할 수 있을 정도이다. 지나친 결과론일지는 모르지만, 배도는 전근대적 현실 상황에서 근대적 선택을 하고 희생된 것이다. 영채는 근대적인, 혹은 그렇게 되기를 요구하는 현실[10] 상황에서 전근대적인 선택을 했기 때문에 희생되고 만 것이라고 할 수 있다.

대개의 고전소설과 다수의 신소설에 내재된 여성 수난의 서사구조는 주인공의 고난이 극복되고 행복한 결말로 귀착되는 양상으로 전개된다. 이때 고난의 지속과 반복은 독자들의 감정을 텍스트에 이입시키는 장치이며, 고난 극복의 단계에서 구원자 혹은 조력자가 등장하는 것은 여성 인물이 작품세계 속에서 능동적 주체로서 기능하지 못함을 의미하는 것으로 여겨지기도 한다.

여성 인물의 성격이 어질고 선하며 아름다운 고전적 가인의 형상으로 묘사되는 것은 독자들의 감정 이입을 용이하게 하거나 가속화시키는 데 기여한다. 남성 인물보다 여성 인물이 수난의 서사구조에 동원되는 빈도가 압도적으로 높은 이유이기도 할 것이다. 고난 받을 이유가 없는 인물이 고난을 당하는 모습을 작가가 제시할 때 독자는 주인공이 결국 행복한 결말을 맞게 될 것이라는 기대를 갖게 될 것이다. 구원자의 조력을 통해 고난을 극복하고 행복을 쟁취하는 결말구조는 독자를 만족시키는 방법인 동시에 당대의 가치관과 사회적 맥락이 텍스트에 투영된 결과이다.

그런데 근대 초기 이후 우리 서사문학 텍스트 내에는 예의 어질고 선하고 아름답지만 고난을 극복하지 못하거나 행복에 다다르지 못하는 비극적 여성 인물들이 자주 등장하게 된다. 그들이 고난에서 벗어

---

10 "『無情』의 시대가 내포하는 가장 중요한 특징은 그것이 이미 '개화된' 시대가 아니라 '개화를 요구하는' 시대라는 점이다."(송하춘, 『1920년대 한국소설 연구』, 고려대학교 민족문화연구소, 1985, 12면.)

나지 못하고 희생되는 이유를 살펴보면 당대의 가치관 및 사회적 맥락의 변화를 읽어낼 수 있을 것이다. 문제는 작가가 파악한 시대적 과제와 사회 변동의 지향성이 당대 독자를 설득시키는 데는 시간이 필요했다는 점에 있다. 임화가 말한 이른바 "민중 가운데 깊이 뿌리박고 있는 의식의 반봉건성(半封建性)"[11] 때문이다. 아름답고 선량하지만 낡은 의장과 습속에서 벗어나지 못한 여성 인물에게 무정해도 아무렇지 않은 독자는 많지 않았다.

그래서 박영채에게 필요한 것이 또 다른 구원자였음은 자명한 사실이다. 신여성 병욱의 등장과 그에 의해 주어진 근대 교육의 기회는 새로운 시대의 주역으로 참여할 자격이 없던 영채를 대동강에 수장시키고 다시 태어나게 하는 일종의 의례이다. 85회 연재분까지의 『무정』이 새로움의 요구에 의해 배제되고 패배한 '낡은 영채'의 수난담, 그 중에서도 신소설 이후에 본격화된 희생의 서사였다면, 이후 최종회까지의 내용은 부활한 영채가 새 시대를 이끌고 갈 청년 세대의 각성에 감격스럽게 동참하는 성장담이라고 할 만하다.

3.2. 여성 인물을 매개로 한 당대 현실의 반영

여성 인물의 수난은 1930년대 후반 최명익 소설에서도 계속된다. 「심문」의 여성 인물 여옥은 퇴폐와 향락의 도시로 묘사된 하얼빈에서 카페 여급 일을 하며 생계를 이어 간다. 여옥이 당하는 고난은 비단 생활고 정도에 그치지 않는다. 믿었던 과거의 연인 현혁은 말기 중독자이며 여옥을 곁에 묶어 두기 위해 마약의 늪으로 끌어들이는 데 성

11 임화, 「개설 신문학사」, 『조선일보』, 1940.2.8 ; 임규찬 · 한진일 편, 『임화 신문학사』, 한길사, 1993, 167면.

공한다.

중독자가 된 여옥은 자신을 둘러싼 환경에서 벗어나지 못하는 조롱 속의 새와 같은 신세이다. 기생 신분에 얽매여 남성들의 욕망에 철저히 대상화되는 이전 서사의 여성 인물들과 비슷하다면 비슷한 처지이다.

어찌 보면 남성 인물이 정처 없는 유랑의 과정에서 예전에 인연이 있던 여인을 만난다는 점, 그 여성 인물이 오랜만에 만난 남성을 자신이 현재 처한 상황에서 벗어나게 해 줄 구원자로 여긴다는 점, 그러나 끝내 남성 인물은 구원자의 역할을 하지 못하고 여성 인물은 숙명과도 같은 죽음을 맞이하게 된다는 점 등에서 「심문」은 고전소설 『주생전』과도 많이 닮았다.

연민 혹은 호감을 느낄 만한 여러 요소가 있음에도 불구하고 여성 인물에게 적극적으로 다가가지 못하고 주저하는 남성 인물, 그 남성 인물의 외면이 여성 인물의 고난을 초래하거나 강화하는 계기가 된다는 점 등은 「심문」과 『무정』에서 발견할 수 있는 유사점이다.

「심문」의 여옥에게도 두 가지 선택 가능한 지점이 있었다. 조선에 남아 기존의 삶을 이어갈 수도 있었고, 만주로 가서 새로운 삶에 도전할 수도 있었다. 어쩌면 여옥도 명일처럼 경계에 서 있었고, 어느 쪽으로 가야 할까 망설이는 중이었다.

여옥에게 있어 조선에서의 삶은 명일과 함께 불안한 동거를 지속하는 것으로 여겨진다. 만주에서의 삶이란 현혁을 찾아 새로운 가능성이라고 여겨지는, 그러나 예측할 수 없는 대안적 생활의 시공간을 개척하는 일이다. 두 가지 가운데 여옥은 도전을 선택했다.

여옥의 이 선택은 작품의 앞부분에서 명일의 회상에 의해 제시되지만, 첫 장면이 명일의 하얼빈 행 기차 안 풍경임을 생각한다면 이야기가 시작되기도 전에 이미 감행된 것이라고 볼 수 있다.

본시 고아인 여옥이는 여급으로, 티룸 마담으로 전전하다가 평양까지 와서 나를 알게 되었다. 그 얼마 후에 우연히 만난, 동경시대의 현의 친구에게 현이 하얼빈 있다는 소식을 들었다. 그러나 그때는, 오륙 년이라는 세월을 격하여 현을 따라갈 몸도 처지도 못 되므로 용기는 내지 못하였던 것이다. 그러나,

"오룡배가 얼마 멀지는 않아도, 아마 국경을 넘었다는 생각만으로도 하얼빈이 지척같이 생각되었던 게죠…… 그러구 또, 그때는 그럴 만도 하게 되잖았어요!"[12]

여옥의 선택은 용감하리만큼 충동적으로 감행되었다. 옛 연인을 찾아 낯선 타국 땅으로 떠난다는 결심을 하기 위해서 여옥에게는 치열한 고민이나 꼼꼼한 계산이 아닌, 적당한 용기가 필요할 뿐이었다.

이렇게 돌연히 떠나고 싶은 생각이 스스로 놀랍기도 하였사오나 돌이켜 생각해보면 본시 그런 신세로 그렇게 지내온 몸이라 갈 길을 가는 듯도 하올시다. 저로서도 무엇을 구하여 가는지 전혀 지향 없는 길이오니 애써 찾아 주지 마시옵소서. 얼마의 여비를 가져갑니다. 그리고 주신 반지도 가지고 갑니다.

여옥 배(拜)[13]

여옥의 "본시 그런 신세"란 의지할 데가 없는 처지를 말한다. 고아이니 부모에게 의지할 수도 없고, 남편이 있는 것도 아니며, 한동안 함께 지낸 명일은 끝내 마음을 받아 주지 않았다. 그래서 다시 길을

12 「심문」, 102면.
13 「심문」, 81면.

떠나 보는 것이지만, 지향이 없다. 그대로 살 수는 없어서 달리 살 길을 찾는 것인데, 그렇게 떠난 길의 끝에서 어찌 될는지는 모르는 일이었다.

그리고 무슨 숙명처럼 여옥은 전락의 과정을 밟았고, 죽음에 이르렀다.

> 숙명이란 이렇다 할 원인이 없는 결과만을 우리에게 던져주는 것이다. 원인이 있다더라도, 지금 마주 앉은 중년 여사의 신약전서에 있을 '죄는 죽음을 낳고'라는 '죄'와 같이 추상적인 것으로, 그런 추상적 원인이 '죽음'이라는 사실적 결과를 맺게 하는 것이 숙명이라면 우리는 그런 숙명 앞에 그저 전율할밖에 없을 것이다.[14]

여옥이 죽은 것은 사실적 결과이지만 그 죽음이 무엇으로 말미암은 것인가를 따지는 일은 그리 간단하지 않다. 여옥은 무슨 죄를 지어서 희생된 것일까. 어쩌면 그 죄란 인과율에 의해 죽음을 설명하기 위한 하나의 수사에 불과할지도 모른다.

여옥은 명일을 떠나 과거의 연인을 찾아갔다. 과거의 연인 현혁은 "사람은 허무한 미래로 사색적 모험을 하기보다도 거짓 없는 과거로 향하는 것이 현명하다"는, "아편 연기 속에서 지난 꿈을 전망하는 것이 얼마나 황홀하고 행복스러운지 모른다"[15]는 등의 궤변으로 여옥을 유혹했다. 여옥은 현혁의 마약 권유를 처음에는 거부했지만 결국 현혁에게서 벗어나지 못하고 함께 중독자가 되어 버리고 말았다.

마약 중독자가 되기 위해 하얼빈으로 간 것은 아니지만, 여옥 또한

---

14 「심문」, 82면.
15 「심문」, 104면.

과거의 환상을 버리지 못하고 명일과 조선 땅을 등지는 선택을 했다. 현재의 토대 위에서 미래를 설계하지 않고 과거로 도피한 것, 그런데 그것을 조선이 아닌 곳에서 새로운 가능성을 찾으려는 시도마냥 위장한 것이 여옥이 지은 죄라면 죄인 것이다.

죄는 이처럼 추상적이거나 모호했지만, 그 결과는 참혹했다. 여옥은 충동적이고 섣부른 선택 때문에 스스로 제물이 되어 희생제의의 제단에 바쳐졌다. 남성 인물 명일은 마지못해 이끌린 것처럼 그 희생제의에 참례하게 되는데, 자신이 아직 가지 않은, 언젠가는 갔을지도 모를 길을 먼저 밟아 간 여옥의 죽음을 목격한다. 그 길은 가서는 안 될 길이라는 것을 절실히 깨닫게 된 여정이었다고 할 수 있다.

과연 여옥의 수난은 성격적 결함에서 기인한 지극히 개인적인 것이었을까? 당대 현실 상황 속에서 식민지 백성이 감당하지 않을 수 없는 보편적 성격의 수난이라고, 역사 사회적으로 확장된 의미를 부여할 수는 없을까? 그렇다면 명일의 눈에 비쳐진 참상은 한 아편 중독자의 애달픈 죽음이 아니라, 어떤 선택을 하든 결과적으로는 제대로 살아갈 길을 찾을 수 없는, 식민지 백성의 원죄요, 숙명과도 같은 현실로 설명될 수 있을 것이다.

4. 맺음말

『무정』의 근대소설적 가치는 여러 국면에서 설명될 수 있지만 형식이라는 낯선 인물을 창조했다는 점에서도 발견된다. 예컨대 『주생전』의 행동적인 남성 인물과 비교해 보면 분명한 차이가 드러난다. 형식은 끊임없이 갈등하고 주저하면서 심각한 표정으로 고민하는 인물이다. 형식은 선형과 영채 두 여성 사이에서 '줏대 없이' 고민하는

데, 이러한 형식의 성격은 자신의 선택을 계속해서 미루는 모습으로 나타난다.

사실 이러한 형식의 모습은 고민의 포즈에 불과하다. 그는 무정한 처사라는 것을 알면서도 영채를 버리고 선형을 택해야 한다는 판단을 애초부터 하고 있었다. 그런데도 불구하고 영채의 처녀성을 운운하고, 낡은 것과 새로운 것을 대비시키며 장광설을 펼치는가 하면, 시체라도 찾겠다는 결심으로 평양에 갔다가, 이내 돌아와 그 날로 약혼을 한다. 이쯤 되면 김동인이라는 비우호적 독자가 아니더라도 형식이 그때까지 나름 치열하게 행했던 고민이라는 것을 도무지 신용할 수 없다.

그러나 실질적인 것이든 허울뿐인 것이든 이광수에 의해 '고민의 형식'이 선보였다는 점은 기억할 만한 가치가 있다. 이후 소설에서 이러한 고민의 형식은 지속적으로 차용되고 변주되었기 때문이다. 이미 마련된 틀에 실질적인 내용을 담으면 되는 일이었다.

『무정』이라는 작품의 전면에 나서서 독자들에게 각인된 인물은 단연 형식이다. 전체 분량 중 삼분의 이가 연재 형식으로 발표될 때까지, 당대의 독자들은 형식의 말과 생각을 전해 듣고 공감하거나 혹은 안타까워하면서, 그가 어떤 선택을 최종적으로 할 것인지에 촉각을 곤두세웠을 것이다. 형식의 선택을 기다리는 독자들이 4개월 가까운 시간을 보내는 동안 전달된 서사 내용은 작품 내 시간을 기준으로 고작 사오 일에 일어난 일들이었다. 이와 같은 서사 지연 전략은 당대의 방향성을 모색하는 형식의 표정을 독자들에게 각인시키기는 데 일정 부분 기여한다.

형식이 끊임없이 선택을 유예시키는 인물이라면 영채는 섣부른 선택 때문에 인생을 그르치고 고난의 길에 접어든 인물이다. 작가의 입장에서 영채는 동정 받을 수는 있어도 잘못된 선택이 야기한 혹독한 대가를 피해갈 수는 없는 인물이다. 『무정』의 영채뿐 아니라 근대 초기 이후 우리 서사문학 텍스트 내에는 전근대적 긍정성을 지니고 있으나 비극적 운명의 희생양이 되는 여성 인물들이 자주 등장한다. 요컨대 그들은 시대착오적 선택에 의해 인생을 그르쳤다는 것이다.

남성 인물의 방황 혹은 고민, 여성 인물의 고난과 비극적 운명이 서사의 양축을 이루어 전개되는 전·후대의 작품으로 고전소설 『주생전』과 1930년대 최명익의 「무성격자」, 「심문」을 함께 분석하였다. 거칠게 정리하자면 『주생전』과 다르거나 그로부터 진전된 요소가 『무정』의 근대소설적 면모를 형성할 것이다. 그리고 최명익의 인물들은 주생처럼 방랑하고 형식처럼 고민하며 배도나 영채처럼 버림받는데, 계몽기가 아닌 암흑기를 살아가는 인물답게 모색의 서사를 추동하는 남성 인물들의 고민은 끝내 전망의 생산에 이르지 못하고, 수난의 서사에 얽매인 여성 인물들은 철저히 희생되어 거듭남의 기회도 가지지 못한다.

최명익 소설의 남성 인물들이 보여 주는 고민과 방황은 형식적인 제스처가 아니다. 그러나 1930년대 후반이라는 암울한 시대 상황은 당대 지식인들의 치열한 모색의 과정을 절망적인 무한궤도로 만들어 버렸다.

어찌 보면 이들이 끝내 능동적인 선택을 하지 못하고, 여성 인물들의 비극적인 최후를 단지 방관하는 것은 작법론적인 관점에서도 의미가 있다. 결국 남성 인물들은 비극적 희생제의의 제물이 된 여성 인물들을 관찰하는 위치에 놓여 있다는 것이다. 사실 수난 서사의 여성 인물이 행한 최초의 선택은 남성 인물의 앞에도 갈림길의 형태로 놓여 있는 것이라고 할 수 있다. 이때 남성 인물은 여성 인물이 먼저 밟아 간 길을 지켜볼 수 있었으므로, 그 선택과 방향이 잘못된 것임을 반면교사 격으로 판단할 수 있는 것이다.

각 시대별로 그리고 작품별로 구현하고자 하는 주제는 달랐겠지만, 본 논문이 분석한 작품들 외에도 여성 인물들이 겪고 있는 고난의 내용이 예외적이고 특별하다기보다는 당대적 보편성을 띠고 있다고 여겨지는 작품들이 허다하다. 그것을 바라보는 관찰자적 남성 인물에게 특별한 대안을 기대할 수 없다는 것은 작가의 현실 인식 내용과 관련된다고 할 것이다. 이러한 서사적 차별의 작법이 당대 혹은 후대에 얼마나 빈번하게 나타나거나 어느 지점에 귀착되었는지를 계속해서 추적하는 작업은 앞으로 수행해야 할 과제이다.

이해조의 『화의 혈』과 채만식의 『탁류』에 나타나는 자매 모티프의 세대론적 의미

1. 서론

『화의 혈』(1911)은 이해조(1869-1927)의 국치 이후 작품이다. 『구마검』(1908)에서 미신 타파를 역설하고 『자유종』(1910)에서 여성의 당대적 역할을 주장한 이해조에게 있어 『화의 혈』은 정론적 주제의식이 약화되고 서사성과 통속성이 증대된 작품으로 평가된다. 정론적 주제의식의 약화라는 양상은 일제의 조선 강점 전후라는 역사적 시간차에 의해 많은 부분 설명될 수 있는 사항이다. 그러나 이해조의 국치 이전 대표작인 『구마검』이나 『자유종』이 권신징구의 작위적 도식이거나 대화지문의 의장을 빌린 논설 형식이라는 근본적 한계를 내포하고 있었다는 점에서 보면, 『화의 혈』은 이해조 개인의 문학세계 내에서 상대적 의의를 획득한다고 볼 수 있다. 『화의 혈』은 '구=악', '신=선'의 유형적 틀을 벗어나고 있으며, 이에 따라 성격화의 측면에서도 어느 정도 긍정적인 성과를 거두고 있다.

애국논설 필자의 태도를 방불케 하는 작가의 강한 어조가 거세되고 소설이 "현금 사람의 실적"[1]을 "빙공착영으로 인정에 맞게 편집하여 풍속을 교정하고 사회를 경성하는 것"[2]으로 인식될 때, 작품은 비로소 당대의 리얼리티를 획득하기 시작한다. 당위적 목표가 아닌 개화기 당대의 혼란과 모순 그 자체로 근대를 인식하고 그 부정성을 발견하는 것이다.

물론 『화의 혈』은 권선징악의 전근대적 주제가 서사구조의 주축을 이루고 있는 작품임에 틀림없다. 그런데 이 하나의 축에 구시대의 습속과 그 극복을 의도하는 또 하나의 서사축이 있다는 사실도 함께 분석되어야 한다. 후자의 축은 언니와 여동생, 즉 동기간의 차이로 인해 구축된다.

채만식(1902-1950)의 『탁류』(1937-1938) 또한 초봉과 계봉 자매의 서로 다른 삶을 구분하여 드러내는 작품이다. 이 작품의 경개는 초봉이라는 여성 인물의 파란만장한 2년 동안의 남성 편력으로 요약될 수 있는 것이지만, 초봉과 그를 둘러싼 남성 인물들 사이의 대립만으로 서사가 진행된다고 할 수는 없다. 계봉이라는 존재 때문이다. 작품 분석 과정에서 초봉의 현실인식과 계봉의 그것이 갈라지는 지점을 확인하는 작업은 『탁류』를 통해 작가가 획득하려는 전망의 실체를 묻는 일과 긴밀히 관련된다.[3]

1 이해조, 『화의 혈』 서문, 전광용 편, 『한국신소설전집』 2권, 을유문화사, 1968, 349면.

2 이해조, 『화의 혈』 후기, 위 책, 412면. 이하 『화의 혈』 인용은 각주 처리 없이 작품 제목과 함께 위 책의 면수만을 밝히기로 한다.

3 채만식 소설에서 세대 모티프를 추출하여 분석한 근래의 논의로 방민호의 업적을 들 수 있다. 방민호는 채만식의 세대 모티프 소설을 '구세대의 몰락에 초점이 맞추어진 작품', '세대 교체를 통해 역사적 가능성을 모색한 작품', '역사 초월을 통한 역사적 가능성 추구' 세 유형으로 분류하고 『탁류』를 두 번째 유형에 귀속시켰다. 본 논문은 방민호의 선행 연구에 큰 틀에서 동의하고, 또한 새로운 세대적 가능성을 찾고자 한 채만식의 시도가 미완으로 끝나고 말았다는 의견에도 동의하지만, 승재와 계봉 양자의 내일에서 조선의 희망을 구하고자 했다는 의견에는 동의하지 않는다. 채만식이 『탁류』에서 제시하고자 한 새로운 역사 담당

두 작품은 각각 갑오개혁 부근과 1930년대 후반을 시대적 배경으로 하고 있다. 두 작품 모두 언니의 희생을 계기로 그와는 다른 삶을 의도하는 동생의 현실적 입지를 고민하고 있으며, 이는 작가 이해조와 채만식의 당대 인식에 밀접하게 관련된다. 언니를 핍박하는 남성 인물 군은 각 시대 현실사회의 부정성을 입체적으로 드러내려는 작가의 의도에 따라 배치된 것이다. 언니와 동생의 삶을 다르게 직조하려는 작가의 노력은 자매의 전정에 공히 가로놓여 있던 미래의 불확정성에 대해 한 편으로는 타협의, 다른 한 편으로는 비타협의 태도를 부여함으로써 구체화된다. 언니의 타협의 논리와 동생의 비타협적 태도는 각각 봉건적 전근대로의 퇴행과 새로운 시대에의 전망을 대표한다는 점에서 세대론적이라고 말할 수 있다.

우리 비평사에서의 세대론은 이전 시대를 부정하고 새로운 문학을 건설하겠다는 신세대의 논리에 의해 반복적으로 촉발되었으며, 소설사에서는 부정적 현실 속에서 전망을 찾는 방법론으로서 기능하였다. 그동안 '가족'을 주안점으로 하여 진행된 연구들 속에서 세대론적 창작방법을 읽어낸 성과를 찾는 것은 어렵지 않다. 그러나 부자지간 등 수직적 세대 구분에서 일정 정도 벗어난 지점의 동기간 세대 구분의 의미를 세심하게 고찰할 필요성은 여전히 남아 있다고 하겠다.

동시대를 살아가는 인간군상의 생활 논리와 습속을 분절이 아닌 스펙트럼으로 표현할 수 있는 창작방법으로서, 그와 함께 낡은 시대를 청산하고 새로운 시대로 향하는 작가의 시선을 드러내는 창작방법으로서 두 작품의 자매간 세대 구분은 의의를 가진다. 이 연구를

주체는 계봉으로 한정되며, 인도주의적 지식인인 승재는 새 세대로부터 배제되어야 한다는 것이 이 논문의 기본적 시각이다.(방민호, 『채만식과 조선적 근대문학의 구상』, 소명, 2001, 229-323면 참조)

바탕으로 세대론적 전략에 대한 연구와 문학사에서의 가족 모티프 연구가 확장될 수 있기를, 동기간 인물 구도를 주된 틀로 하는 여타의 소설들에 대해서도 유사한 관점과 방법론에 의한 분석이 가능하기를 희망한다.

2. 『화의 혈』의 자매와 세대론적 독해의 가능성 탐색

2.1. 구태의연한 선인과 새로운 악인의 대립 – 선초와 이시찰

『화의 혈』은 장회체 소설이다. 각 회별 내용을 정리해 보면 다음과 같다.

제1회에서는 정절을 소중히 여기는 선초와 속악한 인물형인 이도사(시찰)가 소개된다.

제2회에서는 선초와 관계를 맺어 보려는 야심으로 벼슬을 딴 이시찰이 애매한 양민을 학살하고 재물과 여색을 탐하는 행태가 묘사된다.

제3회에서는 이시찰의 계략에 걸려든 선초가 몸을 허락하기로 작정하고 순진하게 자기를 합리화하는 모습을 보여준다.

제4회는 선초의 어리석은 믿음과 이시찰의 당연한 배신으로 요약된다.

제5회에서는 선초의 억울한 죽음이 제시된다.

제6회에서는 이시찰의 실권(失權)과 공적 징계를,

제7회에서는 선초의 동생 모란의 사적인 복수를 각각 덧붙인다.

선초와 모란을 선인형 인물로, 이시찰을 악인형 인물로 나누어 본다면 이 소설의 주제는 쉽게 도출될 수 있다. 작품의 결말은 악행을 일삼던 이시찰이 몰락하고 언니의 뜻을 따라 절개를 버리지 않았던 모란이 행복한 결혼을 성취하는 모습으로 나타난다. 그런데 권선징악의 의도를 충실히 수행하고 있는 것이 이 소설이라면, 문제가 되는 것은 제5회에 나타나는 선초의 죽음이다. 이 소설의 구성에 있어 선초라는 인물의 존재는 '희생양'의 의미밖에 갖지 못하는 것이다. 선초와 모란이 작품의 전·후반을 나누어 맡고 있는 반면 이시찰은 작품 전체에서 생동하는 인물형이므로 이 작품의 주인공은 이시찰로 보아야 한다는 주장[4]을 이와 관련지어 생각해볼 수 있겠다.

작품의 시대적 배경은 부패 관료의 학정에 대항하여 농민이 봉기한 갑오년 무렵으로 설정되어 있다. 늙도록 자식이 없어 고민하던 최호방이 기생 춘홍을 작첩하여 선초와 모란 두 딸을 얻었는데, 맏딸인 선초는 열일곱 나이에 이미 용모와 재주를 타고난 명기로 소문이 자자한 상태다. 그 소문은 서울에까지 퍼져 이도사(이시찰)의 귀에까지 들어가게 된다.

속악하기 이를 데 없는 이도사와 어리석을 정도로 순진한 선초가 갈등을 일으키게 되는 이유는 이도사가 시찰의 임무를 맡은 관료가 된 것, 선초가 끝까지 정절을 고수하려 하는 것과 직접적인 관계가 있다. 선초와 이시찰의 갈등은 막강한 권력을 가진 관료와 일개 기생의 결과가 뻔한 싸움이며, 변화에 기민하게 대응하는 식자층과 전통적 가치관을 고수하려는 굼뜬 처녀의 대립이다.

이시찰은 성욕과 물욕, 권력욕을 두루 갖춘 『화의 혈』의 대표적 악인형이다. 정절로 소문난 기생 선초를 정복하려는 야심에서 촉발된 이시찰의 무도하면서도 간교한 행각은 은혜를 원수로 갚고, 금석맹약을 헌신짝처럼 내어던지며, 권력을 이용하여 치부를 일삼고, 무고한

4 최원식, 『한국근대소설사론』, 창작사, 1986, 참조.

양민 학살을 서슴지 않는 등 작품의 시종을 일관하며 전개된다. 충청도 목천의 극히 빈한한 몰락 양반의 아들로 태어난 그가 이처럼 위풍당당하게 일세를 풍미할 수 있었던 것은 때를 잘 이용할 줄 아는, 사세파악의 명수였기 때문이다.

> "자고이래로 백성은 물과 일반이라, 동으로 터놓으면 동으로 흐르고 서로 터놓으면 서로 흐르고, 막히면 격동하고 순하면 내려가는 것이온데 근일에 각도지방관을 택차를 못한 탓으로 적자 같은 백성을 사랑할 줄은 모르고 기름과 피를 긁으매 일반 인민이 억울하고 원통함을 참다 못하여 악이 나서 이리해도 죽고 저리해도 죽기는 일반이라 하고 범죄를 한 것이오니 (중략 - 인용자) 공직하고 무식치 않고 민정을 알 만한 자격을 택차하여 삼남도 시찰을 내어 암행으로 각군에를 순회하며 지방관의 치적의 선부를 낱낱이 시찰한 후 (하략 - 인용자)"(『화의 혈』, 355-356면)

최원식은 위 부분 등을 인용하면서 "동학란에 대한 작가의 역사적 이해가 깊어졌다는 것을 뜻한다"[5]고 평가하고 있다. 그러나 이용남은 이 부분이 『화의 혈』에서 표출된 구시대 봉건체제와 동학으로 대표되는 새 시대의 대립과 갈등의 구조가 무너진 지점이라고 지적한다.[6]

탐학관료의 전형인 이시찰의 입에서 동학에 대한 역사적 통찰과 백성에 대한 온정적 시선이 나타난다고 해서 놀랄 만한 일은 아니다. 왜냐하면 이시찰의 위 대화 부분은 벼슬을 따내고자하는 간교한 의도의 소산이기 때문이다. 구시대 봉건체제와 새 시대의 대립·갈등의 구조가 무너졌다는 지적에도 무리는 없다. 문제는 "동학으로 대표되

---

5 최원식, 위 책, 133면.
6 이용남, 『한국근대문학과 작가의식』, 국학자료원, 1997, 101면 참조.

는 새 시대"에 있다. 이해조에게 새 시대가 동학으로 대표되는 것이었을까는 의문이다.[7]

범박하게 말해 근대성과 전근대성이 혼효된 양상으로 그려지고 있는 인물에는 선초뿐만이 아니라 이시찰도 포함된다. 이시찰이 복잡한 심리를 지닌 당대적 인간형으로, "양반층의 위선적 특징을 고도로 형상화"한 "탁월한 성격"[8]으로 창조되었다면, 『화의 혈』은 인물의 성격화에는 진일보하였으나 선악의 대립을 시대적 당위명제로 이끌어가는 데에는 실패한 소설이 된다.

이시찰의 성격은 작품에서 분명 복잡 미묘하게 변화하고 있다. 그의 내면과 행동은 근대적 인식을 지닌 개화인의 그것으로 나타나기도 하고, 엉뚱하게도 전근대적 발상에 기초한 것으로 나타나기도 한다. 중요한 것은 이시찰이 시대 변화의 추이를 적당히 꿰뚫고 그것에 적극적으로 자신을 맞추어나가는 것을 넘어서서 자신의 이익을 위해 시대를 이용할 줄 아는 인간이라는 점이다. 이시찰의 근대 인식은 '자신의 야욕을 채우기에 적당한 시기' 정도를 크게 벗어나지 않는다. 이해조의 탁월함은 '동학과 민중에 대한 역사적 이해'에 있다기보다는 갑오년 당대가 왜곡되고 굴절된 근대 인식을 가진 식자층에 의해 혹세무민의 기회로 이용될 수도 있다는 세심한 시대 분석 태도에 있다고 할 것이다.[9]

---

7 당시 이해조가 민중적 봉기에 대해서 가졌던 생각이 부정적이었음은 여러 논자들에 의해 지적된 바 있다. 이에 대해서는 김복순의 「이인직과 이해조」(『1910년대 한국문학과 근대성』, 소명, 1999)와 홍성식의 「『화의 혈』에 나타난 인물과 행동양식의 모순성」(『한국 개화기 소설 연구』, 태학사, 2000) 등을 참조할 수 있다.

8 최원식, 앞의 책, 130면.

9 시대 분석에 있어서의 이해조의 세심함은 작가적 서술자의 월권행위를 현저히 줄이고 있다는 데서도 발견된다. 이 작품에는 한 가지 사태를 여러 개의 보이지 않는 목소리들로 하여금 나누어 조망하게 함으로써 서술자의 메시지 전달이 일

그렇다면 『화의 혈』이 내세우고 있는 선과 악이란 무슨 의미를 띠고 있는 것일까. 그것이 신과 구의 대립으로 치환되지 않았음(혹은 치환될 수 없었음)은 표면적으로 드러나는 사실이다. 선한 인물형인 선초는 구시대의 덕목인 효와 정절에 집착하다가 죽음을 당했으며 악인형인 이시찰은 근대화되는 사회에 재빠르게 편승하여 일세를 풍미하는 것으로 드러나니, 이 작품에서 선악과 신구는 겹치기는커녕 눈에 띄게 어긋난 양상으로 드러난다.

2.2. 언니의 실패와 동생에게 부여된 가능성 - 선초와 모란

선초의 패배는 이미 예정되어 있었다. 선초의 패배 앞·뒤에는 효의 문제와 죽음의 문제가 끼어들어 있다.

선초는 이시찰의 요구에 굴복하는 과정에서 자기를 합리화하기 위해 효의 덕목을 끄집어낸다. 자신 때문에 애매하게 잡혀간 아버지가 죽음의 위협을 당하는 상황이었기 때문이다. 아버지를 살리기 위해 자신의 몸을 허락하는 선초의 행동은 정절보다 효가 우선한다는 판단 때문이었다기보다는 원하는 상대를 주체적으로 선택할 수 없는 상황에서의 최소한의 명분 찾기에 가깝다. 혼인 상대의 주체적 선택은 선초에게 너무나 먼 이상이었을 뿐이다.

"에그 이 나비는 천행으로 나를 만나 몹쓸 거미의 핍박함을 면하고 저렇게 마음대로 펄펄 날아가는고면. 나는 어느 누가 구제를 하여 우리 아버지를 옥중에서 모셔내오고 아모 침책 없이 시원한 세상을 보고 살아볼꼬? 후 여저, 까마귀가 왜 저렇게 야단스럽게 와서 우나? 까마귀는 영

방적으로 읽히지 않게끔 배려한 부분이 드러난다.

물이라, 사람이 죽으려면 미리 알고 저렇게 운다는데 아마 내가 분에 못 이기어 정녕 죽으려나보다. 죽는 것은 섧지 아니하지마는 아바지 놓여 나오시는 것을 보지 못하는 일이 뼈에 사무치지 아니한가? 에그, 까마귀는 미물이라도 제 어미에게 효성이 있는 고로 만고에 효조라는 이름을 얻었는데, 사람이 되고 부모에게 불효가 되면 미물만도 못하지……"(『화의 혈』, 374면)

바람에 밀려 거미줄에 걸린 나비를 구해주면서 자신의 처지를 나비에 비유해볼 때 선초에게 가장 절실한 것은 구원자이다. 그러나 그와 그의 아버지를 구원해줄 사람은 없고 오히려 불길한 징조만이 까마귀에 의해 증폭된다. 까마귀의 울음을 듣고 자신의 죽음을 예감하던 선초는 불길한 새인 까마귀를 효조로 바꾸어 부름으로써 아버지와 자신을 살릴 수 있는 방법을 알아차린다. 스스로가 구원자가 되는 것이다. 선초는 이시찰과 결혼하기를 결심하는데, 그것이 아버지를 구원하는 의미에서 그치지 않는 것은 이시찰과의 혼인 상태를 끝까지 지속시킴으로써 정절까지를 지켜낼 수 있다는, 자기 구원의 의미도 함께 가진다고 믿었기 때문이다.

그러나 이 믿음은 일종의 자기기만이다. 선초의 죽음이 의미를 갖는 것은 백년해로를 약속했던 이시찰의 배신에 절망하여 자살한 생물학적 죽음에 있는 것이 아니고, 근대적 개인으로서의 주체를 포기한 그 순간의 사회적 죽음에 있는 것이다. 이는 선초의 근대적 각성이 불철저한 것이었다는 증거이며, 작품에서 '희생양' 인물로 전락할 수밖에 없었던 이유이기도 하다.

희생양인 선초가 대신 구한 것은 아버지의 목숨이다.[10] 이는 극적인

10 『화의 혈』이 『춘향전』뿐만 아니라 『심청전』의 모티프까지도 차용하고 있음을

장치로서 선초의 비극에 대한 독자의 공감을 증폭시키는 역할을 한다. 그러나 선초의 아버지 최호방은 아무 힘도 없는, 지난 시대의 인간형이다. 복수의 역할을 맡아야 하고 자신과 다른 삶을 살아내야 하는 것은 동생 모란인데 선초가 동생에게 주고 간 것은 '또 다른 선초'라는 이름뿐이었다.

문제는 '모란'이다. 작품 내에서 모란의 성격이 살아날 수 없는 것은 그가 선초의 대역에 불과하기 때문이다. 죽을 당시 선초의 나이는 열일곱이었고 모란은 아직 세상 물정을 모르는 어린아이였다. 선초가 죽는 시점과 모란이 이시찰을 만나는 시점의 시간차는 삼 년 남짓으로 짐작할 수 있는데, 삼 년이란 이시찰이 옥중에 갇혀 있었던 기간이다. 모란이 이시찰을 만날 당시의 나이는 명시되어 있지 않지만 기생으로서 이름을 얻어 서울로 올라올 당시의 나이인 열다섯에서 크게 벗어나지는 않을 것으로 보인다. 즉 선초와 모란의 나이차는 적게는 다섯 살, 많게는 일곱 살 정도일 것이다.

선초가 죽는 순간 영문도 모르는 부모에게 복수의 결심을 대신 전해주는 것으로부터 모란의 대역으로서의 삶은 시작된다. 모란은 죽은

많은 논자들이 이미 지적한 바 있다. 심청과 선초의 공통점은 자신을 희생하여 '효'의 덕목을 실천했다는 데 있다. 그런데 선초의 경우 '효'의 덕목이 체화된 형태로 나타나고는 있지만, 결단의 순간에 있어서는 그 동기가 심청보다 복잡한 양상으로 드러난다. 즉 자신의 몸을 던짐으로써 아비의 목숨을 구하겠다는 것뿐만 아니라 '몸을 던짐'의 의미를 희석시켜 이시찰을 통한 정절의 수행까지를 도모하고 있는 것이다. 선택적 판단에는 늘 희생이 뒤따르게 마련인데, 선초는 어떠한 희생도 따르지 않는 완벽한 결단을 의도했던 것이다. 이시찰에게 몸을 허락하는 행위가 훼절이 아닐 수도 있다는 선초의 순진한 논리는 결국 자신의 죽음이라는 비극적 결과를 가져오고 만다. 결과적으로는 자신의 죽음과 아비의 죽음을 맞바꾼 셈이다. 이 한 순간의 판단이 보여준 전근대적 성격은 그 주체인 선초를 죽음으로 몰고 갔다. 그러므로 결말 부분에서 모란이 근대적 혼인을 성취하였다는 것은 왜 선초가 죽고 모란이 살아남을 수밖에 없었는가 하는 의문에 대한 작가의 암시적 답변이 된다.

선초의 화신으로서 선초의 재주와 미모를 그대로 물려받았으며, 후일 이시찰을 응징하기까지 대역으로서의 삶을 주로 하여 살아간다.

한 가지 모란의 삶에 의미를 부여할 사건이 있다면 뜻이 맞는 배우자를 만나 결혼을 한 것인데, 그런 의미에서 모란은 언니 선초가 끝내 이루지 못했던 근대적 개인의 의미를 성취한 인물이 된다. 그러나 이는 이시찰로 대표되는 권력자의 횡포에서 어느 정도 벗어난 상황에서의 일이기에 단순한 후일담으로밖에 읽히지 않는다. 게다가 모란의 존재는 신소설 『화의 혈』이 가진 비현실적 요소를 극도로 확대시키는 역할을 하고 있다.

물론 작가는 비현실적 소재를 사실적 수법으로 표현하면서도 미신에 대한 경계를 지속적으로 표현하고 있다.

> 조선 천지에 제 힘 아니 들이고 남 속여먹기로 생애를 삼는 것들은 소위 무당・판수라. 무당・판수가 만나는 사람마다 정대하고 당하는 일마다 광명하면 하나도 속여먹지 못하고 자고송 모양으로 굶어 죽은 지가 이구하겠지마는, 사람들도 보통 어리석고 일도 매양 의심나는 중 연때가 맞으려면 천지도 야릇한 법이라. 선초 죽던 그 달부터 비 한 점 아니 오고 내리 가무는데, (『화의 혈』, 396면)

> 그런데 선초와 임씨 모자가 이시찰 눈에 뵈인 일로 말하면, 아무라도 참말 그 귀신이 있어 원수를 갚으려고 그리한 것이라 할 터이지마는 기실은 그렇지 아니한 것이, 죽은 귀신이 있어 원수를 갚을 것 같으면 지금 누구니 누구니 하는 소위 재상들이 하나도 와석종신을 못하고 참혹히 벌써 이 세상을 하직한 지가 오랬을 터이지마는, 유명이 한 번 달라 놓은 이상에 그렇게 역력할 수 없는 것은 정한 이치라. 그러나 도적이 제 발 저리다는 일체로, 이시찰이 자기 생각에도 지은 죄가 있으니까 공연

히 겁이 나며 중정이 허해져서 (『화의 혈』, 403면)

최호방 내외나 이시찰의 앞에 현실에서 일어날 수 없는 일들이 반복되는 이유는 그들이 근대적, 과학적 사고로 무장하지 못했기 때문이라는 것이 이해조의 생각이다. 미신에 대한 작가의 생각은 변하지 않았다고 볼 수 있는 것이다. 그러나 그것이 작품에서 형상화될 때 크게 다른 양상으로 드러나는 것은 합방 이전의 작품 『구마검』과 비교하여 볼 때 명확하다. 『구마검』에서의 미신은 타파해야 할 악으로 간주되었지만, 『화의 혈』에서의 미신은 장삼이사들의 삶 속에 뚜렷한 현실감을 띠고 존재하는 것이다.

이에다가 선초와 이시찰의 내면에 근대와 전근대의 양면이 각각 혼재되어 있다는 전절의 서술을 함께 생각해 볼 필요가 있다. 헌 것과 새로운 것이 공존하던 시대에 양자가 각각의 전형에 덧씌워져 대립 구도로 재단되기 힘들다고 인식하는 것은 나름대로의 의의를 부여받을 만하다. 게다가 그것을 선악의 양축에 겹쳐지도록 설정하는 작업이야말로 도식적이고 작위적인 주제 형상화일 뿐이다.

선초나 이시찰이나 근대성과 전근대성을 한 몸에 갖고 있는 인물이라는 점에서는 동일하지만, 선초가 선인형의 대표로서 추상화된 내면을 지닌 인물인 반면 이시찰이 구체적으로 살아 있는 내면을 지녔다는 것은 두 인물의 차이점이다. 그렇다면 『화의 혈』의 의의가 당대적 악인형의 창조에 있었다는 기존 논의의 일정한 부분이 설득력을 얻게 된다. 시대에 대한 범상치 않은 안목을 더욱 투철히 하여 새 시대를 열어나가는, 일종의 사명을 띤 지식인이 오히려 자신의 식견을 특권화하여 무도한 행각을 일삼았다는 것. 작가는 갑오년 당대의 역사적 가능성을 반추하면서 합방 이후의 좌절이 지식인과 관료의 부정적 행동에 깊이 연관되어 있음을 이야기하고 있는 것이다.

그러나 이해조의 현실 인식이 개명한 양반층의 그것에 기초해 있었다는 것[11]은 사태를 하층민의 시각에서 보지 못하였다는, 혹은 중도적 입장에서 상·하의 시각을 균형 있게 조율하지 못하였다는 한계를 노정한다. 이는 그가 『화의 혈』에서 선초보다는 이시찰의 내면을 보다 생동감 있게 그려내고 있다는 사실로도 방증된다. 이해조는 이시찰과 같은 부정적 관료에 대해 비판적 시선을 견지하고 있지만, 그 비판적 시선의 대변자로 갈등구조의 맞짝인 선초를 내세우기에는 민중의 삶에 대한 이해가 부족했다고 볼 수 있는 것이다.

게다가 선초 대 이시찰의 대립에서 전자는 다시 선초와 모란으로 분열되어 있다. 즉 작품 후반부의 표면적 갈등은 모란 대 이시찰의 대립으로 드러나고 있는 것이다. 선초는 당대의 악에 의해 철저히 유린된 패배자이고, 모란은 그 악을 응징한 승리자이다.

작품에서 이시찰은 두 번에 걸쳐 응징된다. 이를 '공적인 응징'과 '사적인 응징'으로 구분하여 부를 수 있겠다.

> 이시찰이 잡혀온 죄는 막중 국세를 중간 환롱한 죄라. 감옥서에다 엄밀히 뇌수하여 두고 삼 년 동안을 재판하는데, 세상 사람이 지옥 지옥해도 지옥이 별 것이 아니라 이생에 있는 감옥서가 곧 지옥이라. 그런고로 죄를 범하고 그 속에를 한 번 들어만 가면 살아나올 제 나온대도 죽은 목숨과 조금 다를 것이 없는 법이라. 이시찰이 처음에는 가장 쇠가 산 체하고 큰소리를 철장같이 뽑아낸다.
>
> "양반이 감옥 맛을 아니 보면 못쓰나니라. (중략 - 인용자)"
>
> 하면서도 뒤는 나든지 은근히 자기 상전 두 신씨에게 고급을 하여 일을 무사타첩하게 주선하여 달라고 애걸한 후에 (『화의 혈』, 400면)

11 최원식, 앞의 책, 54면 참조.

위 인용문에서 우선 주목되는 것은 이시찰의 죄목이 "막중 국세를 중간 환롱한 죄"라는 것이다. 이는 이시찰의 악행에 대한 공적인 응징이 작품의 대립·갈등구조에서 얼마간 비껴나가 있음을 말해 준다. 즉 선초나 임씨 모자에게 저지른 악행에 대해서는 공적 응징이 불가함을 뜻한다. 이시찰의 패륜적 행동에 대해서는 또 하나의 텍스트 내적 응징이 불가피함을 암시하는 것이기도 하다.

감옥에서 나온 이시찰은 선초의 동생 모란에 의해 다시 응징된다. 이시찰의 재기의 꿈을 완전히 꺾어 놓고 마는 것이다. 모란의 폭로에 못 이겨 고관들의 연회 자리에서 줄행랑을 치는 이시찰의 처지는 그가 공적인 영역에서 완전히 추방되었음을 뜻한다. 이 과정에서 모란은 말과 행동에서 선초의 의장을 빌리고 있었고 수많은 참관인들의 힘을 빌린 응징이라는 점에서 순수한 개인적 복수라고 하기는 어렵다. 그러나 걸인이 된 이시찰이 모란의 집을 기웃거리다가 모욕을 당하고 도주하는 마지막 부분은 작위적이나마 모란과 이시찰의 개인적 대결에서 모란이 완전히 승리하였음을 보여주고 있다.

모란의 승리는 어떻게 이해되어야 하는 것인가. 그것은 과연 이시찰과 대립하여 있던 선초 혹은 민중의 복수를 대리할 수 있는 것인가. 그렇게 보기에는 석연치 않은 구석이 있다. 모란이 힘을 얻은 상태에서의 복수라는 점, 공권력에 의해 이미 실권한 이시찰이기에 당할 수밖에 없었던 응징이라는 점 등이 민중과 지배권력의 대립이라는 의미를 희석시키고 있기 때문이다. 권력층의 부녀자가 된 모란이 걸인이 된 이시찰을 농락한 것을 두고 일종의 가치 부여를 시도한다는 것은 무리가 따를 수밖에 없는 일이다. 어떤 의미에서 모란의 남편은 모란으로 하여금 언니의 전철을 밟을 위험에서 벗어나게 해 준 구원자요 조력자라고 할 수도 있기 때문이다.

이처럼 모란은 언니 선초보다도 성격화가 덜 된 상태로 작품 후반의 한 축을 이끌어나가고 있다. 작품 내에서 모란이라는 인물의 상징성이 커다란 비중을 차지하고 있는 것과는 전혀 어울리지 않는다. 모란은 당대적 악인을 응징하는 선인의 대표격이며 동시에 구시대적 습속을 답습하지 않고 '살아남은' 새 시대의 인물형이다. 그러나 위에서의 분석과 같이 모란은 자신의 힘으로 악에 맞서기에도, 새 시대를 걸머지기에도 너무 나약한 여인일 뿐이다.

『화의 혈』에서 새 것과 헌 것의 문제가 표면에 드러나지 않은 것은 그것이 대립의 구도로 드러나지 않았기 때문이다. '선초는 희생되지만 모란은 살아남는다'는 서사의 한 축은 혼인의 문제를 둘러싸고 전근대적 윤리의 압력에 굴복한 자와 혼인의 근대적 의의를 성취한 자의 차이를 드러내는 방식으로 전개되는 것이다.

그러나 작품의 실상은 독자들로 하여금 곳곳에서 선초와 모란을 쌍생아로 착각하게끔 유도하고 있다. 게다가 그 '굴복'과 '성취'라고 하는 것이 개인의 내면보다는 외부의 압력이나 조력에 의한 것이나 다름없다고 해석될 수 있는 점은 이 작품의 분명한 한계이다.

3. 『탁류』의 자매와 적극적 세대 구분의 논리

3.1. 식민지 자본주의의 물신화된 세계 속 여성의 운명 – 초봉과 태수, 제호, 형보

첫 번째 제웅, 태수.

그(남승재 : 필자)는 이 제웅이 아무 속도 모르고, 속을 뿐 아니라 오히려 타악 믿고서 무심히 앉아 있는 것이 다시금 귀여웠다.[12]

이 얇은 한 겹의 이편 쪽까지만을 애초부터 목표로 정하고서 승재는 독약을 준비하고, 그놈을 주사기에다가 켜올리고, 해가지고서 찬찬히 쳐들고 서서 제웅의 얼굴과 번갈아 빗대 보고 마침내는 혈관에다 갖다 대고 푹 찌를 듯이 숨을 들이마시고, 이렇게 살인행위의 계단을 천연덕스럽게 밟아 올라왔었다.

그리고 거기까지가 절대의 목적지였었다.(『탁류』, 176면)

『탁류』의 고태수는 은행의 공금을 횡령하여 방탕한 생활을 하면서 초봉과의 결혼을 인생의 마지막 목표로 설정한다. 자포자기한 그에게는 미래가 없다. 심지어 그는 초봉과의 결혼에 성공하면서 삶을 이어나갈 의욕마저 버리고 만다. 태수와의 결혼이 초봉의 인생을 전면적으로 바꾸어 놓은 것을 감안할 때, 작품에서의 태수의 역할은 매우 중요하다. 태수는 말단 은행원에 불과하지만, 자신의 직책을 이용하여 향락을 위한 돈을 만들 줄 알 만큼 근대적 제도에 적응된 인물이다. 그러나 이를 통해 자신의 계층적 지위를 바꿀 만한 능력은 없다. 현실은 『화의 혈』의 배경이 되는 시대에서 멀리 지나와 식민지 자본주의가 고착화되었고, 따라서 『탁류』의 시공간은 빈한한 가계를 배경으로 하는 태수가 종횡무진 활약할 수 있을 만큼 단순한 세계가 아니다. 이는 『화의 혈』의 이시찰 같은 인물이 마음먹은 대로 자신의 뜻을 펼칠 수 없는 세계라는 말과 다르지 않다.[13]

---

12 채만식, 「탁류」, 『채만식전집』 2권, 창작사, 1987, 174면. 이하 『탁류』 인용은 각주 처리 없이 작품 제목과 함께 위 책의 면수만을 밝히기로 한다.

13 현실은 이미 식민지 자본주의라는 거대한 틀 아래 견고하게 조직되어 있다. 초봉의 아비 정주사의 몰락과정을 되짚어 살펴보면, 하바꾼에서 미두꾼으로, 다시 월급세민층에서 공무원으로, 중소지주로 상승하는 일이란 불가능에 가깝다는 것을 쉽게 알 수 있다.

태수는 "흐린 세태에 찌들지 않은 처녀" 초봉을 탁류에 휩쓸리도록 물가로 인도하는 역할만을 수행한다. 태수의 죽음은 예정되어 있었던 것이며 태수가 희생되지 않고서는 초봉으로 하여금 형보를 만나게 할 수 없다. 제웅으로서의 태수의 운명은 승재에 의해서가 아니라 형보에 의해서 결정되는 것이다. 형보는 외양으로나 내면으로나 완벽한 악인의 형상을 하고 있다. 한시적으로 태수에 기생하는 처지를 감당하고 있지만, 그의 야심과 기회주의적 처세술은 태수의 그것보다 훨씬 우위에 있다.[14]

초봉은 고태수, 박제호, 장형보 세 사람에게 차례로 자신의 삶을 의탁한다. 초봉의 선택이 의미를 가지는 것은 태수와의 결혼에 국한된다고 볼 수도 있다. 태수를 선택함에 있어서 초봉은 그의 외모에 호감을 가졌던 것이다. 배우자를 선택함에 있어 상대의 외모에 관심을 가진다는 것은 전적으로 개인적인 문제이다. 신랑감 후보로 태수와 승재를 놓고 속으로나마 고민하는 대목은 초봉이 가난한 집안의 장녀가 아닌 스물한 살 처녀 개인으로 서서 스스로 행동의 좌표를 가늠해 본 유일한 순간이다. 그러나 "철든 이후로 무엇에고 나를 고집 못하던" 초봉의 선택은 장녀로서의 책임의식 즉 주어진 정체성에 의해 좌지우지되고 만다.

> 그는 모친에게서 결혼을 하고 나면 태수가 장사 밑천으로 돈을 몇천 원 대주어서 부친이 장사 같은 것을 하게 한다는 그 말을 듣고는 다시는

14 악인의 형상이 이처럼 입체적으로 나타나는 것은 시대의 사회악이 한 전형의 소멸을 통해 종식될 수 없는 성질의 것임을 보여 준다. 소설의 인간관계가 촘촘한 그물처럼 얽혀 있는 만큼 그 틈에서 빠져나오기는 힘들다. 게다가 이 소설은 당대의 인물 군상을 긍·부정성의 단순한 잣대로 유형화하지 않는데, 따라서 악인형 인물군의 맞은편에 있는 초봉, 계봉, 승재의 성격에도 일정한 부정성을 부여하고 있다.

더 여부없이 태수한테로 뜻이 기울어져 버렸다.

그거야 태수가 미리서 마음을 동요시킨 것이 없었다고 하더라도, 그 만한 조건이고 보면 필연코 응낙을 않던 못할 초봉이다.(『탁류』, 153면)

그것이 어떻게 되어서 한 결혼이든지 간에 일단 결혼을 하기는 한 것인 즉, 앞으로의 생활은, 이미 결혼을 했다는 그 사실 - 절대로 무시할 수 없는 그 사실 - 을 근거로 하고서 행동을 가져야 할 것이요, 동시에 그 행동은 추궁된 동기나 미련 남은 과거에게 간섭을 받을 필요가 없는 것이다. 하물며 내 스스로가 고태수한테로 약간의 뜻이 기울었던 계제인데,(『탁류』, 202면)

닥쳐온 상황과의 타협을 위해 전근대적 효의 덕목을 이끌어내는 것이나 앞으로의 삶을 변명하기 위해 자기의 선택을 합리화시키는 초봉의 논리는 한 세대를 훨씬 거슬러 올라 『화의 혈』의 선초를 방불케 하는 면이 있다. 초봉 또한 자신의 근대적 주체를 포기하는 순간 아무도 구원해내지 못할 나락으로 떨어져 희생되고 마는 것이다.

태수라는 제웅을 소설 세계 밖으로 퇴장시킨 작가는 박제호를 개입시켜 초봉을 서울로 불러올린다.

서울…… 서울이면 좋을 것이다. 무엇이 어쩌니 좋으리라는 것은 모르겠어도, 그저 막연히 좋을 성부르다.(『탁류』, 247면)

그러나 새 삶을 설계할 공간으로서의 서울은 또 다른 변명거리에 불과했다. 서울행을 매개로 만난 제호에게 초봉은 다시 한 번 자신의 몸을 맡기면서 친정의 살림에 보탬이 되기로 마음먹는다. 형보에게도 동거의 대가로 친정 살림의 보조를 요구한다. 다만 형보에게는 달리 두 가지 조건이 첨가된다. 그 하나는 아이를 위해 보험을 들 것, 나머지 하나는 동생들의 학업을 책임질 것.

자식으로서의 역할에다가 어미로서의 역할과 언니로서의 역할이 더해졌을 뿐 초봉 개인의 요구나 욕망은 철저히 거세되어 있다. 태수에게서 기생하던 형보만큼이나 초봉도 세 남자에게 철저히 기생하는 존재로 타락해 있다. 초봉의 성격적 긍정성은 처녀 적에 국한될 뿐, 태수를 만나 부정적 현실에 휩쓸린 이후의 초봉은 그 또한 거대한 탁류의 한 부분이다.

초봉을 억압하는 남성 인물들이 상징하는 것은 작가가 비판하고자 하는 물신화된 세계의 부정성이며, 이 같은 부정성을 조장하는 식민지 자본주의가 무력한 인간을 파멸시키는 모습은 초봉에 앞서 그의 아비 정주사가 먼저 체현한 바 있다.

작가가 부정적 인물군에 대립시키기 위하여 초봉에게 부여한 긍정성은 봉건적 윤리의 가치기준에 의거하는 것이다. 작가는 초봉에게 질 수밖에 없는 싸움을 시키고 있는 것이며, 이는 계봉의 삶과 비교하여 초봉의 희생이 우열의 관계에 놓여야 하는 작가의 세대론적 전략에 부합한다. 초봉의 긍정성은 그를 억압하는 인물들이 대표하는 세계의 부정적 측면을 비판하기 위한 근거인 동시에, 그 성격이 봉건적 틀에 얽매여 있다는 것은 계봉을 부각시키기 위하여 초봉을 희생시키는 논리를 뒷받침하는 명분이다.

부정적 세계의 중심에서 기생하는 존재가 있고 다시 그 기생충이나 다름없는 인물에 달라붙어 기생하는 것으로 생화를 삼을 수밖에 없는 존재가 정주사와 초봉이다. 이러한 기생의 악순환이 선악의 경계를 무색하게 하는 것이며, 세상의 인간은 악하거나 무기력하다는 비관적 세계관이 은연중에 드러나는 계기가 된다.

3.2. 여성 주체의 당대적 한계와 대안의 미성숙 – 초봉과 계봉

두 번째 제웅, 초봉.

> 제웅이 제가 제웅임을 모르고서, 제단 앞에서 제단의 아름다움에 취해 기뻐하는 양임에 틀림이야 없지만……(『탁류』, 203면)

너무나도 미약하였던 초봉의 근대적 자아가 죽은 이후에도 소설의 시간은 2년을 더 흘러간다. 태수가 죽고 형보에 의해 정조를 유린당한 초봉이 그래도 살기로 마음먹는 것은 또 다른 삶을 살기 위해서였다. 그러나 초봉은 그 또 다른 삶이 무엇인지 몰랐다. 이러한 초봉의 무지가 다시 제호나 형보에게 농락당하는 빌미가 되었던 것이다. 『탁류』의 소설세계에서 초봉의 존재는 제2의 주인공을 등장시키기 위한 희생물, 즉 제웅에 불과한 것이다. 세계는 변하지 않았지만 그 세계에서 다르게 살아갈 인물에게 기대를 걸어야 할 형편인 것이다. 또 다른 삶을 스스로 살아낼 수 없는 초봉은 자신을 희생시킴으로써 아직 삶의 방향이 확정되지 않은 계봉의 울타리가 되어 주기로 한다.

초봉이 송희를 위해 보험을, 계봉을 위해 학비를 요구하는 것은 형보에게 지불하는 자신의 몸의 대가로서다. 송희뿐만 아니라 계봉도 자신의 전철을 밟아서는 안 된다는 것이다. 새 시대를 기대할 수 없을지라도 새 세대는 필요하다.

계봉의 됨됨이는 외모에서 성격까지 언니와는 판이하게 다른 것으로 묘사된다. 물론 작가가 계봉에게 남성적 외모와 활달한 성격을 부여한 것에는 중요한 시사점이 있을 것이다. 그러나 그보다 중요한 것은 정조관념이나 가족관계에 대한 이해 등에서 보이는 현실 인식 수준의 차이이다.

초봉과 다른 계봉의 의식은 초봉의 실패를 거울삼아 형성된 것이다. 계봉은 정조란 생리의 한 수단이며, 정조의 순결성이란 상대적인 것이므로 정조의 상실이 인생의 실권을 선고할 근거는 없다고 주장한다. 도피적 결혼을 반대하고 자식의 희생을 부정하며 상대적으로 부모의 희생은 당연한 것으로 받아들인다. 계봉은 언니뿐만 아니라 승재의 결점까지도 잘 파악하고 있다.

> 안팎이 모두 고색이 창연하고, 우물우물하고 굼뜨고, 무르고, 주변성 없고, 궁상스럽고, 유치하고, 그리고 또 연애라니까 단박 결혼 청첩이라도 박으러 나설 쑥이고…… 등속이다. 이러해서 저와는 세기가 다른(강조 - 인용자) 줄까지도 계봉이는 모르는 게 아니다.(『탁류』, 431-432면)

계봉은 승재에게 호감을 가지지만 그를 자신과 비교해 '세기가 다른' 존재로 이해하고 있다. 승재나 초봉이 19세기적 인물형이라고 한다면 계봉 자신은 20세기적 인물형이라는 것이다. 군산에서 올라온 승재를 서울에서 만난 계봉은 승재의 고리타분함과 행동성 결여를 질책하면서 장시간 동안 논쟁을 한다. 논쟁의 주제로는 결혼과 연애, 불공평한 분배에 의해 야기되는 경제적 불평등, 자연과학에 대한 신념이나 휴머니즘적 가치기준의 현실적 한계, 직업과 생활의 문제, 자본주의적 근대에 기생하는 암적 존재에 대해 무력하고 오히려 비호하는 결과를 낳는 법의 문제 등 사회 전반의 문제가 망라된다.

그러나 사실상 이것은 논쟁의 성격을 띠지 못한다. 승재가 계봉의 주장에 대해 아무런 반박도 하지 못하기 때문이다. 가치관의 충돌에 의한 막연한 감정적 저항만이 드러날 뿐 승재의 판단력은 계봉의 현실 인식을 이성적으로 논박할 수 없을 만큼 미약한 수준이다.

현실사회의 부정성과 모순에 대한 계봉의 통찰은 초봉이라는 거울을 통해 이루어진 것이다. 즉 초봉을 부정하는 곳에 계봉의 현대적 입지가 마련되는 것이다. 계봉이 승재의 순진한 면을 조목조목 비판하는 것이 수월한 이유는 그 승재의 가치관 혹은 사상이 초봉의 그것과 대동소이한 때문이다. 초봉도 승재도 계봉에게는 전세기의 인물에 불과하다.

남승재의 순진함을 깨우쳐 주는 사람으로서 계봉이 처음이었던 것은 아니다. 승재는 명님이라는 거울을 통해 인륜에 선행하는 밥의 문제를 고민할 수 있었고, 그 같은 상황이 초봉에게 닥쳐오는 것을 옆에서 지켜보았으며, 의료 기술의 시혜자로서, 야학의 교사로서 수많은 가난의 모습들을 관찰하였다. 심지어 명님을 돈으로 산 포주에게서까지 사회 모순의 실상과 탁상의 이론은 천양지차라는 강화를 듣는 것이다. 그러나 승재의 모습은 달라지지 않았다. "소박한 휴머니즘밖에 없던"(『탁류』, 366면) 군산의 승재는 "서울로 가기만 하면 좀더 널리 그리고 좀더 효과 있게 일을 할 수가 있겠지 하는 희망"(『탁류』, 367면)만을 품은 채 후줄근한 단벌신사의 모습 그대로 상경한다.

계봉이 승재의 의식을 다시 한 번 일깨워주어야 하는 것은 승재의 실패나 절망이 전근대적이고 인정주의적인 사고를 전환하지 않고서는 계속해서 되풀이될 수밖에 없기 때문이다. 실패의 원인에 대해 끝까지 추구해 보지도 않은 채 막연한 기대감만으로 서울을 택하는 태도로 보아서도 승재의 의식 수준은 초봉의 그것만큼이나 순진하다.

남승재와 초봉의 인연이 작품의 마지막 순간까지 굳이 이어지는 것을 주목할 필요가 있다. 계봉과 승재의 결합은 계속해서 뒤로 미루면서 승재로 하여금 결국은 초봉을 만나도록 하는 것이다. 애초부터 계봉의 짝으로 승재는 자격미달이었던 것은 아닌가.

앞으로 승재의 소견이 어느만큼 트일는지 그것은 미지수이나, 또 계봉이가 장차 어떻게 해서 둘 사이의 이 '세기의 차이'를 조화라도 시켜낼는지야 또한 기약하기 어려운 일이나, 시방 당장 보기에는 승재의 주제에 계봉이 같은 계집아이란 게 도시 과분한가 싶다.(『탁류』, 417면)

초봉의 처지와 희생정신에 감격한 승재가 초봉의 미래를 걱정하면서 자매가 살고 있는 집에 다다랐을 때 형보는 이미 초봉의 손에 죽은 뒤였다. 초봉의 원래 의도는 형보를 죽이고 스스로도 자살하려는 것이었는데, 계봉과 승재가 때마침 당도한 것이다. 계봉은 언니에게 자수할 것을 권한다. 초봉은 갈등 끝에 자신의 결정을 승재에게 의탁한다.

"그렇게 하까요? 하라구 허시믄 하겠어요! 징역이라두 살구 오겠어요!"

하면서 조르듯 묻는다. 의외요, 그러나 침착한 태도였었다.

승재는 그렇듯 어떤 새로운 긴장을 띤 초봉이의 그 눈이 무엇을 말하며, 하는 그 말이 무엇을 의미하는 것인지를 잘 알 수가 있었다.

알고 나니 대답이 막히기는 했으나 그는 시방 이 자리에서 초봉이가 애원하는 그 '명일의 언약'을 거절하는 눈치를 보일 용기는 도저히 나질 못했다.(『탁류』, 468-469면)

초봉과 승재의 결합을 암시하는 『탁류』의 결말은 초봉의 감격을 저버리지 못하는 승재의 인정주의적 대응으로 그려진다. 자의 반 타의 반으로 결정된 승재의 선택은 미래지향적인 계봉에게로 향하지 못하고 초봉에 의해 발이 묶이는 것이다.

태수, 제호, 형보 등의 인물들과 대비되어 승재가 긍정적 인물형으로 분류되는 것에는 무리가 없을 수 있으나, 구세대와 신세대의 숨은 대립항 속에서는 초봉 등과 더불어 구세대에 편입될 수밖에 없는 형편이다. 즉 드러난 대립항에서는 긍정적으로, 감추어진 대립항에서는 부정적으로 간주되고 있는 것이다.

초봉이나 승재가 계봉과 구분되는 작품 내적 기준은 봉건성과 근대지향성, 우유부단과 행동성 등으로 나타난다. 초봉이야 작품 중반부터 운명의 질곡에서 헤어나지 못하고 있었으나, 승재와 계봉의 '명일'은 여전히 미정형의 그대로였다. 결말 부분에서 독자는 초봉이 승재에 의해 명일의 구원을 약속받는 것을, 반면 승재의 명일은 초봉과 동행하는 삶으로 귀속되는 것을 예감할 수 있다. 초봉이 최소한의 긍정성을 회복함으로써 승재와 보조를 맞추게 되는 것은 그들에게서 발견할 수 있는 전망의 극대치에 해당한다. 그것은 작가가 보는 조선과 조선 민중의 현단계이다.

미정형의 상태로 남은 인물은 계봉뿐이다. 계봉은 서울로 올라와 학업을 계속하는 대신 백화점에서 점원 노릇을 하고 있다. 계봉의 상경은 초봉이나 승재처럼 막연하게, 무목적적으로 이루어진 것이 아니었다.

> 계봉이는 형의 소청으로 제가 부탁편지를 하기는 했지만, 실상 제 소위 '파렴치'한 저의 집과는 이미 마음으로 절연을 했던 터라, 그네가 잘 산다건 못 산다건 아무 주의도 흥미도 끌리지를 않았고,(『탁류』, 421면)

계봉의 상경은 '독립자행'하기 위해 스스로를 가족, 특히 수직적 부자 관계로부터 단절시키는 의미를 가진다. 아직도 사회의 도처에서 자행되고 있는 봉건적 습속을 파렴치한 것으로 규정하고, 그들의 사정과는 아무 상관없는 자신만의 삶을 살겠다는 뚜렷한 목적의식이다. 계봉이 승재와의 결혼을 망설이는 이유도 이와 관련이 있다. 가족관계의 틀 속에 발을 들여놓고 안주하는 순간 그의 목적인 '독립자행'은 어려워지는 것이다. 하지만 이러한 절연이 모든 것을 해결해 줄 수 있는 것도 아니다.

> 비록 총명도 하고 다부져 독립자행할 자신과 자긍을 가진 계집아이기는 해도, 때로는 고아답게 몸의 허전함과 그 몸의 허전한 데서 우러나는 명일의 불안을 느끼지 않을 수가 없었다.(『탁류』, 421면)

계봉은 정주사와 같은 아비의 세대는 물론 제 언니나 승재까지를 비판하고 부정할 줄은 알았지만, 자신이 정작 어떻게 살아가야 할 것인지에 대한 명확한 대안은 가지지 못했다. 작가가 1930년대 후반 당대에 지속적으로 고민하고 모색했던 주제를 『탁류』에서는 계봉이 떠안고 있는 것이다.[15]

「『탁류』의 계봉」(1939)은 채만식이 작품 연재 이후 단행본 출판을 위해 퇴고를 하던 중 꿈의 형식을 빌어 술회한 작품 인물들의 후일담이다.

> 나는 맨 먼저 초봉이의 소식을 물었고 또 그것이 당연한 순서일 것이다.
>
> "아직 그대루……" 끝을 다 잇대지 않아도 복역 중이라는 말이고,
>
> "몇 해던지?"

15 자신 이전의 세대를 전면적으로 부정할 때 어쩔 수 없이 뒤따르는 것은 고아의식이다. 계봉의 현재 처지는 온전한 가계의 울타리가 제공하는 안정감과 전혀 동떨어진 '명일'이라는 벌판에 서 있는 것이다. 초봉의 딸 송희의 미래나 「패배자의 무덤」(1939)의 갓난아기나, 「소년은 자란다」의 영호, 영자나 전혀 다를 것이 없다.

"삼 년."

"으음, 생각한 거와 같군…… 그리구 그 애 어린이 송희는?"

"내가 데리구 있구……"

(중략 - 인용자)

"으음 그리구…… 또오 승재는?" 물으면서 건너다보는 내 눈이 의미심장했던지 계봉이는 수줍은 듯 뱅긋이 웃더니, 같이 있지요 한다.

"같이? 저기 애오개 병원에?"

"네…… 그렇지만 저어……"

"그렇지만 무얼?"

"그냥 있어요, 그냥……"

나는 고개를 끄덕거렸다. 일찌기 계봉이가 승재를 그렇듯 좋아는 하면서도 결혼할 의사는 좌우간 없었음을 알고 있었기 때문이다.[16]

위 인용문이 포함된 수필은 『탁류』가 내포하는 작가의 세대 구분 의식을 보다 뚜렷이 드러내준다. 송희의 미래는 계봉에게로, 초봉의 미래는 승재에게로 책임 지우려는 것은 동시대의 평균적 인간형을 포함한 구세대와 미정형의 신세대를 굳이 떨어뜨려 놓으려는 작가의 심리를 반영하는 것이라 볼 수 있다. 작가의 세대 구분 기준이 섬세하면 할수록 오히려 그것은 작위적인 것이 되기 쉽다. 이러한 위험을 무릅쓰고 표면의 대립항 이면에 제2의 대립항을 공들여 설정하는 것은 물론 이유가 있을 터이다.

실지로는 도저히 광명이 없을 명일에 부질없이 광명을 '강제'해야 하는 우리 일부 문학인은 차라리 그들 당자보다도 더 '팔자'가 비참한 백성

16 채만식, 「『탁류』의 계봉」, 『채만식전집』 10권, 572면.

이 아닐는지? 천당을 언질 두는 목사님처럼 말이다.[17]

> 나는 정통 갈릴레오가 새벽에 오히려 망원경에 들붙어 앉아서 별을 보기를 자신 잃지 않는 광경을 한편으로 상상하지 못한다면 차라리 자결을 하고 말았을 것이다.[18]

위 두 가지 관념 사이에서 작가는 고민하고 있었던 것이 아닐까. 채만식은 역사를 믿었으나, 역사를 앞당겨 쓰지는 못하는 것이라는 작가적 결벽성을 고수했다. 조선적 현단계의 리얼리티를 벗어나는 작위적 형상화를 경계하면서, 동시에 미래에 대한 가능성을 부정하지 않으려는 태도이다. 두 가지 관념이 좀처럼 조화될 수 없는 것은 현단계의 사회가 도저히 명일의 광명을 보여 주지 않기 때문이다. 새 시대는 너무 멀리 있고, 당장에 때묻지 않은 새 세대는 자라나고 있는 것이다.

4. 마무리

『화의 혈』과 『탁류』는 표면적으로 긍정적 인물군과 부정적 인물군을 대립시켜 긍정적 인물을 핍박하는 악인형 인물을 통해 당대의 부정적 측면을 비판한다는 공통점을 가진다. 선량한 여성인물이 패배할 수밖에 없는 싸움에 나서서 희생되는 것이다. 이때의 희생은 두 가지 의미를 가진다. 그 하나는 앞서 제시한 바와 같이 상대편의 부정적

---

17 채만식, 「3월의 작품들」(1940), 위 책, 190면.
18 채만식, 「소설가는 이렇게 생각한다」(1940), 위 책, 195면.

측면을 효과적으로 부각시키는 방법으로서의 의미이다. 다른 하나는 그 희생을 딛고 서서 동시대의 제2의 인물이 다른 경우의 수를 삶의 방향으로 선택하도록 하는 수단으로서의 의미이다. 이를 위해 희생양의 긍정성은 다른 논리로 부정되어야 하는데, 이는 희생되는 자의 긍정성이 봉건적 윤리, 전근대적 가치관에 기초해 있다는 설정으로 뒷받침된다.

두 작품은 공히 당대의 리얼리티를 전반부에서 획득하였으나 후반부로 가서는 통속으로 떨어지고 말았다는 비판을 받는다. 전반부의 리얼리즘은 당대 현실의 부정적 측면을 적절히 취사선택된 소재와 인물로 형상화한 의미 있는 결과이다. 그렇다면 작품 후반부의 통속은 어떻게 이해하여야 하는가.

이해조와 채만식은 소설 장르의 대사회적 효용성을 끝까지 믿고 고수하고자 한 작가이다. 모란과 계봉을 살리고자 애쓰는 동안 소설의 구조는 파탄에 이르렀다. 모란과 계봉을 통해 작가가 보여주려 했던 것은 조선의 오늘에 기반한 조선의 내일이었는데, 갑오년 부근도 1930년대 후반 일제강점기 말기도 당대의 실정은 명일의 광명을 약속해주지 않았다. 동시대를 살아가는 다양한 삶의 형식을 보여주는 데는 성공하였을지 모르겠으나, 오늘을 부정하지 않을 수도 없고 오늘을 부정할 수도 없다는 딜레마 속에서 두 작가는 모색의 결론이 아닌 모색의 형식만을 보여준 것이다.

무덤가에 선 두 홀어미의 이야기

-「패배자의 무덤」과 「별사」 함께 읽기

1. 서론

채만식의 「패배자의 무덤」은 일제강점기 말기인 1939년 4월 『문장』에 발표된 단편소설이다. 같은 해 묶인 『채만식단편집』에 수록되었다. 작품 말미에 '1939년 2월 9일 松都에서'라고 하여 탈고 일자를 밝혀 두었으므로, 발표 시기와 창작 시기의 편차도 거의 없다고 할 수 있다. 현대 독자의 입장에서라면 '패배' 혹은 '패배자', '무덤' 등의 의미가 일제 말기라는 시대상황과 연관될 것이라는 추정이 분석 이전에 이미 가능할 정도의 작품이다. 소설 교육의 장에서 식민지 시대나 전쟁, 전후 등과 같이 학생들로 하여금 선입견을 불러일으키는 외재적 조건보다는 텍스트 내적 질서가 우선적으로 강조되어야 한다고 생각하는 편이지만, 이 작품의 경우라면 역사 사회적 조건을 따로 떼어 놓고 작품을 분석하거나 해석하는 일이 가능하겠는가 의문이 드는 것이 사실이다.

오정희의 「별사」는 1981년 2월 『문학사상』에 발표된 작품이다. 이 작품 역시 같은 해에 출판된 창작집 『유년의 뜰』에 수록되었다.[1] 「패배자의 무덤」과는 창작 및 발표 시기를 비교해 볼 때 40년 이상의 차이가 난다. 채만식과 오정희, 언뜻 떠올려 보면 유사성보다는 차이가 뚜렷이 부각되어 좋은 비교 대상이 되기는 어렵다고 여기기 쉽다. 한없이 내면으로 침잠해 가는 특유의 시적 문체나 섬뜩할 정도의 존재론적 현실 인식 등을 오정희의 작가적 특질이라 요약할 때 역사적 현실과 직접 대면하여 판소리를 방불케 하는 문체로 당대를 풍자하고 반어의 작품세계를 구축한 채만식의 그것과 공통분모를 찾는 일은 간단치 않다.

두 작품은 모두 무덤을 찾아가는 길을 서술의 현재 시점으로 설정하고 있다. 「패배자의 무덤」이 남편의 무덤을 찾아가는 미망인과 어린아이를 묘사한 작품이라면, 「별사」는 부모가 합장될 공동묘지의 자리를 보러 가는 여주인공과 어린아이의 동선을 뒤따라 묘사한 작품이다. 무덤의 주인은 서로 다르지만 각 작품에서 그려지는 모자(母子)의 처지는 닮은 데가 많다. 이들이 처한 현실적 상황은 다름 아닌 '남편(아버지)의 부재'로 간단히 요약된다. 「별사」의 경우 정옥의 남편을 죽은 것으로 간주할 것인가 아닌가가 논란이 된 바 있으나, 그 죽음이 실제의 것이든 상상적인 것이든, 실존적 자아의 죽음이든 사회적 자아의 죽음이든 간에 그가 작품 속에서 죽음의 상징적 기표라는 사실은 변하지 않는다.[2] 그리고 정옥이나 그 아들에게 문제가 되는 것은

---

1 오정희의 「별사」는 처음 발표된 후 26년이 지난 2007년에 대담, 해설, 자전적 에세이 등과 함께 묶여 단행본으로 재출간되었다.(오정희·이태동, 『별사』, 지식더미, 2007) 이는 작가가 꼼꼼히 퇴고한 마지막 판본으로서의 의의를 가지지만, 본 논문에서는 「패배자의 무덤」과의 비교 과정에서 창작 및 발표 당시의 상황을 중요시할 수밖에 없으므로, 창작집 『유년의 뜰』(문학과지성사, 1981)을 기본 텍스트로 선정한다.

2 오정희 자신이 "작품에 나타난 남편의 죽음을 '상상 속의 죽음'이라고 생각하고 썼다는 점"(86면)과 발표 당시에는 "남편의 죽음을 사실로도 상상 속에서 이루어진 것으로도 해석할 수 있는 여지를 열어 두었다고 생각했"(108면)음을 밝혀

남편 혹은 남편의 죽음이라기보다 부재 상황 그 자체일 수 있다. 「패배자의 무덤」과 「별사」 함께 읽기 또는 겹쳐 읽기의 가능성은 남은 자들의 처지, 그들의 앞에 가로놓인 만만찮은 현실적 상황으로부터 비롯되는 것이다.

어차피 한국 근·현대소설 연구의 장이 거느리고 있는 대상 작품들은 100년 정도의 길지 않은 시간 속에 묶여 있고, 작가와 평자 및 독자를 막론하고 그 한 세기의 자장 속에서 상호 교류하고 있었던 것을 생각하면, 이와 같은 단위 텍스트 간의 친연성 및 상호텍스트성 즉 텍스트의 계보는 얼마든지 새로 발견될 수 있다. 그리고 이는 기존에 밝혀지고 해석된 작가론적 친연성 즉 작가론적 계보와는 전혀 무관할 수도 있다. 어쩌면 기존의 문학사나 작가론에 과문한 젊은 세대의 비평안에 의해 추출된 생경한 맥락이 구체화 체계화의 과정을 거치게 되면 참신한 소설사적 질서를 만들어내는 일도 불가능하지 않을 것이다.

2. 여성에게 남겨진 무거운 짐, 경순의 겨울과 정옥의 여름

두 소설의 중심인물은 남편의 도움 없이 아이를 양육해야 하는 여성이다. 이후의 분석을 통해 상술해야 하겠지만, 「패배자의 무덤」의 경순과 「별사」의 정옥은 엄혹한 시대 상황에 의해 희생된 남편을 가진 아내인 것이다. '어린아이를 안거나 업고 무덤을 찾아가는 길'이라

둔 바 있다.(괄호 안은 오정희·이태동, 앞의 책의 면수임) 그러나 그것을 실제 죽음으로 읽든, 상상 속의 죽음으로 읽든 삶과 죽음의 경계가 흐려진 시공간에서 부재하는 남편을 떠올리는 정옥의 의식 자체를 우선 주목해야 하는 것은 마찬가지다.

는 함축적 여로는 결국 지난할 수밖에 없는, 남겨진 자들의 삶의 여정을 가리킨다.

경순 그리고 정옥의 남편은 어째서 운명의 막다른 길로 몰리게 된 것인가. 1930년대 말의, 1980년대 초의 시대상황을 고려하여 그들의 죽음 혹은 패배를 해석한다면, 경순이나 정옥의 난감하고 고된 처지는 당대의 역사적 현실과 무관할 수 없음을 알게 된다.

2.1. 패배자의 환생, 주의자의 전생 – (지)아비 부재의 의미

패배자 종택, 그의 죽음은 경순에게 "전연 상상도 못할 불의지변"이었으나, 서술자는 그 과정의 전말을 작품 서두에서부터 차근차근 요약 제시하고 있다. "고향의 부친에게서 온 한 장의 서신", "녹록치 않은 소장 논객으로서 어떤 잡지의 전임 필자이던 직책을 내던진 후 집안에 칩거"[3], "마호멧의 초청을 받아 아라비아 땅에를 갔던 것(「패배자의 무덤」, 391면)", "낮모를 신사의 방문(「패배자의 무덤」, 392면)"을 거쳐 자행된 종택의 자살은 고작 2주일 하고 사흘밖에 되지 않는 시간 속에서 급속하게 진행되었다.

좀더 자세히 들여다보면 종택이 돈키호테와 같이 무모한 자살을 감행하기까지 어떤 심리적 갈등을 겪었는지의 추이를 뒤밟아 갈 수 있다. 잡지사에 근무하던 종택은 "불합리의 간접교사를 할 수 없다(「패배자의 무덤」, 384면)"는 등의 이유로 자신의 생활에 회의감을 느끼고 있었다. 그러던 중 배달된 부친의 편지를 읽고 당장 사직원을 제출한

---

3 동일 단락 내 이상의 인용은 채만식, 「패배자의 무덤」, 『채만식전집7』, 창작과비평사, 1989, 384면. 이하 「패배자의 무덤」 인용은 각주 처리 없이 작품의 제목과 이 책의 면수만을 괄호에 넣어 표기하기로 한다.

후 칩거를 택하게 되는데, 편지의 내용과 그것을 둘러싼 상황을 통해 알 수 있는 것은 부친 강진사가 '유의지사', '유산지민'연하며 '빈재를 나누는' 일을 했다는 것, 그것이 종택의 마음과는 맞지 않았다는 것 등이다. 이는 강진사와 종택 즉 부자지간의 세대 갈등을 드러내는 것이면서 아버지처럼 살지는 않겠다는, 종택 스스로의 세계관을 확인하는 계기로 작용한다. 그런데 정작 종택이 직면할 수밖에 없었던 문제는 아버지와 같은 순응적인 삶을 거부하고 난 후 택할 수 있는 삶이 내용적으로나 형식적으로 전혀 준비되지 않았다는 점에서 비롯된다. "귀인성 없는 늙은이들, 죽지도 않는다고, 불측한 소리를 두런거리면서(「패배자의 무덤」, 385면)"도, 젊은 세대로서의 자기 자신이 취할 만한 긍정적 삶의 좌표를 찾아내지는 못한 셈이다. 무능력하고 무기력한, 1930년대 후반의 전형적인 지식인상을 고스란히 보여 주는 종택의 칩거는 아내의 양행 권유에 의해 잠깐 흔들리지만, 그 역시 현실도피일 뿐이며 상황을 근본적으로 타개할 동력이 되지 못할 것이라는 자각과 함께 2주간 더 지속된다.

> 이렇듯 한낱 도피에 지나지 않는 것이고 보니, 처음에 양행이란 말이 나자 언뜻, 자기 분열의 가책을 면하려니 싶었던 것은 결국 착각에 불과했던 것이다.
>
> 결단코 견문이 좁거나 학문이 미흡해서 오늘 당장에 할 노릇을 못하는 일일세 말이지, 오히려 지금 정도로도 족할 지경이다.
>
> 그러니 가사 양행을 한다고 했자 산을 뽑아 짊어지고 올 바가 아니며, 요술둔갑을 익혀 가지고 올 바 아니며, 무기력한 인간이기는 오나가나 일반이 아닐 것이냐.
>
> 그러나마 시방 역사는 백 년의 경륜을 하고 있지를 않느냐. 그는 바야흐로 세계로 하여금 어떤 사실에 뿌리를 박고서 독자한 시대적 성격을

창조시키고 있는 중이니, 그의 연령을 세기(世紀)로써 따져야 할 것이 아니냐.

그 사실이 불합리하고, 그 성격이 나와 생리(生理)에 맞지 않는 것은 딴 이야기다. 이번에는 갈릴레오가 도리어 그레고리 십삼세의 초사를 받다가

"……그래도 지구는 돌지 않는다!"

는 폭담을 들어야 한 차례인 데야……

그러니, 양행이나 하여 견문이며 학문쯤 조그만치 더 얻어 가지고, 한 이십 년만에 돌아온댔자, 백 년을 가고도 남을 풍랑인 걸, 종시 무위무능(無爲無能)하기는 일반일 게 아니냐.(「패배자의 무덤」, 390-391면)

아내가 제시한 하나의 해법인 양행도 자기 분열의 가책을 면할 방법이 될 수 없다는 자각은 '지구가 돈다'는 믿음을 가진 갈릴레오가 자신의 확신을 부정당한 채로 백 년을 견뎌내야 하는 처지에 빗대어지면서 식민지 말기의 절망적 상황을 부각시킨다. 조직적인 일제의 침탈이 가시화된 20세기 초, 너나없이 뚜렷한 목표의식도 가지지 못한 채 견문을 넓히느니 신학문을 배우느니 하며 태평양을 건너던 소설 속 가장과 비교하면 분명한 차이를 보인다고 할 만하다.

종택에게 1930년대 말이란 믿음을 실천할 가능성은커녕 믿음을 갖고 살아가는 것조차 불가능해진 시대이다. 그에게 있어 이러한 암흑기를 건널 수 있는 방법은 '전향' 하나뿐인 것으로 짐작된다. '마호멧의 초청으로 아라비아에 갔다'는 수수께끼 같은 표현의 진의는 전향의 권유와 친일 부역의 강요일 것이다. 3일을 더 고민한 끝에 종택이 내린 결론은 "불을 도로 빼앗기지 않기 위하여 육체를 처분(「패배자의 무덤」, 392면)"하는 마지막 선택으로 현실화된다.

정옥의 남편 '그' 또한 당대 현실을 극복하지 못한 패배자이기는 마찬가지다. 정옥은 남편의 처지를 '금치산자'라는 표현으로 요약하고 있다. 소설 「별사」에서 '그'의 존재와 흔적은 정옥이 어머니를 따라 묘원으로 가는 길의 중간에 군인들의 행렬을 만나는 장면에서 최초로 드러난다.

> 사람이 죽는 것은 공포 때문이 아니라 허무 때문인 경우가 많지.[4]

정옥의 뇌리에 각인된 그의 이 한 마디는 자신을 벼랑 끝으로 몰아간 현실상황에 대한 남편의 인식이 「패배자의 무덤」에 나타난 종택의 존재 인식과 전혀 다르지 않음을 보여준다. 그가 느낀 허무나 절망이 당대 현실과의 불화에 기인한 것이라는 점도 어렵지 않게 짐작할 수 있다. 지도에도 없는 곳 '하눌재 신들내'로 떠난 남편이 돌아오기를, 기약 없이 기다리던 중의 어느 날, 정옥은 아이와 함께 친정을 방문하고, 예정에 없던 묏자리 찾아가기에 나섰다. 우연히도 그 날은 망자의 시간인 백중날이었고, 세상은 온통 죽음의 기운으로 가득하다. 작열하는 햇빛 아래의 여정에서 '그'의 모습은 정옥의 상상 속 공간에 퍼즐 조각처럼 파편적으로 그려진다.[5]

사실 이 소설은 여성 인물 정옥의 시선을 얻어 묘사되는 부분을 제외한다면 어디서부터 어디까지가 현실이고 환상인지, 제시된 단위 사

---

4 오정희, 「별사」, 『유년의 뜰』, 문학과지성사, 1981, 163면. 이하 「별사」 인용은 각주 처리 없이 작품 제목과 함께 이 책의 면수만을 괄호에 넣어 표기하기로 한다.

5 「별사」의 서사는 정옥의 시선에 비친 바깥 풍경과 정옥의 내면에 그려진 안쪽 풍경이 교차하며 병행된다. 「별사」에서의 '그'는 엄밀히 말해 정옥의 상상 속에서만 존재한다고 할 수 있으며, 따라서 독자에게 그의 모습은 정옥의 인식을 통해서만 객관화된다.

건이 현재의 시점으로부터 과거에 해당하는지 그렇지 않은지 가늠하기 쉽지 않은 작품이다. 특히 '그'가 등장하는 장면의 단락들은 작품 속에서 실제로 일어난 사건인지의 여부를 확인하기도 어렵고, 시간 순서대로 재구성하기도 어렵다. 그럼에도 불구하고 종합적으로 판단할 때 그는 당대의 지식인으로서, 상식의 옹호자가 되기를 원하였으나, 언젠가부터 현실 생활의 무대에서 추방된 후, 집요한 추적과 감시에 시달리는 인물이다. 그가 이렇게 금치산자와 같은 처지에 놓인 이유는 스스로가 믿는 상식이나 그에 따른 행동이 모두 금지된 시대이기 때문이다.[6]

감시의 시선을 피해 그가 집을 떠난 것, 낚시를 하러 '하늘재 신들내'로 간다는 말을 남긴 것이 정옥에게 있어 확증 가능한 '그'의 마지막 행적이다. 그는 아직 돌아오지 않았고, 정옥은 불안감 속에서 그의 귀가를 기다린다. 정옥의 시선과 의식으로부터 벗어난 것처럼 서술된, 텍스트 속 텍스트인 '그'만의 이야기는 총 세 부분으로 나뉘어 작품 후반부에 배치되어 있다. 그는 어느 저녁 진내읍의 여인숙에 투숙했고, 다음날 낮에 영화 구경을 했으며, 그곳을 떠나 여인숙 처녀가 가르쳐 준 저수지를 찾아가는 중이다. 바로 그 날이 백중날이라는, 정옥이 모친을 따라 묘원을 향해 가고 있는 그 날이라는 점에서 같은 시간 다른 공간의 두 사람의 이야기를 교차 서술한 것으로 읽힐 가능성이

6 작가 오정희는 이태동과의 대담에서 정옥의 남편 '그'를 이렇게 설명했다. "소설 속에서 정옥의 남편은 시인이자 지방대학의 강사인데 반체제적 성향과 행위 때문에 해고되었고 당국으로부터 감시받는 처지가 되었습니다. 그에게는 '낮잠 속에서의 긴 꿈속의 여행'이 허락될 뿐입니다. / 부당한 침해와 억압에 대해 대항하지 못하면서 그 분노의 칼날로 자신을 향해 자해하는, 또는 실재하지 않는 이상향에 대한 꿈으로 자위하는 나약한 지식인, 정당한 권리를 빼앗긴 채 압살당하는 모습을 '금치산자'로 표현한 것입니다."(오정희 · 이태동, 「삶의 여로에서 죽음을 묻다」, 『별사』, 지식더미, 2007, 105면)

있으나, 이 부분 또한 정옥의 환상적 체험 혹은 백일 아래의 예지몽 정도로 해석하는 것이 온당할 것이다. 왜냐하면 그의 이 같은 행적은 정옥의 시점에서 묘사 및 서술된 단락에서 다시 한 번 요약 및 제시되고 있기 때문이다.

오독의 가능성을 배제하지 않고 단정한다면, 정옥이 아이와 함께 사고 현장을 찾아 실종된 남편의 유류품을 확인하는 에피소드는 소설 속 현재 시점에서의 회상 장면이 아니다. 정옥의 불길한 예감이 빚어낸 미래 시점의 환각이다. 정옥이 잠깐 집을 비운 사이 그가 구겨진 옷가지와 아이 뺨의 입맞춤 자국만을 남긴 채 사라진 것을 확인하는 에피소드 또한 마찬가지다.

정옥은 무덤가에서 상상한다. 아직 돌아오지 않은 남편은 백중날의 이 땡볕 아래서 어딘가를 향해 걷고 있을지도 모른다. 그는 감시자들을 피하기 위해 비오는 날 저수지를 찾고, 그곳에 허물을 벗어놓은 채 사라져 익사를 가장할지도 모른다. 그로부터 한 달쯤 지난 어느 날 그는 집에 돌아와 자신이 살아 있음을 알리고, 그러나 가족들마저 더는 알 수 없도록 감쪽같이 사라질는지도 모른다. 완벽한 은신, 그가 꿈꾸는 것은 그것일지도 모르는 것이다. 어쩌면 앞선 인용문에서의 그가 정옥에게 남긴 말처럼 '그'는 허무에 못 이겨 죽음을 염두에 두고 있었을지도, 그가 죽음 대신 실종을 택하는 환각 속 이야기는 정옥의 간절한 바람이 투영된 것일지도 모른다.

> 그는 상영 도중 극장을 나왔다. 밖은 여전히 대낮이었다. 해를 따라 걸으며 그는 머릿속의 안개를, 그 비현실감을 걷어 내려는 듯 자꾸 머리를 흔들었다. 고깔모자를 쓰고 미친 듯 춤을 추던 검고 흰 사람들, 초라하고 피로에 지친 만삭의 임부, 울고 있는 아이, 그것은 어제의 일이던가, 조금 전의 일인가, 아니면 내일의 일인가.(「별사」, 177면)

영화관을 나와 저수지를 찾아가기 전 '그'의 심정을 묘사한 부분이다. 여름의 한낮, 피로한 어미와 우는 아이를 떠올리며 그는 과거와 미래를 가늠하기조차 힘든, 현실과 환상의 경계에 선 자신의 의식을 발견한다. 한여름 폭염처럼 쉬 지나갈 것 같지 않은 막막한 현실은 역사의 발전 따위 믿을 수 없도록 시간의 질서를 무화시킨다. 암흑기의 역사가 100년은 더 지속될 것이라는 「패배자의 무덤」 속 종택의 현실 인식처럼 「별사」의 '그' 또한 발전적 전망이 허락되지 않는 고통스런 현실의 지속 위에서 허무와 절망을 느낀다.[7] 시간성이 거세된 것이나 다름없는 공간으로서의 여로는 삶과 죽음의 경계마저도 당장 허물어뜨릴 듯이 정옥의 발길 앞에도 가로놓여 있다.

2.2. 경순과 정옥의 현실적 입지, 불안한 어미 되기의 과정

「패배자의 무덤」의 경순, 「별사」의 정옥이 앞으로 이어갈 행로가 신산하고 고될 것임은 분명하고, 여기 남편의 부재 상황이 큰 요인으로 작용하는 것임도 틀림없다 할 것이다. 그러니 남편의 부재를 야기한 당대의 역사적 현실 또한 중요한 문제로 부각된다. 그것이 일제 말기의 동원 체제이든, 1980년대 초의 군사독재 체제이든. 그럼에도 불구하고 남은 자들은 살아가야 한다. 경순과 정옥의 현재 상황은 질리도록 막막한 것이지만, 앞으로의 삶에 대한 모색의 출발지점, 입각지 또한 바로 그곳, 죽음과 같은 절망의 터일 수밖에 없다.

현실과의 타협을 거부하고 남편 종택이 자살을 택한 후 경순은 인

7 훗날 오정희의 술회를 참고하지 않더라도 정옥의 남편이 군부독재 체제의 희생양으로 그려지고 있음은 작품의 곳곳에서 암시된다. 그러나 요즘 학생들의 입장에서 1980년대 초의 군부독재 시대란 일제 말 암흑기만큼이나 혹은 그보다 더 생경하게 느껴지는 대상일 것이다.

생의 좌표를 스스로 선택해야 하는 시험대에 선다. 게다가 그에게는 남편이 죽기 전 잉태한 유복자 갓난아이가 있다. 7개월이 된 어린아이를 데리고 남편의 무덤을 찾아가는 길, 경순의 오빠이자 종택의 친구인 경호가 호위무사를 자처하며 따라나선다. 그러나 경호 또한 죽음의 순간을 얼마 남겨 놓지 않은 인물이다. 찬바람이 아직 가시지 않은 무덤가에서 무방비 상태나 다름없는 모자를 지켜 주기에는 너무나도 무기력한 존재인 셈이다.

남편이 죽기 전 경순의 모습은 신교육을 받았다고는 하나 전형적인 신여성의 표상으로 드러나지는 않는다. 오히려 현모양처를 꿈꾸는, 전통적인 가치관을 가진 여성에 가깝다. 남편 종택이 잡지사 일을 계속하여 나갔더라면, 혹은 그 일이 아니더라도 다른 직업을 찾아 생활을 이어갔더라면, 그도 저도 아니라면 단지 살아 있기만 했더라도 경순은 종택이 설정한 노선을 충실히 따르는 아내의 역할에 충실했을 것으로 판단되는 것이다.

> "글쎄……"
>
> "그리구 나는 그동안 시굴서 집에 가서 있던지, 모처럼 시집살이라두 좀 허던지, 또오 오면 가면 허던지 그리구우, 네? 나느은……"
>
> 경순은 그 다음이 아주 재미있는 대목인데, 남편은 보니 제가 이야기하고 있는 것을 보고 앉았기는 앉았으면서도 실상은 딴 생각에, 주의가 산만하고 그리고, 그래서 여태까지 말대꾸하던 것도 건성이었고 한 것을 비로소 알고는 그만 헤먹어서, 응석하듯 그의 무릎을 잡아 흔든다. 재미나는 대목이란 건, 인제 한 이태고 후에 당신이 신호나 횡빈에서 배에서 내리는 날, 나는 이쁘디이쁜 애기를 안고 부두에 서서 마중을 하구요, 이 말을 하잤던 것이다.(「패배자의 무덤」, 388-389면)

스스로의 삶이란 생각해 볼 여지도 없었던 경순이 자아를 발견하게 되는 계기란, 그것이 비록 창졸간에 이루어진 것이고, 아직은 관념적인 것에 머물러 있다 해도 자못 중요한 의미를 띠게 된다. 왜냐하면 소설 「패배자의 무덤」에서 작가의 현실 인식과 전망 모색은 종택과 경순이라는 두 인물을 통해 독자들에게 간접적으로 발화되는바, 당대의 칠흑 같은 어둠의 현실이 종택의 죽음으로 형상화된 것이라면 끝날 것 같지 않은 어둠 속에서도 내일을 향해 걸어가야 할 사람은 경순이기 때문이다.

남편의 죽음이라는 압도적인 상황을 무릅쓰고 미래의 희망인 아이를 양육할 책임을 홀로 진 여성의 처지, 그것은 자연스럽게 일제의 폭압이 그치기는커녕 날로 가속화하는 당대 현실 속 민족의 운명으로 읽힌다. 경순이 절망하지 않는 이유가 내일이 어떻게 다가올지에 대해 무지한 탓이라면 딱한 일이기는 해도, 이제 믿을 것은 '나 자신'이며, 그래서 '생활'해야 하리라는 자각은 의미심장하다.

> '내 자신의 나…… 어디로 대고 보나 단지 나라는 사람, 나……'
>
> 일찍이 생각도 못했던 제 자신의 새로워진 발견이었었다.
>
> 하기야 그것이 큰 손실과 슬픔의 대상인가 하면, 허망하고 서글픈 노릇이기는 하지만 사실 그것만을 따로 띄어놓고 보느라면 일변 신통하기 다시없어 미소라도 떠오를 것 같았다.
>
> '내 자신의 나…… 새로운 나 자신……'
>
> 볼수록 그 다음에는 가만히 자랑스럽기도 했다.
>
> 그러나 뒤미처 그는 어떤 긴장을 느끼고 다시금 정신이 들었다. 그 새로운 내 자신의 나는, 결코 장롱 속에 건사해 둘 노리개나 앨범에 붙여 두고 시시로 떠들어볼 사진이나처럼, 순리(純理)의 인식의 대상에만 언제까지고 멈춰 있을 것이 아님을 그는 깨달았던 것이다.

내 자신의 나인만큼 그러므로 인제부터서는 하나의 엄연한 실제 문제로 나를 '생활'해야 한다.(「패배자의 무덤」, 394-395면)

경순의 자각은 현재를 살아가는 최소한의 힘이 될 터이지만, 오라비의 말마따나 '진리의 어머니'가 되리라는 지나치게 낙관적인 그의 전망은 독자의 입장에서 있는 그대로 믿기 어려운 것이다. 현실과 맞서 본 적이 없는 규방의 새댁이 갓난아이를 품에 안고 갑자기 찬바람 이는 길가로 나선 형국이다. 자신의 전정에 어떤 난관이 닥쳐올지 모르는 상태이니 어미의 오늘도 아이의 내일도 그저 불안하기만 한 출발선이다.

반발 끝에, 공박삼아 말을 하는 동안 그러나 회포는 도리어 반대로, 그와 같이 돌아간 남편에게 새로워지는 측은한 정에, 몸과 혼이 구할 수 없는 절망에 빠진 동기간에게 대한 연민(憐憫)의 정에, 어느덧 고요한 애수가 가슴으로 서리어들고 있었다. 그뿐만 아니라(때와 자리가 마침 그럼직한 소치도 있겠지만) 남편은 그리하여 가고서 오지 못하고, 그런대로 믿음이요 위안이요 해야 할 오래비는 저렇듯 건강과 기개가 부실하여 저무는 해와 같이 한심하고 한 것을 생각하면, 나의 외로움이 새삼스럽게 몸에 사무치는 것 같았다.(「패배자의 무덤」, 409면)

경순은 남편이나 오빠의 삶이 실패한 것인 줄 알지만, 달리 살아갈 방법을 알지는 못한다. 아이를 잘 길러 내리라는 의지만이 있을 뿐이다. 어쩔 수 없이 외로움을 느끼고 마는 경순이 지금 서 있는 곳은 이미 죽은 자와 곧 죽을 자가 함께 있는 무덤가이다.

「별사」의 정옥 또한 무덤가에 있다. 남편의 도움을 기대하지 못하고 홀로 어린아이를 양육해야 하는 처지도 「패배자의 무덤」의 경순과 닮았다. 단지 소박한 삶을 꿈꾸었을 뿐이지만 남편의 부재로 인해 거친 세상길의 출발선에 선 것 역시 마찬가지다. 무덤으로 가는 길, 동행한 이가 죽음을 앞둔 인물인 것도 「패배자의 무덤」의 상황과 동일하다.

「패배자의 무덤」에서 경순이 처한 현실적 상황이 서술자 혹은 다른 인물의 객관적 시점에서 자주 제시되는 대 비해, 「별사」에서 정옥의 상황은 정옥 자신의 의식 속에서 섬세하게 묘사되므로, 독자가 그 심리적 추이를 뒤따라 가늠하여 일목요연하게 요약하기 어렵다는 점은 차이로 지적될 만하다. 그럼에도 불구하고 정옥이 경순처럼 현모양처의 역할을 하며 평범하게 살아가기를 꿈꾸고 있었던 것은 다음의 인용문에 고스란히 드러난다.

> 난 아무 것도 몰라요. 그냥 아무 것도 모르는 여자예요. 그걸 불행이라고 생각해 본 적은 없어요. 비온 뒤 부드럽고 따뜻한 땅에 꽃씨를 뿌리고, 싹이 돋아 피어나는 모습에 놀라 기뻐하는 여자예요. 욕심만 부리지 않는다면 그날그날을 남들처럼 예사롭게 살아갈 수 있어요. 미래도 있구요. 아이가 있잖아요. 그러면 그는 대답할 것이다. 당신은 꽃씨나 뿌리면서 살자 하지만 꽃씨를 뿌리는 마음은 또 무엇이요, 그것은 꽃을 보고자 하는 기다림과 꿈이 있기 때문일 것이요.
>
> 정옥이 미래라고 부르는, 자신이 죽은 뒤의 시간과 공간에 대해 생각하는 것은 그것이 아이가 살아갈 세상이기 때문이다. 세상과 함께 핏줄을 남겨 놓고 가기 때문이다.(「별사」, 171면)

정옥 자신이 바라는 평범한 삶이 불가능한 꿈이 되어 가는 것은 기다림의 끝이 보이지 않기 때문이다. 꽃씨를 뿌리고 싹이 돋아났지만,

꽃을 볼 수 있는 것은 미래의 일이다. 미래가 불투명한 것은 현재가 어둡기 때문이고, 어둠이 지속될 것이라는 현실 파악은 절망과 환멸로 귀결될 수밖에 없다. 「패배자의 무덤」에서나 「별사」에서나 막막할 뿐인 현실 속에서 환멸을 느끼고 절망하는 것은 소설 속에서 남성 인물의 몫이다. 그렇다면 당대의 현실에 발을 딛고 서서 오늘과 내일의 방향을 모색하는 역할은 여성 인물에게 짐 지워진 몫인데, 경순이나 정옥이 천부적으로 총명한 여성일지는 몰라도 스스로 삶을 경영해 본 적이 없다는 기본 전제는 이들과 그 아이들의 앞날을 더욱 불안하게 만드는 요소이다.

경순이 남편의 죽음을 받아들이고 나이브하게나마 자아 각성의 계기로 삼는 것과 달리, 정옥은 (남편의 실종 혹은 죽음이 분명한 사실로 귀정지어지지 않은 탓도 있지만) 자신의 앞에 가로놓인, 자신이 스스로 개척해야 할 삶을 분명히 눈으로 직시하고 있으면서도 새벽 잠 속의 꿈이라 여기고 싶어 한다. “곧 날이 밝아 꿈이 깨이면 그는 돌아와 있으려니,”(「별사」, 170면) 남편이 귀환할 일말의 가능성을 끝내 놓치지 않으려는 듯이 말이다.

겉보기에 정옥은 신중하고 냉정하지만 속으로는 늘 불안한 예감에 시달린다. 반체제 인사는커녕 잠재된 불만세력이라고도 부르기 힘든, 그저 평범한 주부일 뿐인 정옥에게도 지긋지긋한 땡볕과도 같은 숨막히는 현실은 비켜가지 않는다. 정옥은 돌아오지 않는 남편이 죽을까 봐 두려워하고, 자신의 치맛자락을 붙들고 있는 아이를 놓칠까 봐 불안해한다. 죽음의 빛과 소리로 가득 찬 백중날의 무덤가에서 정옥은 끝없이 이어지는 군인들의 행군과, 아이를 둘러싼 까치 떼의 위협적인 응시에 시달린다. 위험으로부터 아이를 보호해 줄 수 있는 사람은 자신밖에 없음을 그는 알고 있다.

정옥이 가는 곳마다 어린 아이가 눈에 띄고, 미망인이 된 어미가 눈에 띈다.[8] 찌는 듯한 햇볕 아래 마른 먼지를 뒤집어쓰고 길가에 앉아 갓난아기에게 젖을 먹이는 어머니 뒤로 그치지 않는 군인들의 행군이 있어도, 그들을 둘러싸고 보호해 줄 존재는 없다.

> 정옥은 더 이상의 추리와 탐색이 부질없는 짓임을 깨달았다.
>
> 그는 아주 가 버린 것이다. 하룻밤의 폭우로 감쪽같이 사라져 버린 사구에 그의 껍질만을 남기고 숨어 버렸듯 옷만 갈아입고는 사라져 버린 것이다.(「별사」, 189면)

남편이 사라졌음을 인정하는 것은 정옥이 자신의 삶을 스스로의 힘으로 개척해야 함을 자각하는 것과 같다. 역사적이고 정치적인 현실 상황에 의해 남편은 이미 희생되었다지만, 단지 평범한 삶을 꿈꾸던 아내도, 아무 것도 모르는 어린아이도 동일한 역사적 시공간을 통과해 가야 한다는 점에 있어서는 예외가 아니다.

2.3. '어린아이'라는 삶의 기준, 그 허약한 전망

경순 모자의 오늘을 바라보고 내일을 예감하는 독자의 시선은 오라비 경호의 마음과 같을지 모른다. 경호는 누이의 아이 젖 먹이는 모습을 보고 그 아름다움에 취해 황홀해하다가도 금세 냉혹한 현실적 시선으로 되돌아온다. 바람을 막고 앉아 젖을 물리는 어미의 모습을 숭

8 정옥의 남편이 지나가는 여정에도 비슷한 장면은 끊임없이 등장하고 있다. 남편을 잃은 미망인과 그 품속의 어린아이라는 이미지는 백중날이라는 시간적 배경, 무덤가라는 공간적 배경과 함께 소설 「별사」의 제의적 성격을 두드러지게 한다. 정옥 또한 남편을 떠나보내야 하리라는, 남편이 떠났음을 인정해야 하리라는 예감 속에서 상상적 제의를 준행하는 것이다.

고하게 하는 것은 바로 어린아이이지만, 그 어미의 노력의 결과가 결국 환멸로 돌아가리라는 판단 또한 어린아이로부터 비롯된다. 그 어린아이가 '진리에 사는 버젓한 대장부'가 될 수 있다면 모르거니와, 그 또한 '명색없는 생명', '쓰잘데없는 생명'이 되고 만다면 어미의 노력은 물거품이 될 것이다. 그리고 종택도 그랬겠지만, 경호 또한 아이가 '레디메이드 인생'을 살 수밖에 없을 것이라 짐작하는 것이다.

그대에게 미안하다. 그러나 그대의 총명이 결코 그대의 전정을 어리석게 인도하지 않을 것만은 자못 안심이다. 새로이 탄생되는 생명은 그대의 의사에 있는 것이지 나의 간섭할 바가 아니다. 다만 참고로, 그 생명에서 새로운 진리를 하나 창조할 적극적 의욕이라면 모르거니와, 맹목적인 모성애로 쓰잘데없는 육괴나 보육하느라고는 청춘의 재건을 묵살할 필요가 없으리라는 말을 해두고 싶다.(「패배자의 무덤」, 392-393면)

종택이 느끼고 있는 미안함과 애틋함은 「별사」의 '그'에게서도 어김없이 발견된다. 어두운 시골 극장에 은신하여 별 의미도 목적도 없이 보게 된 영화 속에는 젖먹이 어린아이와 젊은 어머니가 있고, '그'는 자신의 아이를 생각하며 눈물을 흘린다.

어제와 그저께와 또 훨씬 이전, 자신의 몸을 빌어 지나갔을 어느 한 생(生)의 기억과 구별할 수 없는 똑같은 길을 걸으며 그는 비로소 자신이 왜 울었던가를 알 것 같았다. 아들 때문이었다. 그가 희구하는 평화로운 삶, 아들이 살기를 바라는, 그러나 아들 역시 실패하고야 말 삶, 그럼에도 사람들이 살아가는 모습의 어쩔 수 없는 아름다움 때문이었다.(「별사」, 177-178면)

그야말로 싹을 틔웠으나 꽃을 기다릴 수는 없는 딱한 시대다.「패배자의 무덤」의 종택이 느꼈던 허무와 절망이 40년을 훌쩍 지난 그 자리에 금치산자요 도피자인 '그'에게 고스란히 유전되어 있다. 젖먹이 어린아이와 홀로 남은 어머니의 이미지가 끝없이 반복 재생되는 어두운 영화관, 변함없이 절망적인 상황의 지속이다. 더 나빠지는 것이 아닐지라도 그것의 지속 자체가 절망이요, 허무이다.

그에 비해 남은 자의 입장에서 삶을 지속하는 것은 당위이고, 남은 자들에게서 하나의 새로운 방향성을 모색하는 것 또한 작가의 전망 생산에의 요구가 만들어 낸 결과물이다. 어린아이로 대표되는 미래의 전망을 포기할 수는 없고, 그래서 어린아이를 양육할 주체를 세워 상황을 타개할 힘을 모색해 보는 작가의 전망 생산의 욕망은 예컨대 채만식의 1930년대 작품을 통해 끊임없이 드러난다. 솔직한 현실인식과 부질없어 보이는 전망 모색 사이에서 필연적으로 발생할 수밖에 없는 것은 상황적 아이러니다.

아이가 자라 시대의 주역이 되는 것은 좀 더 기다려야 할 일일 뿐이지만, 그 기다림보다도 더 오래 지속될 것만 같은 절망적 현실은 과거의 인물인 남편에게도, 준비 없이 현재의 전면에 나설 수밖에 없는 아내에게도 짙은 그림자로 드리워져 있다. 이 막막한 시공간 안에 미래를 살아갈 아이들은 단지 불안하게 노출되어 있다.

선명한 대안에 이르지 못했다 해도 이러한 점검과 확인은 대책 없는 미래 낙관이나 현실 도피와는 유를 달리한다. 아무리 현재가 어려워도, 미래가 불투명해도 결국 앞으로 나아가기 위해서는 지금 이곳에 발을 딛고 서는 것이 우선이기 때문이다.

오정희의「별사」에서 패배한 종택과 남겨진 경순과 그 품안의 갓난아이를 다시 만나게 되는 것이 단지 우연만은 아닐 것이다. 역사적 모순을 그 자체로 다루든 간접적으로 드러나게 하든, 어린아이의 미래를 예감하며 독자가 따라가는 두 개의 이야기에서 공통적으로 추출되는 것은 당대를 절망적으로 바라보는 작가의 현실인식이다.

3. 결론

채만식은 1930년대 말 자신의 작품에서 무기력한 당대의 지식인 대신 진취적인 여성 인물이나 때묻지 않은 어린아이를 통해 민족적 가능성, 모색 가능한 전망을 타진하는 작업을 지속해 왔다. 「탁류」의 계봉이나 「소년은 자란다」의 영호 남매 등이 그 대표적인 형상이다. 채만식 자신 역시 당대를 살아가는 지식인으로서 긍정적 전망 생산의 방법론을 획득하지 못한 불임의 상태였고, 따라서 솔직한 절망의 토대 위에 여성과 아동이라는 현재와 미래의 역사적 주체를 설정해 본 것이다. 그러나 현재를 살아가야 할 여성에게는 순진한 생활의 의지밖에 다른 대책이 없고, 미래의 주역이 되어야 할 어린아이에게는 막막한 현실 상황의 지속밖에 주어질 것이 없다는 점에서 필연적으로 이상과 현실 간의 아이러니가 발생하게 된다.

그런데 1980년대 초의 오정희가 비슷한 현실 인식과 전망 모색의 틀을 시도하고 있었다는 것은 여러 모로 심각하게 해석해 볼 여지가 있다. 그것이 「비어 있는 들」, 「어둠의 집」 등 비슷한 시기의 작품들처럼 여성 인물의 실존적 자기 확인의 과정을 추구하고 있는 것이어서 채만식의 역사적 조감과는 유를 달리한다 해도 양자 텍스트가 만들어낸 우연한 계보는 수정되거나 무시될 필요가 없다. 전혀 다른 성향의 두 작가에 의해 탄생한 소설사적 상호텍스트성을 있는 그대로 수용하고 그 유사점과 차이점을 꼼꼼히 정리하는 것이 우선이다.

두 작품의 비교 분석이 확장될 가능성은 종으로 횡으로 얼마든지

열려 있다. 위에서 거론한 채만식 및 오정희의 비슷한 시기 발표 작품들 또한 효율적인 후속 독서 과제가 될 수 있다. 뿐만 아니라 전망의 생산이 불가능해 보이는 시대상황 속에서 여성의 역할을 모색해 본다거나, 다가올 시대의 주역으로서 어린아이들에게 기대를 건다거나 하는, 그래서 더욱 절망적인 상황이 부각될 뿐인 작품은 채만식과 오정희의 것 이외에도 어렵지 않게 찾아볼 수 있다. 그렇다면 상기 기준으로 비교 분석이 가능한 텍스트가 집중적으로 분포하는 연대는 언제쯤인가, 작가들로 하여금 그런 절망과 환멸을 느끼게끔 했던 당대의 상황은 무슨 술어로 명명될 수 있는가 등의 문제를 스스로 던지고 답하는 일 또한 고려해 볼 만한 과제이다.

1930년대 장편소설의 연애 구도와 여성 중심 서사의 가능성

- 한설야의 『황혼』과 김말봉의 『찔레꽃』을 중심으로

1. 머리말

일간지 『조선일보』에 한설야의 『황혼』이 연재된 기간은 1936년 2월부터 10월까지이다.[1] 연재 종료 이후 1939년 영창서관에서 단행본 『황혼』으로 출간되었다.[2] 한 해 이후 1937년 『조선일보』에는 김말봉의 『찔레꽃』이 연재되었다. 3월부터 10월까지 전년도의 『황혼』과 비슷한 시기에 독자들을 만났다고 할 수 있다.[3] 『찔레꽃』 역시 연재 종료 이후 1939년 인문사에서 단행본으로 출간된 바 있다.[4]

---

1 한설야의 첫 장편소설이다. 1936년 2월 5일 1회 연재가 시작되어 10월 28일 206회로 완결되었다.

2 1937년에 '영창서관 명작전집' 4권으로 간행되었다는 기록이 있으나, 확인할 수 있는 현전 텍스트는 1939년 간행본부터이다. 이후 1955년 북한 조선작가동맹출판사에서 개작본 『황혼』이 출간되었다.(이상은 송하춘 편저, 『한국현대장편소설사전』, 고려대학교출판부, 2013 참조) 필자가 확인한 영창서관 본은 1940년 1월 10일 발행본이며, 표지에 '朝鮮作家名作全集 黃昏 韓雪野 作'이라고 표기되어 있고, 판권지에는 작가 이름 없이 '著作 兼 發行人 姜義永'이라고 표기하고 있다.

3 김말봉의 이력 안에서는 1935년 작 『밀림』 이후 두 번째 장편이다. 1937년 3월 31일 1회 연재를 시작으로 동년 10월 3일 129회로 완결되었다.

4 『찔레꽃』 역시 연재 이듬해인 1938년에 인문사에서 간행되었다는 기록이 전하

근현대소설 연구사의 경향을 언급하지 않더라도 『황혼』과 『찔레꽃』을 대상으로 한 일반적인 인식의 태도는 사뭇 다르다. 그것은 이들 텍스트의 작가인 한설야와 김말봉을 다루는 방식과 큰 차이가 나지 않는다. 즉 『황혼』은 근대소설사의 대표적 사실주의 작가 중 한 사람인 한설야의 대표 장편이며, 『찔레꽃』은 대중의 인기를 얻어 일세를 풍미한 작가의 전형적인 통속소설로 받아들여지고 있는 것이다.

그러나 이른바 본격소설과 통속소설의 경계를 물리적으로 재단하는 일은 어떻게든 무리가 따를 수밖에 없다. 『황혼』 텍스트에서 통속적 요소를 발견하는 것이 어려운 일이 아니며, 『찔레꽃』에서 당대 현실 반영의 요소 즉 사실주의적 면모를 추출해내는 작업도 충분히 가능하다. 사정이 어찌 되었든 『황혼』과 『찔레꽃』은 1930년대 후반기의 장편소설로서 일정한 공통점을 지니고 있다. 그리고 이에는 일간지에 연재한 장편소설이라는 태생적 공통분모가 큰 영향을 끼쳤음에 틀림없다.

본론을 통해 상세하게 논해야 할 일이지만, 『황혼』과 『찔레꽃』은 시대 상황, 발표 매체 등 텍스트 외적 제반 조건뿐 아니라 인물 구도와 그에 따른 갈등의 양상 등에서 적지 않은 유사성을 드러내고 있다. 작품 첫머리에 여성 인물을 내세우고, 그가 '가정교사'라는 직업을 가지게 된 경위를 독자들에게 전달하는 것부터 꼭 닮았다. 여성 인물의 양쪽에 '선량하지만 무기력하거나 철없는 부잣집 도련님'과 '가난하지만 담대하고 믿음직한 청년'을 배치하여 애정의 삼각도를 구축하는 수법도 흡사하다.

나, 1939년 간행본 이전의 텍스트를 확인할 수 없다. 이후 1948년에 합동사서점에서, 1955년 문연사에서 출간되는 등 1980년대까지 꾸준히 여러 출판사를 통해 복간되어 독자들의 호응을 얻었다.

물론 한국 근대소설사에서 가정교사라는 직업은 낯선 것이 아니며, 삼각관계를 기본 축으로 한 애정서사가 비단 1930년대 후반에만 족출하는 것도 아니다.[5] 그러나 1917년 『무정』이 선보인바 가정교사 형식이라는 남성 인물을 중심으로 삼은 삼각관계의 애정 구도가 『황혼』과 『찔레꽃』에 이르러 여성 인물 중심으로 재편된 것은 그 연유를 찬찬히 살필 필요가 있다.[6]

사실 『무정』의 이형식 이후 우리 근대소설에서 가정교사라는 직업은 대부분 여성 인물에 부여되었다. 그리고 그 직업의 성격을 살펴보면 일견 후한 대우를 받거나 존경받는 대상으로 여겨지는 듯하면서도, 실질적으로는 침모, 식모 등과 마찬가지로 집안일을 나누어 담당하는 존재로 취급되곤 하는 모종의 이중성을 띠고 있다. 당대의 가정교사들은 고용주 격의 학부모들에 의해 철저히 대상화되며, 소설 텍스트 내 현실 묘사의 측면에서도 교육 받은 여성의 생활난을 드러내기 위한 기능적 역할을 수행하는 데 그치는 경우가 적지 않다.[7]

---

5 최찬식의 작품 등 신소설이나 1910년대 조중환의 번안소설 『장한몽』 등만을 떠올려 보아도 근대 서사문학에서의 삼각관계의 틀은 지속적으로 활용된, 지나칠 정도로 익숙한 방식이다.

6 졸고, 「'수난'과 '모색'의 서사, 그리고 '선택'의 문제 - 전경화된 '고민'과 후경화된 '희생'」(『현대소설연구』 72, 2018)에서 형식이 선형과 영채 와 이루는 삼각관계를 분석하고, 『무정』의 새로움이란 형식의 '고민'에서 비롯되는 것임을 주장하였다. 선형과 영채 사이에서 하는 형식의 고민은 『무정』의 서사를 따라가는 독자의 판단까지 보류시킬 정도인데, 그것은 두 여성 모두 긍정적 성격으로 묘사되어 있기 때문이다. 『황혼』과 『찔레꽃』에서는 그러한 선택을 위한 고민의 주체가 여성으로 설정되어 있다는 것이다. 물론 이 고민은 작가에게 있어서 혹은 작중인물에게 있어서 그저 형식적인 것에 지나지 않을지도 모른다. 그러나 장편소설 특히 연재소설의 이야기를 따라가는 독자들의 입장에서는 '끝을 모르고 가는 길'이라는 점에서 이전의 전근대적 서사와 구분된다 할 것이다. 달라진 작품 경향에 독자들이 적응하는 양상이라기보다, 독자들의 달라진 요구에 작가들이 부응한 것이라고 해석할 수도 있겠다.

7 예컨대 『황혼』과 『찔레꽃』 이전에 발표된 또 하나의 1930년대 『조선일보』 연재

본 논문은 1930년대 중·후반 일간지에 연재된 장편소설 『황혼』과 『찔레꽃』의 서사를 '삼각관계에 기초한 통속적 연애 구도의 계승과 변주'라는 관점에서 분석하고, 양 작가가 주요 인물 여순과 정순을 구심점으로 한 다각 관계의 소멸과 파탄이라는 매개를 통해 근대적 여성 주체의 수립 과정을 의도하였다는 결론에 이르고자 한다.

이 논문은 기존의 논의가 보여 주는 본격 혹은 순수소설, 통속소설의 구분을 부정하거나 수정하는 데 목적이 있는 것이 아니다. 또한 『황혼』과 『찔레꽃』의 전모를 종합적으로 드러내어 각각의 의의를 규명하는 작업과도 거리가 있다. 다만 두 작품의 공통점에 착안하여 그러한 작법적 요소를 발생시킨 당대의 몇 가지 상황론적 근거를 확보하고, 또한 이전 작품들과의 연관 속에서 한 줄기 계보적 질서를 드러내는 기초 작업이 되기를 희망한다.

2. 연애 구도의 차용과 1930년대적 변주

2.1. 입체적 연애담으로서의 『찔레꽃』과 『황혼』

『무정』의 형식이 우리 근대소설사에 등장한 최초의 가정교사라고 할 때, 최초의 여성 가정교사는 김동인의 『약한 자의 슬픔』에 등장하는 강엘리자베트이다. 형식은 경성학교 영어교사라는 직함을 가지고 부업 삼아 가정교사의 직분을 담당한 것이지만, 강엘리자베트는 가정교사가 그의 유일한 생업이다. 그래서 강엘리자베트는 형식처럼 자신

소설 채만식의 「인형의 집을 나와서」(『조선일보』, 1933.5.27-11.14)에서, 생활난에 처한 노라가 처음 선택하는 직업 또한 가정교사이다.

의 하숙을 두고 출퇴근을 하는 방식이 아니라 학생의 집에 입주하여 숙식까지를 해결하는 조건으로 계약한다. 비단 성별의 차이뿐 아니라 일하는 방식의 차이 또한 형식과 강엘리자베트를 바라보는 고용주의 태도나 해당 직업군에 대한 사회적 인식을 극명하게 가르는 기준이 된다.

개인의 자율성이 통제되고 자기결정권이 유린되기 십상인 '입주과외, 숙식제공'이라는 낯익은 방식의 근로조건은 1936년 작 『황혼』과 1937년 작 『찔레꽃』에서도 반복 재현된다.

> "아이구 저야 뭘……. 가르치는 사람이 있으니까 생각이 있겠지요. 허재비도 제 구실은 헌대는데……."
>
> "아이구 말도 마시우."
>
> 하고 경일 어머니는 목소리를 낮추며,
>
> "금년 봄에는 내어보내겠수. 저도 그 눈치를 알어서 그런지 아주 성의가 없어요. 오늘도 또 어디로 나가지 않었소. 아마 뒤가 달리는 모양이야 호호호……."
>
> "네 아까 봤어요."
>
> "그래 봐야 제가 속았지 별수 있소. 밥 멕이구 학비까지 대주는데……."[8]

총 31장으로 나뉘어 있는 장편 『황혼』의 첫 장 제목은 '가정교사'이다. 작품의 한 축을 형성하는 여성 인물 여순은 방직회사를 소유한 김재당의 집에서 4년째 가정교사로 일하고 있다. 김재당의 후처소생

8 한설야, 『황혼』, 동아출판사, 1995, 44면. 이하 『황혼』 인용은 각주에 작품의 제목 및 같은 책의 면수만을 밝히기로 한다.

인 경일과 경옥을 가르치고 있는 것이다. 김재당의 집에서 여순은 「약한 자의 슬픔」의 강엘리자베트처럼 영락없는 약자다. 주인마누라는 물론 어린아이요 제자인 경일이나 경옥에게까지 괄시받기 일쑤다. 다행이라면 「약한 자의 슬픔」에서와 달리 바깥주인인 김재당의 색탐이나 위계에 의한 폭력으로부터 비교적 자유롭다는 점이다.

김재당의 집에서 여순에게 호의적인 대표적 인물은 김재당의 전처 소생이요 맏아들인 경재 정도이다. 여순에 대한 경재의 호의는 작품이 전개되는 과정에서 연애 감정으로 발전하게 된다. 경재는 여순이 가정교사를 그만두고 김재당의 집을 나가는 것을 도와주고, 취직자리까지 알아봐준다. 이후 여순은 방직공장 사장 안중서의 야욕에 의하여 위험한 상황에 빠진다. 즉 김재당의 집을 나가면서 경재와의 관계에 따른 심리적 갈등은 고조되고, 사회적 약자로서 감당해야 할 위기상황 또한 첨예해지는 것이다.

> '오늘은 일요일인데…… 집에나 가 보았으면.'
>
> 하고 입속으로 중얼거려 보았으나 그가 민수에게 일요일마다 집으로 나가겠다고 약속한 것은 결국 이 집 형편과 또한 경애 어머니의 성격을 모르고서 자기 마음대로 정한 일이 아니었던가.
>
> 그러나 하루 세 끼씩 먹는 밥과 그리고 오십 원의 현금은 정순의 자유를 온전히 빼앗고 말았다는 사실을 그는 오늘 비로소 느끼는 것이었다.
>
> '참자! 이미 결심하고 온 일이니 아버지를 위하여 어머니를 위하여 또…… 민수 씨가 안심하도록 …… 참고 견디어 가자.'[9]

---

9 김말봉, 『찔레꽃』, 소명출판, 2014, 89-90면. 이하 『찔레꽃』 인용은 각주에 작품의 제목 및 같은 책의 면수만을 밝히기로 한다. 근자에 다시 출간된 『찔레꽃』 단행본들 중 이 책을 인용 자료로 삼은 이유는 『조선일보』 연재본을 근간으로 한 것이며, 따라서 이후 우후죽순으로 출간된 단행본들의 반복적인 오류에서

『찔레꽃』의 정순도 가정교사이다. 모교 교장 김 부인의 소개로 은행 두취 조만호의 집에서 보육교사로 일하게 되었다. 월급 오십 원이라는 말에 다른 조건은 생각조차 않고 맡은 자리이다. 정순은 아이들의 사랑과 절대적 신뢰를 받는 선생님이지만 맡은 임무와는 무관한 전 방위적 착취에 시달린다. 조 두취 부인의 질투와 의심에 고통 받고, 조만호의 색탐에 희생될 위기에 처해 있으며, 변덕스러운 노처녀 큰딸 경애의 비위도 맞추어 주어야 하고, 심지어 침모의 은밀한 간계에도 속수무책으로 이용된다. 이 모두가 오십 원이라는 현금 때문에 벌어지는 일이다.

그나마 조 두취 집안의 장남 경구가 정순에게 가장 호의적인 태도를 보이는 인물이다. 그러나 따지고 보면 경구의 배려나 호의 때문에 정순의 처지가 나아지거나 고통이 줄어드는 일은 거의 없다. 오히려 정순은 경구의 연애 감정을 부담스러워하고, 경구의 적극적 구애 때문에 내적 외적 갈등이 고조되기까지 한다.

『황혼』의 경재와 『찔레꽃』의 경구는 여성 인물이 모든 사건의 중심이 되는 이 두 소설에서 섬세하게 분석할 가치가 있는, 충분히 매력적인 남성 인물들이다. 특히 이 소설들을 연애 구도의 서사라는 관점에서 볼 때 더욱 그렇다. 여순 혹은 정순을 꼭짓점으로 하는 다양한 삼각관계 분석에서 안중서나 조만호의 역할에 적극적으로 의미를 부여하는 경우 그 반대편에 누가 놓이든 그것은 김중배의 돈이냐 이수일과의 사랑이냐를 저울질하는 『장한몽』의 전근대적 통속 구도를 넘어서지 못한다. 즉 엄밀히 말해 이것을 연애의 삼각 구도라고 부르기

비교적 자유로운 판본이기 때문이다. 예컨대 1955년 문연사 본 이후 다수의 『찔레꽃』 단행본들은 11번째 장인 '찔레꽃'을 따로 구분하지 않고 10번째 장인 '적자'와 묶어 편집하고 있다.

조차 어려운 것이다.[10]

『장한몽』이 지녔던, 독자를 안타깝게 하거나 통쾌하게 만들 수도 있는, 그러나 아무 생각할 필요도 여지도 남겨놓지 않는 삼각관계의 틀은 1917년 『무정』에 의해 이미 극복된 바 있다. 비단 주인공 형식뿐 아니라 독자도 함께 고민스러워해야 하는 연애의 삼각관계다. 형식의 입장에서건 독자의 입장에서건 영채도, 맞은편의 선형도 놓치기 아까운 매력적인 상대이기 때문이다.

『황혼』에서 여순을 사이에 놓고 경쟁하는 인물이 준식과 안 사장일 뿐이라면, 『찔레꽃』의 정순을 사이에 두고 경쟁하는 인물이 민수와 조 두취로 한정된다면 그 결과가 어떻게 되었든 독자의 심정적인 선택지는 명약관화한 것이다. 그러나 준식과 경재의 경쟁이라면, 민수와 경구의 경쟁이라면 사정은 달라질 수 있다. 준식보다는 경재가, 민수보다는 경구가 계급적 혹은 계층적 위계질서에서 상위에 있는 것은 사실이지만, 그들은 몰염치한 호색한의 표정을 띠고 있지 않은데다가 비교적 합리적이고 선량한 태도마저 지니고 있는 것이다.

2.2. 삼각관계의 소멸과 여성 주체의 발견

정순의 삶은 주변 인물을 포함한 자아 외부의 여건에 철저히 종속되어 있다. 그가 마음에 맞지 않는 가정교사 일을 그만두지 못하는 것은 처음부터 제 집안의 살림살이를 책임지려 했던 때문인데, 사정

10 오히려 금전과 애욕의 사이에서 갈등하는 삼각관계는 '조만호 - 옥란 - 근호'의 사이에서 더 실감나게 전개된다. 돈과 사랑을 저울질하며 위태로운 줄타기를 하던 옥란이 양쪽의 남성으로부터 비참하게 버려지는 모습은 지고지순한 사랑을 한쪽 저울추로 놓는 상황 자체를 거부한 정순의 태도와 뚜렷이 대조되는 것이다.

은 도무지 나아질 기미가 없다. 오해를 무릅쓰면서까지 무리하게 청탁을 하고 수렁에 빠져든 원인은 약혼자인 민수와 그 집안을 돕기 위해서였다. 자식 된 도리를, 한 번 맺은 인연을 저버리지 않으려는 정순의 고지식한 모습은 효(孝), 정절(貞節) 등의 전근대적 가치관에서 한 치도 벗어나지 못한 것이라고 할 만하다. 근대 여성으로서의 자기 존재에 대한 확인은 계속해서 미루어질 수밖에 없다.

어쩌면 맹목적이기까지 한 정순의 일편단심과 비교해 볼 때 민수의 생각과 태도는 독자의 기대와 어긋나는 쪽으로 전개된다. 전근대소설의, 신언서판을 모두 갖춘 인물을 방불케 하는 민수가 정순을 버리는 동시에 경애를 이용하리라는 얄팍한 계획을 실행하려 할 때, 오해를 바로잡고 어긋난 관계를 순리대로 되돌릴 가능성은 사라지고 만다. 그런데 민수의 이러한 행동은 오해에 의한 갈등이 표면화하기 이전부터 예고되어 있었던 것이나 다름없다. 가계의 몰락과 함께 그 드높던 자존심이 자격지심으로 변해버리는 순간부터다.

> '그러나 내가 제주도로 가면 정순 씨는? …… 할 수 없지. 결혼할 수밖에. 그러나 졸업도 마치지 못한 나에게 시집을 올까? 올까? 아니 온다면? 그뿐이지. 그런 허영심을 가진 정순이라면 나도 귀찮으니까.'[11]

말하자면 작가는 정순이 민수를 버리고 경구를 택한다 해도 그 선택을 나무라고 탓할 수 없도록 만들어 두고 있는 것이다. 난무하는 오해 가운데서 상대방에 대한 신뢰를 일방적으로 깨고 헛된 복수를 처음 시도한 혐의는 다름 아닌 민수에게 있기 때문이다. 정순보다도 독자들이 먼저 민수를 원망하게 함으로써 삼각관계의 한 축을 무너뜨

11 『찔레꽃』, 68면.

리는 셈이다.

그런데 작가는 정순으로 하여금 민수를 포기하게 하면서도 그 자리에서 바로 맞은편의 경구 쪽을 향하게 하지는 않는다. 물론 작품의 마지막 장면은 정순의 뒤에 서서 미소를 지으며 정순의 이름을 부르는 경구의 모습을 그려 놓고 있다. 즉 일말의 가능성을 열어 둔 셈이지만, 정순이 경구의 구애를 받아들이게 될는지는 아무도 모른다.

결국 정순은 누군가의 애인이나 누군가의 아내가 된 것이 아니라 아이들을 돌보는 보육교사의 자리로 되돌아갔다고 할 수 있다. 생활을 위해 택한 직업이기도 하고 자신의 전공을 살리는 동시에 누군가에게 헌신하는 길이기도 한, 공적(公的) 입지에 두 발을 딛고 선 것이다. 어지럽게 얽혀 있던 사적 인연은 일단 모두 정리되었다.[12] 개인적 연애 관계가 청산된 곳에 미약하기는 하나마 정순이라는 근대적 주체의 설 자리가 마련되는 것이라고 할 수 있다.

『찔레꽃』보다 한 해 앞서 발표된 『황혼』의 작가 한설야 또한 주요 여성 인물 여순에게 쉽사리 연애 감정을 허락하지 않는다. 『황혼』의 전반부는 여순과 경재의 연애 서사로, 후반부는 여순의 의식 성장과 경재의 타락 및 절망이 대비되는 지식 계층의 분화 서사로 비교적 뚜렷이 구별된다. 경재와 여순은 그 부유한 정도에 따라서 부자와 빈자로 나뉘지만, 두 사람 모두 당대로서는 평균 이상의 공교육을 받은 지식인으로 간주될 수 있다. 부유한 지식인 남성과 빈한한 지식인 여성이 주인집 아들과 가정교사로 만나 일정한 감정 소모의 과정을 겪다가, 새 시대[13]에 동참할 자격을 얻느냐의 여부에 따라 서사적 운명

---

12 어찌 보면 『찔레꽃』의 무수한 애정선은 하나도 빠짐없이 모두 끊어졌다고 해도 과언이 아니다. 조만호와 정순, 조만호와 옥란, 옥란과 근호, 경애와 민수, 경애와 영환, 경구와 윤희 등의 남녀관계가 어느 것 하나도 이어지지 못하고 일괄적인 파탄으로 귀결된 것이다.

이 갈리고 마는 것이다.

그런데 여순의 의식 각성 과정에서 연애 관계의 해소가 핵심적 전제로 기능하고 있는 것은 주목할 필요가 있다.

> 비록 보잘것없는 내 '삶'이라 하더라도 나 자신의 계획 아래에 세워 보자!…… 여순은 이렇게 생각하였다.
>
> 그러며, 지금의 형편으로는 자기들의 사이를 일단 해소해 버리는 외에 타도가 없으리라 생각하였다. 경재를 위해서도 자기를 위해서도…….
>
> 이것은 결코 고난에 대한 도피가 아니다. 밀려가는 자기들을 한번 다시 스스로 움직이고 걸어가는 자기들로 만들어 보고 싶었던 까닭이다. 그리하는 곳에서만 새로운 결합도 올 수 있을 것 같았다.[14]

여순은 경재와의 연애를 끝내는 것을 자신의 계획대로 살아가기 위한 필요조건으로 생각한다. 여순 자신만을 위해서가 아니라 경재를 위해서도 그렇게 해야 한다는 것이다. 재결합이든 새로운 만남이든 연애가 가능하려면 두 사람 모두 독립자행의 주체가 될 필요가 있다는 것이 여순의 판단이다.

작품의 초반부에 경재는 여순에게 있어 조력자요 지도자의 역할을 담당하고 있었다.[15] 김재당의 집에서 나오는 것도, 회사의 사무원으로

---

13 작가 한설야가 생각하는 새 시대란 물론 노동자 계급이 주인이 되는 시대일 것이다. 여순이 알량한 지식인의 허울을 벗고 공장 직공으로 새로 태어나는 것은 한때 건전한 의식의 소유자였으나 나약한 전향자의 틀에 스스로 갇힌 경재의 모습과 대조되어 더 선명하게 제시되고 있다.

14 『황혼』, 277-278면.

15 또 한 사람의 조력자요 지도자인 준식의 존재가 경재보다 이후에 소설 속에 묘사되는 것을 볼 때, 『황혼』의 서사를 여순 위주로 정리한다면 경재와 준식이

취직하는 것도 경재의 도움이 없었다면 어렵거나 불가능한 일이었다. 경재 없이도 자기 삶을 설계할 수 있는 사람이 되는 것이 무엇보다 우선되어야 하는 이유다.[16]

그런데 경재의 이와 같은 물심양면의 지원은 약혼녀 현옥의 아버지 안중서와의 관계가 어떻게 유지되느냐에 따라 그 지속 여부가 결정될 처지에 놓여 있다. 즉 경재의 힘은 자신에게서 나오는 것이 아니라 과거에는 부친에게 현재는 예비 장인에게 손을 벌릴 때 생기는 것이다. 만약 여순이 경재와 결혼하기를 결심한다면 그에게 힘의 원천이 되었던 존재들과 경재와의 관계는 단절되고 만다. 그에 따라 경재의 조력으로 여순이 얻을 수 있었던 지위나 혜택도 함께 사라질 가능성이 농후하다.

그러니 사실 경재의 현재 처지는 자본가의 힘에 철저히 종속된 무기력한 지식인에 불과한 것이다. 여순이 사무원으로서의 현재 지위를 계속해서 유지하려면 혹은 그 이상의 현실적 이익을 취하려면 경재에게 매달릴 것이 아니라 안 사장과의 관계를 유지하면서 (경재와 마찬가지로) 철저히 예속되는 길을 택하거나 오히려 밀접하게 발전시키는 길을 택해야 할 것이다. 여순이 경재에게서 떠나는 것은 그의 주선으로 얻었던 사무직을 버리고 공장 직공으로 정체성을 전환시키는 일이

라는 조력자를 차례로 거치면서 주체성을 확립하고 궁극적으로는 자신이 옳다고 생각하는 삶의 방향을 선택해 가는 과정이라고 요약할 수 있을 것이다.

16 이러한 자기 결심 직전에 여순이 준식을 찾아가는 이야기가 배치되어 있는 것도 아울러 주목할 필요가 있다. 연인으로서의 경재를 떠나려 해도 당장 경재와 같은 든든한 조력자가 없는 상황은 난감한 것이다. 여순은 또 다른 조력자로 준식을 생각한 것인데, 작가는 이 장면에서 여순이 준식에게서 별달리 믿을 구석을 발견하지 못하고 돌아오는 것으로 처리하고 있다. 물론 작품의 후반부에서 준식의 조력이 이루어지지만, 이는 여순의 자각과 독립이 어느 정도 이루어진 단계의 일이라고 해석해야 한다. 작품의 후반부 전개를 위해서는 여순의 의존적인 상황이 우선 해소될 필요가 있었던 것이다.

면서 (경재와는 달리) 힘에 굴복한 지식인의 삶의 태도와 결별하는 일이기도 하다.

3. 1930년대 장편소설의 계몽성과 통속성

3.1. 계몽을 위한 통속 화소와 통속을 위한 계몽 화소

비단 한설야의 『황혼』뿐 아니라 김말봉의 작품 『찔레꽃』에도 지식인의 현실 인식과 당대적 방향 모색이라는 시대적 담론은 제한적으로나마 작중 인물을 통해 제시된다.[17] 유학을 하고 돌아온 경구는 농민운동에 투신할 것을 결심하고 아버지로부터 사업자금을 따내려는 계획을 세운다. 이 과정에서 주위의 인물들에게 자신의 포부를 역설하는 장면이 몇 차례 반복 서술된다.

물론 이와 같은 경구의 설익은 철학이 작품 전체의 주제와 직접 관련되는 것은 아닐 것이다. 그러나 당대를 살아가는 젊은이들의 다양한 모습을 그리는 가운데 철부지 사랑타령에 온 관심을 기울이는 인물들만 내세우기는 곤란한 일일뿐더러 당대 현실과 유리되지 않은 작가의 정신을 간접적으로나마 내비칠 필요가 있었을 터이다. 경구의 의식 혹은 발화를 통해 계층 혹은 차별에 대한 비판적 인식내용을 피력하는 것은 - 이른바 '순수'에 집착하지는 않는다 할지라도 - 최소한

17 물론 이를 지나치게 강조하여 『찔레꽃』에 대한 가치판단의 유력한 기준으로 삼아서는 곤란할 것이다. 『찔레꽃』의 특성으로 '장식적 요소의 과잉'을 들고, 해당 화소들을 비판적으로 분석하는 논문도 있으므로, 참고하여 비교 검토할 필요가 있을 것이다.(김한식, 「김말봉의 『찔레꽃』과 '본격통속'의 구조」, 『한국학연구』 12, 2000)

작품을 저급한 시대착오적 통속물로 전락시키지 않으려는 작가적 노력의 소산이다.

그런가 하면 장편 연재를 앞둔 한설야의 입장은 반대였다. 한설야는 『황혼』 연재 직전 『조선일보』 지면에 실린 '작가의 말'에서 자신의 '심히 무딘 붓끝'을 스스로 비판하고 '내용과 구성을 충분히 마르재는' 것의 중요성을 강조한다. 그리하여 '독자 여러분의 기대에 어그러짐' 혹은 '독자의 싫다 소리'가 적기를 바라고 있다. 한설야를 위하여 매체 지면을 할애한 『조선일보』 또한 중견의 사실주의 작가에게 기대를 거는 동시에 첫 연재 장편을 내놓는 작가에 대한 우려를 함께 가질 수밖에 없었을 것이다.

> 한설야 씨는 성망이 노픈 중진작가(重鎭作家)니 여긔서 새삼스러운 소개를 더하는 것이 오히려 구구한 일이나 씨로서 발표를 멈치고 더 한층 힘을 기른 지 우금 몇 해요 또 장편의 발표가 금번이 처음인 만큼 <u>일반 독자로 더부러 다시 한 번 새로운 대면</u>(강조 - 인용자)을 이루리라는 것만은 말하여 두지 안할 수 업다.[18]

위 인용문은 『황혼』 연재 개시 3일 전 『조선일보』에 수록된 연재 예고의 한 부분이다. 중진 작가의 첫 장편이라는 점, 오랜만의 작품 발표라는 점[19]을 강조하고 있는 것이 눈에 띈다. 이에 더하여 '일반 독

18 「本紙에 빗날 新長篇小說 黃昏」, 『조선일보』, 1936.2.2. 인용문 앞 단락의 부분적 구절 인용도 동일 지면을 참조한 것이다.

19 수필과 평론을 제외하고 소설만으로 작품연보를 구성할 때, 한설야의 작품 발표는 1933년 7월 단편 「소작촌」 이후 끊어졌다가 『황혼』 연재가 개시된 1936년 2월 초부터 재개된다. 수필과 평론을 포함하여도 1934년 2월 『형상』 지의 「문예시평」 이후 2년간의 공백 상태를 보인다.(문학과사상연구회, 『한설야문학의 재인식』, 소명출판, 2000, 216-217면 참조)

자와의 대면'이라는 표현에 주목할 필요가 있다. 수개월간 장편 연재를 담당할 작가에게 그의 이름값에 걸맞은 조선 현실의 핍진한 묘사뿐 아니라 흥미진진한 서사로 일반 독자 대중을 만족시켜 주기까지를 기대하는 것이 신문사의 솔직한 입장이다.

1년 후 『찔레꽃』의 연재를 앞두고서도 『조선일보』 지면에 예고 기사가 수록되었다. 경쟁지인 『동아일보』에 장편소설 『밀림』을 연재하여[20] 독자 대중의 호평을 받은 적이 있는 김말봉인지라 『조선일보』의 기대 수준은 대단히 높았을 것으로 짐작된다. "陽春 連載小說의 雙璧"이라고 대서특필한 연재 예고의 반을 김말봉의 『찔레꽃』 소개와 작자의 말로 채워 넣은 『조선일보』는 그 오른쪽에 이기영의 『어머니』 소개와 작자의 말을 균등한 비중으로 실었다. 『고향』의 작가 이기영의 새 장편과 쌍벽을 이루는 작품으로 김말봉의 『찔레꽃』을 내세우고 있는 것이다.

> 본사에서는 양춘의 조흔 선물로 두 개의 장편소설을 실기로 되얏스니 하나는 민촌 리기영(民村 李箕永) 씨의 『어머니』요 또 하나는 여류작가 김말봉(金末峰) 씨의 『찔레꼿』이다. (중략 - 인용자) 김말봉 씨는 녀류작가로서 점차 명성을 노피어 가고 잇는 터로 『찔레꼿』을 통하야 그의 연한 필치와 고운 묘사는 독자들의 환영을 미리 점치기에 족하다.[21]

20 『동아일보』에 김말봉의 『밀림』이 연재된 것은 1935년 9월 26일부터다. 1936년 8월 27일 233회분 연재 후 신문 정간으로 중단되었다가 1937년 11월 1일 재개되었고, 1938년 2월 7일 연재 후 다시 중단되었다. 1938년 7월 1일 '후편'의 연재가 시작되어 같은 해 12월 25일까지 연재되었다. 『찔레꽃』 연재 개시 이전의 『밀림』 연재는 그러므로 1935년 9월부터 1936년 8월까지의 233회분이다. 『밀림』의 후반은 『찔레꽃』의 『조선일보』 연재 이후에 속개된 것을 알 수 있다.

21 「陽春連載小說의 雙璧」, 『조선일보』, 1937.3.28.

계몽의 기획이라는 요소를 빼고 근대 장편 양식의 형성과정을 설명할 수 없다는 점을 여기서 상기할 필요가 있다. 역사전기든, 신소설이든 초기의 근대적 장편이 전대의 서사물과 구분되는 지점에는 당대 현실을 읽고 계몽의 필요성을 자각한 문사(文士)적 지식인의 실천적 의도가 개입되어 있다. 기존의 양식 즉 소설의 의장은 대중 가까이로 다가가려는 의식의 산물이다. 따라서 계몽과 통속이라는 근대장편서사 양식의 두 축은 상호보완적 관계를 넘어 서로 분리될 수 없도록 단단히 결합되어 있는 것으로까지 보이게 되는 것이다.

게다가 리얼리즘적 전망의 구현이 지극히 제한된 1930년대 후반, 일간지의 장편 연재라는 외적 조건은 통속성의 필요를 더욱 부추겼다고 할 만하다. 그렇다고는 해도 이 과정에서 스스로 대중지향의 작가임을 표방한 김말봉이 자신의 작품에 현실의 고발이나 사회 참여의 요소를 적극적으로 인입하려 한 이유는 무엇이었을까?

김말봉의 첫 장편을 무엇으로 볼 것인가의 문제는 명료한 해답을 얻기 어렵다. 『동아일보』에서 먼저 연재를 시작한 『밀림』이 매체의 사정으로 일정 기간 중단되어 있던 시기에 『찔레꽃』 연재가 이루어졌기 때문이다. 즉 연재의 시작은 『밀림』이 빠르지만, 먼저 연재를 종료한 작품은 『찔레꽃』이다. 아무튼 『찔레꽃』에 앞서 연재를 시작한 『밀림』을 살펴보면 이 작품 또한 동섭, 자경, 인애, 상만 등 정규교육을 받은 지식인 청년들을 주요 인물로 거느리고 있음을 알 수 있다.

『밀림』의 주 서사는 건실한 동섭과 방탕한 상만, 헌신적인 인애와 허영심 많은 자경의 엇갈린 관계를 주된 축으로 한 것인데, 대중의 흥미를 이끌 만한 멜로드라마적 요소 이면에 사회 현실의 모순을 자각한 동섭과 그에 공명하는 인애를 긍정적으로 묘사하고 있음을 알 수 있다. 그 반대쪽의 상만과 자경은 부정적으로 묘사된다. 즉 인물의 긍/부정성에 의한 대비가 비교적 뚜렷한 연애 구도라고 할 수 있다.

이와 같은 인물 구도의 설정은 독자로 하여금 긍정적인 인물에 감정이입하고 부정적 인물들에 대한 반감을 가지게 함으로써 작가의 가치관을 메시지로 전하는, 대단히 명료한 기획에 의한 것이다. 메시지의 전달이 주된 목적인가 흥미의 유발이 더 중요한가 하는 것은 나중의 문제다. 재미있는 것은 『밀림』의 연재를 종료하지 못한 시점에서 새로 시작한 『찔레꽃』이 이전과 같은 단순하고 명료한 대립 구도를 채택하지 않고 있다는 사실이다. 경구와 민수, 경애와 정순 등의 젊은 이들이 만들고 있는 관계는 선/악 혹은 긍/부정성의 단순한 구도로 유형화되기 어렵다.

아마도 김말봉은 『동아일보』에서 『밀림』을 연재하고 있던 도중 1936년 2월부터 경쟁지인 『조선일보』에 연재된 한설야의 장편 『황혼』을 눈여겨 읽고 있었을 가능성이 높다. 『황혼』의 연재가 한창 진행되던 1936년 8월 『밀림』의 연재는 중단되었고, 『황혼』의 연재가 종료된 후 김말봉은 『밀림』 연재를 미처 속개하지 못한 상태에서 『찔레꽃』의 연재를 시작했다. 『찔레꽃』 연재 이전 김말봉은 연재장편 『황혼』에서 무엇을 읽었을까? 『황혼』이 여실히 보여 주고 있는, 대립 구도로 유형화되지 않는 인물 설정의 장점을 깨달았던 것은 아닐까?

3.2. 연애를 소거한 연애담이 지향하는 가치의 정체

시종을 일관한 악인형 인물이 연애의 삼각 구도 속에 부재할 때, 서사를 복잡한 양상으로 전개시켜 독자의 긴장을 고조시키는 방법으로 『황혼』과 『찔레꽃』의 작가가 선택한 것은 '오해 모티프의 중첩'이다. 두 작품의 남성 인물들은 그 경중의 차이를 막론하고 모두 여성 인물에 대해 온전한 신뢰를 갖지 못하거나 오해에 의한 혐오의 감정을 성급하게 노출시킴으로써 스스로 애정 전선에서 탈락하고 만다.

따지고 보면 『찔레꽃』의 인물들이 가진 연애 감정은 정순에 대한 경구의, 민수에 대한 경애의 짝사랑 외에 거의 없다고 해도 과언이 아니다. 정순과 민수는 서로의 신뢰 관계가 불안하게나마 남아 있을 때까지 다른 대상에 대한 관심을 전혀 가지고 있지 않기 때문이다. 그렇다고 정순과 민수의 연애가 애틋하거나 열렬하게 묘사되지도 않으며, 단지 첫사랑에 대한 의리 정도로 비쳐지고 있을 뿐이다. 삼각관계를 넘어 무수한 다각형 속에서 난무하는 것은 사랑을 쟁취하기 위한 경쟁심이라기보다 철없는 객기와 속물적인 치정과 협잡과 음모들이다. 연애 구도는 그려져 있으되 연애는 없다.

『찔레꽃』의 정순은 민수와의 약속을 지키기 위한 일념으로 경구의 구애를 거절한다. 그러나 민수가 경애와 약혼한 것을 알고 나서도 경구의 순정을 받아들이지 않는다. 앞 장에서 살핀 바대로 연애 관계의 청산이 독립된 주체의 입지를 마련해 줄 것이기 때문이다. 민수와 경애의 약혼 사실을 알게 된 직후 가정교사를 그만두고 조만호의 집을 나오려던 정순은 생활이라는 절대적 가치와 직업이라는 필수적 수단에 대해 뼈저린 자각을 한다.

> 내가 이 집을 나가면? …… 순간 정순의 눈에는 어머니, 아버지, 동생의 얼굴들이 하나씩 하나씩 나타났다. 내가 지금 이 집을 뛰어나가면 …… 그들은 무엇을 먹노. 그렇다 새로운 직업이 생길 때까지 조금만 더 참자. 정순은 다시 방으로 들어가서 두루막을 입고 핸드백을 찾아 들었다. 그 속에는 어젯밤 받은 월급 오십 원이 고대로 들어 있다.
>
> "생활은 전쟁이다. 그리고 직업은 전쟁의 제일선이다. 더욱이 여자에게 있어서."
>
> 중얼거리며 머플러로 목을 감고 복도로 나오는 정순은
>
> '살아야 되겠다.'

는 의식이 탄환처럼 가슴 한복판을 꿰뚫고 지나가는 것을 감각하였다.
'연애라는 것은 인생에게 값 높은 예술이다. 그러나 …… 전쟁에 나선 이상 생명은 예술보다 귀하다.'[22]

정순의 월급 오십 원은 일가족의 생명줄이다. 정순은 실질적 가장의 역할을 자임하고 있다. 또한 그들을 먹여 살리는 일을 용이케 하기 위한 어떤 지도나 조력도 스스로 끊어 버림으로써 부모를 섬기는 딸이나 남편을 뒷바라지하며 순종하는 아내 상에서 탈피하고 있다.

만약 정순이 경구 혹은 민수와의 결혼을 받아들인다면 자기 자신의 생존과 생활을 위한 직업이 아닌 아내와 어머니로서의 가족 내 역할에 다시 함몰될 가능성이 높은 상황이다. 특히 민수와의 결합보다는 경구와의 결합이 정순의 독자적 행동반경을 협소하게 할 가능성이 크다고 할 것이다. 잘 해 봐야 당대 조선사회를 위한 사업에 매진하는 경구를 위해 성심껏 내조하는 동반자로서의 역할이 아닐까. 자기 삶을 자기가 설계하고 그에 따라 실행하리라는 정순의 결심은 딸이나 아내로서의 전근대적 역할을 넘어서려는 근대적 욕구라고 할 수 있다. 애정전선을 뒤로하고 생활전선으로 먼저 나서야 하는 이유이다.

연애를 포기하고 나선 길. 하지만 지향점은 모호하다. 그저 정순은 참되거나 착하거나 아름답게 살 것 같다. 그런데 무엇을 하며 어떻게 살아갈 것인지는 잘 모르겠다. 김말봉은 『찔레꽃』 연재 이전 '작가의 말'에서 "소설 찔레꽃에 나오는 주인공들은 꽃과 가티 향기롭고 달콤한 사랑의 길을 것고 잇습니다. 그러나 그들은 괴로운 가시 때문에 울지 안흐면 안 되는 '사람의 아들'들입니다. 인간은 빵으로 산다. 그러나 사랑으로 산다. 어느 말이 참이겟습니까?"[23] 하는 질문을 독자들

22 『찔레꽃』, 444면.

에게 던졌다.

물질적 가치와 정신적 가치를 표면에 내세운다는 것 자체가 1910년대 번안소설의 독자를 만나는 식의 대중 지향적 태도와 조금도 다를 바가 없다. 물론 작가는 독자적 생활의 필요를 자각한 여성의 이야기를 당대 현실에서 동떨어지지 않은 배경 가운데 묘사하려 노력하고 있으나, 독자들은 다른 인물들의 패배와 파탄 가운데 도드라져 보이는 정순의 지고지순함에 주목할 수 있을 뿐이다. 독립적인 여성 주체, 생활주체로서의 정순은 이제 막 걸음마를 떼었을 뿐이다.

이에 비하여 『황혼』의 여순은 경재의 구애를 뿌리치고 준식에게 의존하고 싶은 마음도 스스로 극복한 후에 새로운 삶의 길을 개척해 나가는 모습으로 그려지고 있다. 공장 노동자라는 정체성의 획득도 누군가의 권유보다는 자발적 선택에 의한 것으로 여겨진다. 이 과정에서 경재와의 연애 관계 청산 및 준식과의 감정선 차단이 선행되어야 하는 이유 또한 여순이 생활주체로서 자립하기 위한 전제조건이기 때문이다.

『황혼』 역시 전반부에 묘사된 경재와 여순의 감정 소모 외에 연애라고 할 만한(특히 삼각관계에서의 미묘한 갈등이라고 할 만한) 연애가 없는 것은 『찔레꽃』과 마찬가지다. 작품의 후반부는 공장 내부와 그 주위를 배경으로 한 부분이 압도적으로 많은데, 이 가운데 여순의 심리나 의식은 어떤 내적 갈등도 일으키지 않고 명실상부한 완성형 노동자를 향하여 직진한다.

> 경재는 그만 눈이 휘둥그래졌다. 신경이 놀라서 머리끝으로 치솟는 것같이 섬뜩함을 느꼈다.

---

23 「陽春連載小說의 雙璧」, 『조선일보』, 1937.3.28.

그 사람들 중에서 경재는 맨 처음으로 여순을 보았다. 그리고 준식을…… 또 형철을…….

그 이상 더 생각할 아무런 여유도 그에게는 없었다. 별안간 앞이 무너지는 듯 그는 눈이 캄캄해졌다.

그는 대숨에 문 밖으로 나와 버렸다. 하나 그들의 그림자는 더욱 분명히 눈밑에 떠올랐다.

자기에게 비하여 그들은 너무도 분명한 대조였다.

이때같이 그는 어두워 가는 황혼에 선 자기 자신을 똑똑히 발견한 일은 없었다.[24]

『황혼』은 총 31개의 장으로 분장된 장편소설이다. 위 인용문은 『황혼』의 결말 부분이며 이를 포함하고 있는 31번째 장의 제목은 '대조'이다. 여순과 경재의, 위 부분에 묘사된 대조는 처음부터 기획된 것이며, 이 장면을 향해 반년이 넘는 기간 동안 206회 분의 서사가 전개된 것이라고 할 수 있다.

한설야는 『조선일보』 지면의 『황혼』 연재예고 '작가의 말' 부분에서 "이 소설은 량심 잇는 인테리 청년의 고민을 그린 것이다. 고민을 고민으로만 그리게 되면 그 색채와 의의(意義)가 엷어질가 하여 그것을 가장 선명히 할 어떠한 대조 아래에 마조 비최어 보려고 한다."[25]고 피력한 바 있다. 작가가 이야기한 양심 있는 인텔리 청년이란 물론 경재일 것이다. 1930년대 현실 상황 하에서의 지식인이 어떤 고민을 하고 있는지, 그가 모색할 수 있는 전망의 최대치는 어떤 것인지 가늠해보고자 한 것이라고 할 수 있다.

---

24 『황혼』, 523-524면.

25 「本紙에 빗날 新長篇小說 黃昏」, 『조선일보』, 1936.2.2.

그런데 작품의 제목이 지시하고 있는 바와 같이 경재가 다다른 지점은 어두워 가는 황혼으로 비유되고 있다. 그것에 대한 '가장 선명한 대조'란 여순과 준식, 형철 등이 점유한 위치라고 할 수 있겠다. 그 중 준식과 형철의 성격 변화나 내적 갈등이 작품 속에서 구체적으로 제시된 적이 없었다는 점을 감안하면 결말 부분에서 경재와 가장 대조되는 형상으로서 부각되는 인물은 단연 여순이다. 식민지 말기의 지식인으로서 경재가 갈 수 있었으나 가지 않은 곳에 여순이 자리하고 있는 것이다. 갈림길에서 다른 선택을 한 두 지식청년 경재와 여순 중에 작가가 어느 쪽을 긍정적으로 바라보고 있는가는 묻지 않아도 알 일이다.

4. 맺음말

한설야의 『황혼』과 김말봉의 『찔레꽃』은 양 1년의 시간차를 두고 동일 매체에 연재되었다. 1930년대 후반 일간지에 연재된 장편소설이라는 조건과 관련하여 두 작품은 통속적 요소를 자연스럽게 공유하고 있다. 대중 지향적 장편소설에 빈번하게 활용되는 삼각관계 등의 연애구도가 이 두 작품에도 적극적으로 끌어들여지고 있는 것이다. 그런데 『황혼』과 『찔레꽃』은 이처럼 기본적인 인물구도를 넘어서 독특하고 세부적인 설정들 또한 적지 않게 공유하고 있다. 비단 『황혼』과 『찔레꽃』뿐 아니라 동시대와 이전, 이후의 작품들까지 고려한 상호텍스트적 분석이 필요한 이유이다.

『황혼』의 여순과 『찔레꽃』의 정순을 중심으로 한 주요 인물 배치와 구도를 주목할 필요가 있다. 여순과 정순은 모두 부잣집에서 가정교사로 일한다. 우리 소설사의 '가정교사' 계보에서 가장 첫머리를 차지하는 인물은 『무정』의 형식이다. 그러나 이후 가정교사라는 직업은 주로 여성 인물에게 부여되어 왔다. 가정교사는 대개 가난한 지식인 여성들이 생존과 생활을 위해 선택하는 직업이며, 이에 따라 유한계급의 집이라는 배경 속에서 위계에 의한 폭력에 쉽사리 노출되는 약자의 형상으로 나타난다.

『황혼』의 경재, 『찔레꽃』의 경구는 여성 인물에게 비우호적인 환경에서 호의를 보이는 조력자로 기능하는 인물이다. 그들은 여순의 고향 친구 준식과 정순의 약혼자 민수 반대편에서 삼각관계 내 경쟁자로 놓여 있기도 하다. 이들을 섬세하게 살펴야 하는 이유는 탐욕적이거나 폭력적인 부르주아의 스테레오타입에서 벗어난 인물이기 때문이다. 이들은 다정다감하고 선량하며 현실사회의 모순에 대한 기초적 자각까지도 갖추고 있는 청년들이다.

따라서 독자들은 경재와 준식, 경구와 민수의 경쟁 관계에서 어느 한 쪽을 부정적 경우의 수로 배제하기 어려워진다. 즉 양자의 중심에 위치한 여성 인물뿐 아니라 독자의 경우 또한 선택을 위한 고민에 동참하는, 단순하지 않은 삼각관계라고 할 수 있다. 『찔레꽃』 이전에 연재를 개시했던 『밀림』에서 김말봉은 긍정적 인물 군과 부정적 인물 군을 확연하게 나누는 구도를 채택한 바 있다. 『밀림』 연재 중단과 새 작품 『찔레꽃』의 연재 개시 사이에 한설야의 『황혼』이 연재되었음을 참고할 만하다. 단순히 『황혼』의 인물구도를 『찔레꽃』이 답습한 것이라는 수직적 영향관계로 이해하지 않더라도 1930년대 후반기 작법의 하나로 교차 검토할 필요성이 다분한 양상이다.

여성 인물의 각성 및 주체화 과정에서 연애 구도의 소거가 중요한 역할을 하고 있다는 점도 두 작품의 공통점이다. 작품 분석 과정에서 여순과 정순이 서사의 중심축으로서 특별히 주목되어야 하는 이유는 그들이 의식 각성과 성장을 이루는, 혹은 그 가능성을 보여주는 각 작품의 독보적 인물이기 때문이다. 『황혼』의 여순과 『찔레꽃』의 정순은 경재, 경구의 구애를 외면하고 맞은편의 준식, 민수와의 연애관계에서도 자유로워짐으로써 독립적인 주체로서 생활전선에 나선다. 이 지점에서 『황혼』이 지식인 계층의 허영을 벗어던지고 공장 노동자로서의 정체성을 획득하는 여순의 형상을 구체적으로 기술하는 반면, 『찔레꽃』의 경우 금전과 애욕의 유혹을 뿌리친 지고지순한 여성상으로서의 정순이 전면화한 결과 근대적 생활 주체의 구체적 형상은 이면에 가려진 감이 있다.

두 작품을 통해 다시 한 번 확인할 수 있는 것은 계몽적 메시지를 전달하는 매체로서 소설 양식을 활용하는 당대 문사로서의 작가정신이며, 대중과 소통하는 방법으로 통속적 서사와의 결합을 꾀했던 원초적 작법의 계승 양상이다. 당대 지식인의 환멸 너머에서 최선의 사실주의적 좌표를 제시하려 했던 한설야의 『황혼』은 물론 대중 작가로 각광받던 김말봉의 『찔레꽃』 또한 1930년대를 살아가는 젊은이들의 모습을 묘사함에 있어 최소한의 비판적 현실인식 태도를 드러내고 있는 것이다.

여성 인물의 운명과 소설 공간의 위계
-「심문」과 「무진기행」의 비교 분석

1. 서론

최명익, 「심문」(『문장』, 1939.6)은 식민지 지식인 '김명일'을 1인칭 화자로 설정하여 그의 눈에 비친 시대와 세태, 그 속을 살아가고 있는 인물들의 형상을 섬세하게 묘사하고 있는 작품이다. 하얼빈(만주)이라는 문제적 공간을 배경으로 삼고, 평범한 일상을 가지지 못한 인물들을 내세워, 운명이라고 불러도 좋을 환경과 조건에 처하여 고투하거나 전락해 가는 모습을 냉정한 필치로 그려냈다. 작가의 혹은 작품 내의 목소리가 이처럼 인물의 처지에 경도되지 않고 침착함을 고수하는 것은 결코 적극적이라 할 수 없는 화자의 성격, 선택의 기로에 선 경계인적 입지와 밀접히 관련되어 있다는 가설에서 본 연구는 시작된다. 어느 쪽에도 쉽게 투족하지 못하는 1인칭 화자의 눈은 조선과 만주, 혹은 그 속에서의 삶의 성격을 인물의 모습에 투영시켜 저울 양쪽 접시에 올려놓은 듯이 관찰하는 것이다.

한편 김승옥의 「무진기행」(『사상계』, 1964.10)은 출세한 시골 수재 '윤희중'을 1인칭 화자로 삼고 있다. 희중의, 고향 무진에서의 짧은 체류기간 동안을 소설의 시공간적 배경으로 삼았다. 「심문」의 만주가 퇴폐적 향락 혹은 전락의 도시로 그려지고 있듯이 「무진기행」의 무진 또한 건전한 생활의 공간은 아니다. 그곳에서 만난 세무서장 조, 교사 박, 그리고 하인숙 등의 인물 군상은 희중에게 경멸 혹은 연민의 대상이 되고 있다. 그러나 희중은 그들의 삶에 동정적 태도를 보이려 하지 않는 동시에 불화와 갈등을 촉발하지도 않는다. 「심문」의 명일과 마찬가지로 「무진기행」의 희중 또한 일종의 경계에 선, 냉소적인 인물이기 때문이다. 명일이 '조선'이라는 저울추로 '만주'를 가늠해보고 있듯이, 희중에게 기준이 되는 저울추는 '서울'이며 계량되는 대상은 '무진'이다.

「심문」과 「무진기행」의 닮은 점은 이외에도 여럿 거론될 수 있다. 방문기 혹은 여행기로서의 성격, 카오스를 방불케 하는 공간에 압도되어 버린 듯 끝내 헤어나지 못하는 여주인공의 모습 등이 제일 먼저, 쉽게 눈에 띄는 두 작품의 유사점이다.

본 논문은 두 작품의 남성 인물과 여성 인물의 관계와 함께 '조선과 만주', '서울과 무진'이라는 공간의 비대칭적 질서의 당대적 의미와 그것에 관련된 작가의 현실 인식을 고찰한다.[1] 그간 「무진기행」의 경우, 위에서 말한 공간을 주안점으로 한 선행 연구가 어느 정도 축적되었는데, 양축의 차별적 성격을 대조하여 '서울(도시)와 시골', '현실과 환상', '일상성과 비일상성', '지배적 중심과 종속적 주변' 등으로 의미를 규정하고 있다.[2] 이에 비해 「심문」에 대해서는 상대적으로 '만주와 조

---

1 필자는 「최명익, 「심문」의 인물 형상화와 만주 인식의 상관성 고찰」(『현대소설연구』 55, 2014)에서 「심문」의 등장인물 간의 관계와 공간에 관한 인식이 입체적으로 조직되었음을 고찰한 바 있다. 해당 논문의 인물 구도 고찰에서 '명일-여옥'의 관계 부분을 특화하고 「무진기행」의 '희중-인숙' 관계도와 비교하는 작업이 이 글의 우선적인 수행 과제가 된다.

선'이라는 이항 대립적 분석보다는 '만주' 공간의 당대적 의미에 대한 고찰이 주로 진행되었다.[3] 본 논문에서는 앞서 지적한 두 작품의 유사점들을 기준으로 삼아 1930년대와 1960년대라는 시기적 차이에도 불구하고 '어쩌면 우연히' 형성된 '텍스트의 계보'를 살피려 한다. 이 과정에서 눈여겨보아야 할 것은 인물의 성격과 그들의 모습에 투영된 공간의 성격, 그리고 그것들에 내포된 위계적 질서와 작가의 현실 인식이다.

2. 경계인의 의식과 불안한 여로

2.1. 식민지 지식인 명일과 하얼빈행

「심문」의 화자 명일은 특별한 일 없이 하얼빈으로 간다. 작품의 서두는 거의 10페이지의 분량을 할애하여 하얼빈으로 향하는 열차 안에서 두서없이 전개되는 명일의 심리를 서술한다. 하얼빈으로 가는 명확한 이유를 자신조차 요령 있게 납득하지 못하기에, 언뜻언뜻 떠오르는 상념과 가깝고 먼 기억의 조각들은 열차 안팎의 풍경과 뒤섞여 캔버스 위에 달라붙지 않는 물감과 기름처럼 흐르고 있다.

---

2 1966년 『현대문학』에 발표된 김현의 「구원의 문학과 개인주의」(『현대 한국문학의 이론/사회와 윤리』, 문학과지성사, 1991), 명형대의 「「무진기행」의 환상적 공간구조」(『한국문학논총』 3, 1980), 황국명의 「여로형 소설의 지형학적 논리 연구」(『문창어문논집』 37, 2000) 그리고 최근 박산향의 「「무진기행」의 체험공간과 장소정체성」(『한어문교육』 32, 2015)까지 수많은 연구 성과들이 궁극적으로는 「무진기행」의 배경인 무진을 서울과 대조되는 장소로 파악하고 있다.

3 이와 관련하여 정호웅의 「한국 현대소설과 만주 공간」(『문학교육학』 7, 2001)과 정종현의 「근대문학에 나타난 '만주' 표상 - '만주국' 건국 이후의 소설을 중심으로」(『한국문학연구』 28, 2005) 등의 논문을 참조할 수 있다.

여행의 동기는, 명목상으로는 친구 이군의 초청에 의한 것이지만, 그와의 만남은 이내 부차적인 의미로 격하된다. 이군에 의해 지난 날 연인이었던 여옥의 소식을 듣게 된 때문인데, 하얼빈으로 가면 그녀를 볼 수 있을 것이라는 기대 혹은 예감은 불길한 것이었든 숙명적인 것이었든 마침내 실현되고 말리라는 것을 명일은 이미 알고 있었다.

> 할빈-.
>
> 내 이번 여행은, 앞서도 한 말이지만 역시 전과 다름없는 방랑이라 어떤 기대를 갖었던 것은 아니지만 그러나 이같이 우울한 여행일 줄은 몰랐다. 가는 차중에서 일종의 모험이니 무서운 숙명과의 음모니 하여 즐겨 꿈인 망상이, 단순한 망상이 아니었고, 어김없이 들어맞은 예감이었던 것이다.
>
> 물론 할빈서 李君을 만났고, 그의 십 년 풍상과 지금의 성공과 사업과 장차의 경륜을 듣고 보아 의지의 인 李君을 탄복하고 축하하는 바이지만, 나의 이 여행기는, 그런 건전하고 명랑한 기록은 아니다. 내가 치우처 침울한 이야기만을 즐겨 한다거나 이야기로서의 소설적 흥미와 효과만을 탐내 그런 것은 물론 아니다. 「李君의 성공담」은 이야기의 주인공격인 「나」라는 나와는 별개의 것이 되고 말었으리만치 이 할빈서 나는 나와 너무나 관련이 깊은 사건에 붓들리고 말었으므로 우선 그 이야기를 할 밖에 없는 것이다. 그것은 물론 如玉이의 이야기다[4]

일종의 시치미 떼기에 해당하는 명일의 위와 같은 경위 설명은 작품의 화자가 지닌 성격을 가감 없이 보여준다. 그 무엇도 쉽게 단정해

4 최명익, 「심문」, 『문장』, 1939.6, 13-14면. 이하 「심문」의 작품 인용은 작품명과 해당 지면의 페이지 수만을 적는다.

버리지 않으려는, 어쩌면 우유부단하고 아니면 신중한 그의 성격은 매사에 있어 판단 유보적 태도와 언행으로 드러난다. 옛 여인을 만나는 일을 두고 특별히 그것을 위해 길을 떠난 것은 아니라고 하거나, 행선지에 당도해서도 결국 친구에 의해 등을 떠밀리듯 만나게 되었다는 식으로 서술하고 있는 것을 확인할 수 있다. 여옥을 처음 만나고 그냥 헤어진 것이 아니라 다시 약속 시간을 잡게 된 것도 친구 이군의 강권에 의해서이고, 마지못한 듯 여옥의 거처를 찾아가게 된 이유도 여옥 자신이 주소와 약도를 건네주었기 때문이라는 식이다.

> 그래서 나 역시 정한 시간에 如玉이를 찾어가기로 하였다.(독자 중에는 이 「그래서 나 역시……」라는 말에 불쾌를 느끼고, 그만 것을 동기나 이유로 행동하는 나를 경멸하는 이가 있을른지 모를 것이다. 사실은 나는 그러한 독자를 상대로 이 여행기를 쓰는 것이다.) 그때 내게는 굳이 如玉이를 찾지 않고 말 이유가 없었든 것이다.[5]

위 내적 독백에서 서술자 명일은 '여옥을 찾기로 함', '여옥을 찾지 않을 이유가 없었기 때문'이라는 의미의 두 문장을 인과 관계의 틀 안에 배치하고 있다. 특별히 여옥을 찾을 이유가 있어서가 아니라 여옥을 찾지 않을 이유가 없어서이다. 괄호 안의 문장들은 조금 더 도발적인데, 누군가 여옥을 찾기로 했으므로 "나 역시" 그리하겠다는 자신의 태도를 굳이 들추고, 텍스트 바깥의 독자에게 이야기를 건다. 능동적이거나 주체적이라고 볼 수 없는 판단과 행동을 비판적으로 바라보는 독자가 있을 터인데, 이 여행기(소설)은 그들을 대상으로 하는 발화이며, 따라서 그런 독자가 없다면 이러한 소설 쓰기는 무용한 것이라는

---

5 「심문」, 16면.

의미로도 읽힐 수 있다.

말하자면 이 소설(여행기)은 '왜 핑계 대는가?' 하는 질문에 대한 답을 찾기 위한 행위로서의 글쓰기이다. 이 질문은 표현 그대로 서술자가 서술의 현재 시점에서 예상한 독자의 질문일 수도 있지만, 쉽게는 설명할 수 없는 자신의 행동에 대해 반추하며 스스로 그 의미를 묻는 것이기도 하다.

소설이 현재형 문장의 '재현' 형식이 아니라 과거형 문장의 '서술' 형식을 지닌다는 것은 서술자가 처음부터 전체 이야기가 거느리는 서사 정보를 모두 알고 있는 상태에서 이야기한다는 뜻이다. 명일이 우연한 여행을 빙자하여 여옥의 이야기를 풀어내는 것은 독자와 함께 사건의 자초지종을 탐색하는 과정이 아니라 한 번 겪었던 일을 복기하며 그 의미를 반추하고 규정하려는 작업으로 보아야 한다.

그래서 기차 안의 풍경과 인상을 담은 소설의 서두 부분은 의미심장하다. 처음의 여행에서는 무슨 의미인지 생각지 못하고 그냥 흘려버렸을 수 있는, 그러나 지난 시점에서 곰곰이 생각해 보니 과연 그것이 조만간 닥칠 일의 복선이었음을 알게 되는 에피소드이다.

> 무사히 세관을 치르고 국경을 넘은 나는 식당으로 갔다. 대만원인 식당에 겨우 자리를 얻은 나는 첫눈에도 근엄하달 수밖에 없는 어떤 중년 여사와 마조앉게 되었다. 歌手 미우라의 체격에 修女 비슷한 양장을 한 그 중년 여사는 국방색 안경알 위로, 연방 기우리는 나의 맥주잔을 이따금 넘겨다보는 것이었다.[6]

> 애욕 때문이랄까! 복잡한 심리적 암투를 하다가 다라난 如玉이가 있

6 「심문」, 6면.

는 곳이라 생각하면, 이국적 호기심을 만족할 수 있고, 옛 친구를 만나는 기쁨만이 기다리는 할빈이 아니요, 혹시 어떤 음울한 숙명까지도 나를 노리고 있을 것같이 생각되는 것이다. 숙명이란 이렇다 할 원인이 없는 결과만을 우리에게 던저주는 것이다. 원인이 있다드라도, 지금 마주앉은 중년 여사의 新約全書에 있을 「죄는 죽엄을 낳고」라는 「죄」와 같이 추상적인 것으로, 그런 추상적 원인이 「죽엄」이라는 사실적 결과를 맺게 하는 것이 숙명이라면 우리는 그런 숙명 앞에 그저, 전율할 수밖에 없을 것이다.[7]

하얼빈으로 가는 것은 여옥을 만나기 위해서이지만 여옥을 만나지 못한다고 해도 문제될 것은 없다. 하얼빈에는 친구 이 군이 있고, 그를 만나 회포를 푼다거나 자신의 삶에 의욕과 동기를 부여할 수 있을지도 모르기 때문이다……. 아마도 이 정도가 명일의 처음 생각이었을 것이다. 우선순위가 어떻게 되든 간에 여옥을 만나는 일은 그의 하얼빈 행의 여러 목적 중 하나일 뿐이다. 그런데 결국 여옥을 만나게 되자 명일의 서사는 '건전하고 명랑한 여행기'가 아닌 '무섭고 침울한 숙명의 기록'으로 변하고 만 것이다.

그렇게 될 줄 알았다면, 어쩌면 명일은 이 여행을 떠나지 않았을 것 같다. 그만큼 명일의 현 상황은 되는 대로 지켜보자는 식으로 무기력하고, 누구의 생에도 간여하지 않겠다는 것처럼 그의 태도 또한 소극적이기 때문이다. 바람 좀 쐬어 보겠다는 호기심으로 떠난 여행길에 한 여자의 죽음이라는 숙명적 비극이 그의 주위에서 일어났고, 그것에 직간접적으로 연루되지 않을 수 없었던 그의 처지야말로 난감하기 이를 데 없는데, 생각해 보니 여행의 시작인 열차 안에서부터 마음

7 「심문」, 13면.

은 뒤숭숭하고 주변 분위기는 불안했다는 투의 이야기이다.

소설의 이후 전개는 명일의 눈에 비친 사건의 묘사와 요약 서술로 이루어진다. 1인칭 서술자 명일은 자신이 맞닥뜨린 상황을 독자에게 차례차례 전하는 동시에 방관도 개입도 아닌 애매한 줄타기를 계속하는 자신을 지속적으로 보여준다. 죽음이라는 이야기의 결말은 인물들 간 관계로부터 비롯된 원인의 필연적 결과가 아니라 '숙명'이라는 의미로 서두에서부터 규정되어 있었다. 명일의 힘으로는 어쩔 수 없는 일이었으므로, 여옥의 죽음 앞에 그가 가지는 감정은 스스로의 행동에 대한 참회나 부끄러움이 아니라 한 여성의 안타깝고 서러운 운명에 대한 동정이 된다.

2.2. 출세한 시골 수재 희중과 무진행

「무진기행」의 희중 또한 「심문」의 명일과 마찬가지로 적극적이거나 능동적인 성격과는 거리가 먼 인물이다. 소설의 시발점이기도 한 희중의 무진행은 주체적 선택이나 자각 때문이 아니었다. 타인의 권유에 떠밀리듯 행로를 결정하는 듯한 태도는 「심문」의 명일과 꼭 닮았다.

> "당신 안색이 아주 나빠져서 큰일났어요. 어머님의 산소에 다녀온다는 핑계를 대고 무진에 며칠 동안 계시다가 오세요. 주주총회에서의 일은 아버지하고 저하고 다 꾸며 놓을게요. 당신은 오랜만에 신선한 공기를 쐬고 그리고 돌아와 보면 대회생제약회사의 전무님이 되어 있을 게 아니에요?"라고. 며칠 전날 밤, 아내가 나의 파자마 깃을 손가락으로 만지작거리며 나에게 진심에서 나온 권유를 했을 때 가기 싫은 심부름을 억지로 갈 때 아이들이 불평을 하듯이 내가 몇 마디 입안엣소리로 투덜

댄 것도 무진에서는 항상 자신을 상실하지 않을 수 없었던 과거의 경험에 의한 조건반사였다.

내가 나이가 좀 든 뒤로 무진에 간 것은 몇 차례 되지 않았지만 그 몇 차례 되지 않은 무진행이 그러나 그때마다 내게는 서울에서의 실패로부터 도망해야 할 때거나 하여튼 무언가 새출발이 필요한 때였었다. 새출발이 필요할 때 무진으로 간다는 그것은 우연이 결코 아니었고 그렇다고 무진에 가면 내게 새로운 용기라든가 새로운 계획이 술술 나오기 때문도 아니었었다.[8]

아내의 권유로 희중은 무진에 간다. '회사의 전무가 되는' 신상의 중요한 일과 관련되어 있음에도 희중은 그것이 마치 남의 일인 양 귀찮은 심부름을 앞둔 어린아이처럼 투덜거린다. 그간의 무진행이 늘 '새 출발'과 필연적으로 얽혀 있었다는 것을 인지하고 있으면서도, 마지못해 수용하듯 하는 희중의 태도는 이번에도 피동적이고 소극적이다. 결국은 가야 하고 가게 될 것을 알면서도 그 행동의 책임을 주변에 떠넘기는, 어쩌면 지극히 철없고 의존적인 태도라고 할 수 있다.

"내가 긴장을 풀어 버릴 수 있는, 아니 풀어 버릴 수밖에 없는 곳을 무진으로 정해 준 것은 대단히 영리한 것이었다."[9]는 서두 부분 화자의 서술에는 무진으로 향하는 결정이 결코 자율적으로 이루어지지 않았으며, 무진에서의 긴장 풀린 언행 또한 무의식적이고 불가항력적인 것이라는 변명이 배어 있다. 무의식이라는 관념을 꾀바르게 이용하는 화자의 의식 그 자체가 영리하다면 영리한 것이다. 이 또한 「심문」의

8 김승옥, 「무진기행」, 『한국소설문학대계 45』, 동아출판사, 1995, 155-156면. 이하 「무진기행」의 작품 인용은 작품명과 해당 지면의 페이지 수만을 적는다.
9 「무진기행」, 158-159면.

명일이 숙명을 운운한 것처럼, 작품 결말의 무기력하거나 무책임한 행동에 대한 화자 스스로의 암시라고 판단할 수 있다.

「심문」의 명일이 여옥을 만날 것으로 짐작하고 하얼빈으로 간 것과는 달리 「무진기행」의 희중은 무진으로 향하는 동안 인숙의 존재 자체를 모르고 있었다. 그러나 「심문」이 '명일과 관련이 깊은' '여옥의 이야기'가 될 수밖에 없었던 것처럼 「무진기행」 또한 두 사람의 첫 만남에서부터 일찌감치 '희중과 관련이 깊은' '인숙의 이야기'로 전개되는 수순을 밟는다.

> 다리가 끝나는 바로 거기에서부터, 그 여자가 정말 무서워서 떠는 듯한 목소리로 내게 바래다주기를 청했던 바로 그때부터 나는 그 여자가 내 생애 속에 끼여든 것을 느꼈다.[10]

예전에는 몰랐던 여자가 처음 만난 날부터 자신의 생애 속에 이미 끼어든 것을 느꼈다는 희중의 속말은 며칠 되지 않는 체류기간을 감안할 때 대단히 섣부른 것처럼 보인다. 자신은 가만히 있는데 문득 끼어든 존재로서의 인숙을 어쩔 수 없다는 태도로 받아들이는 것은 작품 말미까지 계속되는 '책임/무책임'의 이항대립과 맞물려 희중의 혼란스러운 의식을 반영한다. 무턱대고 사랑할 수도, 그렇다고 버릴 수도 없는 대상으로서의 인숙은 희중에게 긍정할 수도 부정할 수도 없는 무진과 마찬가지의 존재다.

> "무작정 서울에만 가면 어떻게 할 작정이오?" 내가 물었다. "이렇게 좋은 오빠가 있는데 어떻게 해주겠지요." 여자는 나를 쳐다보며 방긋 웃

10 「무진기행」, 166-167면.

었다. "신랑감이야 수두룩하긴 하지만…… 서울보다는 고향에 가 있는 게 낫지 않을까요?" "고향보다는 여기가 나아요." "그럼 여기에 그대로 있는 게……" "아이, 선생님, 절 데리고 가시잖을 작정이시군요." 여자는 울상을 지으며 내 손을 뿌리쳤다. 사실 나는 나 자신을 알 수 없었다. 사실 나는 감상(感傷)이나 연민으로써 세상을 향하고 서는 나이도 지난 것이다. 사실 나는, 몇 시간 전에 조가 얘기했듯이 '빽이 좋고 돈 많은 과부'를 만난 것을 반드시 바랐던 것은 아니지만 결과적으로는 잘 되었다고 생각하고 있는 사람인 것이다.[11]

희중은 무진에서 그곳의 사람들에게 질투를 불러일으킬 만한, 예외적인 존재다. 그들이 선망하는 공간인 서울에 주소를 두고 있다는 바로 그 점이 무시할 수 없는 이유가 된다. 그러나 서울의 희중은 돈 많고 빽 좋은 과부를 아내로 가진, 운 좋은 시골출신의 사내일 뿐이다. 이러한 조건이 양쪽의 공간에서 희중을 소외시킨다. 그럼에도 불구하고 인숙에게만큼은 희중이라는 존재가 특별할 수밖에 없다. 인숙은 희중을 서울 사람으로, 서울로 자신을 데려다 줄 수 있는 유일한 가능성으로 여긴다.

희중이 인숙을 통해 확인하는 것은 무진과 서울의 공간적 위계이다. 첫 만남 당시 인숙에게 느낀 친밀감의 정도를 단정할 수는 없겠지만, 희중이 무진을 벗어나려는 인숙에게 양자 중 어느 쪽을 분명히 권면하지 못하는 이유는 그 자신 또한 양쪽의 공간 사이에서 갈등하고 있기 때문이다. 「심문」의 명일이 죽은 아내와 산 여옥을 조선 및 만주라는 공간에 투영하여 비교하는 것과 마찬가지로 「무진기행」의 희중은 아내와 인숙에게 투영된 서울과 무진을 견주어 보는 것이다.

11 「무진기행」, 175면.

분명한 것은 「심문」의 명일이 퇴폐와 향락의 도시 하얼빈을 부정적으로 인식하면서도 조선에 정을 붙이지 못하는 것처럼[12] 「무진기행」의 희중 또한 서울과 무진 양쪽 모두에서 소외된 외로운 존재라는 사실이다.

단적으로 말하자면 「심문」의 명일이 '자신과 너무도 관련이 깊은 사건'에 붙들리고도 소극적인 행동으로 일관하고, 「무진기행」의 희중이 '자신의 생애 속에 한 여인이 끼어든 것'을 알아채고도 책임지지 않으려 애쓰는 것은 만주와 조선, 무진과 서울을 등거리에서 객관적으로 바라보려는 두 작가의 의도적 설정 때문으로 보인다. 인물의 피동적 상황 인식과 소극적 행동 양식은 결과적으로 운명적 공간으로서의 만주와 무진을 감정이입 없이 냉정하게 파악하기 위한 서사적 장치인 셈이다.

3. 일탈의 공간 속에서 재현되는 숙명

3.1. 유행가 난장 위의 프리마돈나 인숙

「무진기행」의 '인숙'은 1인칭 서술자 '희중'에게 과거의 자아를 환기시키는 인물이다. "당신은 제 자신이기 때문에 적어도 제가 어렴풋이

---

12 「심문」의 명일이 조선에 정을 붙이지 못하고 방랑길을 떠나게 된 것은 처 혜숙의 죽음 때문이다. 죽은 아내의 공간인 조선을 떠나 여옥의 공간인 만주를 찾아가는 명일의 행동은 만주라는 새로운 공간에 조선을 방불케 하는 제2의 고향을 건설하여 정착하려 했던 식민지 조선인들의 사정과 오버랩된다.(졸고, 「최명익, 〈심문〉의 인물 형상화와 만주 인식의 상관성 고찰」, 『현대소설연구』 55, 2014, 161면 참조)

나마 사랑하고 있는 옛날의 저의 모습이기 때문"[13]에 사랑한다는 작품 결말의 부치지 못한 편지 구절은 진심의 토로에 가깝다고 여겨진다. 희중이 무진에서 인숙을 처음 만나게 된 것은 그야말로 우연한 자리에서였다.

> 여선생은 '목포의 눈물'을 부르고 있었다. '어떤 갠 날'과 '목포의 눈물' 사이에는 얼마큼의 유사성이 있을까? 무엇이 저 아리아들로써 길들여진 성대에서 유행가를 나오게 하고 있을까? 그 여자가 부르는 '목포의 눈물'에는 작부(酌婦)들이 부르는 그것에서 들을 수 있는 것과 같은 꺾임이 없었고, 대체로 유행가를 살려 주는 목소리의 갈라짐이 없었고 흔히 유행가가 내용으로 하는 청승맞음이 없었다. 그 여자의 '목포의 눈물'은 이미 유행가가 아니었다. 그렇다고 '나비부인' 중의 아리아는 더욱 아니었다. 그것은 이전에는 없었던 어떤 새로운 양식의 노래였다. 그 양식은 유행가가 내용으로 하는 청승맞음과는 다른, 좀더 무자비한 청승맞음을 포함하고 있었고 '어떤 갠 날'의 그 절규보다도 훨씬 높은 옥타브의 절규를 포함하고 있었고, 그 양식에는 머리를 풀어헤친 광녀(狂女)의 냉소가 스며 있었고 무엇보다도 시체가 썩어가는 듯한 무진의 그 냄새가 스며 있었다.[14]

세무서장 조 군의 집에 벌어진 술자리에서 인숙은 언뜻 보아 예외적인 존재인 것처럼 끼어 있었다. 성악을 전공한 음악 선생이라는 그의 이력 때문이기도 하겠지만, 무엇보다 인숙은 외지인인 데다 무진에 아무 연고도 없는 사람인 것이다. 그런 자리에 어울리지 않는 인숙

---

13 「무진기행」, 180면.

14 「무진기행」, 165면.

의 어울리지 않는 노래를 들으며 희중은 무자비한 청승맞음과 서늘한 광기와 시체가 썩는 듯한 무진의 냄새를 느낀다. 희중 스스로 무진의 초입부터 반복적으로 만나 온 불온한 광경과 불길한 기운은 이 순간 인숙의 이미지와 겹쳐져 독자에게 각인된다.

> "클래식을 부를 장소가 있고 유행가를 부를 장소가 따로 있다는 것뿐이겠지. 뭐 딱할 거까지야 있나?"[15]

여성 인물 인숙의 입장에서 '클래식을 부를 장소'란 서울일 것이며, '유행가를 부를 장소'는 무진일 것이다. 인숙이 부르고 싶은 노래는 단연 클래식일 것이며, 그가 희구하는 삶의 모습은 '클래식을 부르며 지낼 수 있는 서울에서의 일상' 정도에 가깝다고 볼 수 있다. 그러나 그것은 말 그대로 희망사항일 뿐 인숙이 처한 현실은 술자리에서 청승맞게 유행가를 부르는 무진에서의 나날이고, 언제 깨어날지 알 수 없는 막막한 악몽 속과 같다.

마음에 맞지 않는 사람들 틈에서 유행가를 부르는 동안 인숙이 경험한 것은 정체성의 혼란이었을 것이다. 또한 자신이 그토록 열망하는, 클래식을 부르는 삶을 성취하는 일이 불가능할지도 모른다는 조급함일 것이다. 인숙이 생각한 자신의 삶을 바꿀 수 있는 최선의 방법은 거소를 옮기는 것이며, 이는 공간이 인간의 삶의 모습을 좌우한다는, 근거가 박약한 믿음에서 비롯된다. 그런 면에서는 희중의 생각도 그리 크게 다른 것 같지 않다. 서울에서의 희중과 무진에서의 희중이 다른 것이 아니라 서울과 무진이 기본적으로 다른 것이며 자아의 인식과 행동 양식은 공간에 의해 규제되고 피동적으로 결정된다고 믿는

---

15 「무진기행」, 166면.

것으로 보아 알 수 있다.

문제는 인숙의 거소 이동 즉 무진에서의 탈출이 자력에 의해 이루어지기 어렵다는 점이다. 인숙은 자신을 무진으로부터 이끌어내 줄 유력한 조력자로 희중을 떠올리고 있다. 그러나 희중은 언뜻 보기에도 적극적으로 행동할 만한 성격의 소유자가 아니므로, 인숙의 희망은 애초부터 배반될 가능성이 짙다고 보아야 한다.

서울로만 가면 모든 것이 달라질 것이라고 믿는 인숙의 생각 또한 그야말로 허구이거나 몽상일 수 있다. 애초부터 서울로 가는 것, 무진을 탈출하는 것 자체도 어려운 일인 데다가 무엇보다 중요한 것은 달라진 삶일 텐데, 서울에 거주한다는 하나의 조건이 다른 모든 것을 충족시켜 줄 리 만무한 것이다. 희중의 경우 돈 많은 처가라는 든든한 배후를 가지고 있지만, 인숙에게는 그러한 것이 전무하다. 만약 인숙이 희중이라는 대상을 두고 자신을 뒷받침해 줄 지속적인 조력자로 여기는 것이라면 문제는 복잡해진다. 희중이 그 역할을 담당하려면 아내라는 자신의 배후를 잃을 위험에 처할 수 있고, 그렇다면 희중이 잃어버리는 것은 단순한 조력자 하나가 아닌 서울에서의 안정적 삶 전부일 터이다. 돈도 빽도 없는 희중이 인숙을 온전히 뒷받침해 줄 만한 힘을 가지는 것은 불가능에 가깝다.

인숙의 욕망은 표면적으로 희중을 향해 있는 것처럼 보이나 희중은 서울이라는 근본적인 욕망의 대상을 매개하는 존재에 불과하다.[16] 이때 인숙이 욕망하는 서울이라는 대상 또한 자신이 꿈꾸는 이상적인

16 르네 지라르의 '매개적 욕망'이나 '욕망의 삼각형', 자끄 라깡의 '타자의 욕망' 등의 이론을 끌어들여 분석할 수 있는 인물 구도라고 할 수 있다. 다만 본 논문은 문학이론에 근거하여 대상을 설명하기보다 두 작품을 비교하고 각 작품의 시대 상황과 결부시키는 것이 주된 목적이므로 외서 및 번역서를 인용하고 이론을 원용하는 등의 서술은 할애하기로 한다.

삶이라는 궁극적인 욕망의 대상을 매개하는 존재일 뿐이다. 즉 인숙은 희중이라는 통로로 서울을 욕망하고 서울을 통해 다른 삶을 욕망한다. 인숙의 욕망이 이처럼 복잡한 경로의 방향성을 지닐수록 그것의 좌절은 필연적인 숙명으로 나타날 수밖에 없다. 욕망의 허구적 구조를 자각하는 순간 드러나는 것은 생생하도록 차가운 현실이 부여하는 환멸의 감정이다.

> 한참 후에 여자가 말했다. "선생님, 저 서울에 가고 싶지 않아요." 나는 여자의 손을 달라고 하여 잡았다. 나는 그 손을 힘을 주어 쥐면서 말했다. "우리 서로 거짓말은 하지 말기로 해." "거짓말이 아니에요." 여자는 빙긋 웃으면서 말했다. "'어떤 갠 날'을 불러 드릴게요." "그렇지만 오늘은 흐린 걸." 나는 '어떤 갠 날'의 그 이별을 생각하며 말했다.[17]

주지하다시피 '어떤 갠 날'은 오페라 "나비부인"의 아리아이다. 인숙은 '어떤 갠 날'을 부르며 핀커튼이 돌아오기를 고대하던 초초상의 심경에 감정이입을 하고 있었지만, 초초상의 숙명과 오페라 "나비부인"의 비극적 결말은 미처 떠올리지 못했거나 애써 외면하려 했던 것일지 모른다. 그를 "나비부인"의 1960년대 한국적 화신이라 할 수 있다면, 독자가 예상할 수 있는 「무진기행」의 후일담은 꼭 그만큼 비극적인 것이다.

3.2. 인정극 무대 위의 히로인 여옥

"나비부인"의 초초상처럼 자신을 현재의 거주공간에서 이끌어내 줄

17 「무진기행」, 178면.

조력자를 기다리는 여성 인물은 「무진기행」보다 25년가량 앞서 발표된 1930년대 작품 「심문」에도 나타난다. 20세기 전반 일본은 물론 세계 각지에서 흥행한 오페라 "나비부인"은 1930년대 조선에서도 공연된 바 있다.[18] 제국주의 서구 열강의 위력 하에서 힘없는 동양 여인의 비극적 운명이 속수무책으로 결정되어 버리는, 말 그대로 헛된 기다림의 이야기는 어쩌면 1930년대의 상황에서 일본보다는 조선의 관객들에게 더 진한 심정적 공명을 불러일으키지 않았을까 생각된다. "나비부인"의 서사에 익숙한 당대의 독자[19]라면 스스로의 힘으로는 그 무엇도 바꿀 수 없어 자신을 구원해 줄 조력자를 기다리는 여주인공의 모습을 보고, 어렵잖게 초초상의 그림자를 떠올렸을 것이다.

「무진기행」이 '어떤 갠 날'이라는 노래로 "나비부인"과의 접점을 만들고 있다면, 「심문」과 "나비부인"의 상호텍스트성을 뚜렷이 매개하는 것은 가수 '미우라'의 형상이다. 작품 초반에 명일이 기차에서 우연히 만난 일본인 중년 여성을 통해 미우라의 존재를 환기시킨 후, 미우라의 이미지에서 "나비부인"의 초초상을, 다시 여옥의 모습을 독자로 하여금 연쇄적으로 떠올리도록 하려는 작가의 의도를 엿볼 수 있다.

하얼빈에서 여옥은 "삼류 사류 캬바레의 댄서"[20]로 일하고 있다. 게다가 여옥은 모르핀 중독자이며, 과거 동경 시절의 연인이었던 현혁

---

18 "특히 "일본의 나비부인" 가수로 유명한 소프라노 미우라 다마끼는 1937년 5월 18일 푸치니의 오페라 〈나비부인〉 전 4막을 부민관에서 모두 공연함으로써 조선에서는 처음으로 오페라를 경성의 청중에게 선보이면서, 일본의 음악문화수준을 과시하였다." 이경분, 「일제시기 서양음악문화와 일본인의 영향」, 『음악논단』 25, 2011, 168면.

19 1930년대 당시 오페라 공연을 관람하는 등 클래식 음악을 향유할 수 있었던 조선인의 수는 그리 많지 않았을 것이다. 그러나 클래식 음악에 조예가 있는 당시의 엘리트들이란 동시에 본격소설 등 근대 문예에도 관심이 깊은 상대적 고학력 계층이었을 것이다.

20 「심문」, 14면.

에 의해 철저히 구속되어 조롱 속의 새처럼 살아간다. 하얼빈을 방문한 명일을 마치 우연인 것처럼 만나게 되자 여옥은 곧 하얼빈을 떠날 계획을 세운다. 여옥에게 하얼빈은 술과 마약과 퇴폐의 늪에 빠져 허우적거리는 패배자들의 공간일 뿐이다.

> "중독자에게서 흔이 볼수있는 몰염치한 생각인지는 모르지만……" 내가 잠시 손을 내밀어 준다면 如玉이는 내손을 붓잡아 의지하고 지금의 생활에서 자기를 건저내고 싶다는 것이었다.
>
> "제가 중독자의 몰염치로 이런 말슴을 하게 되는 것인지는 모르지만……" 여옥이는 또 이런말을 앞세우고, 아직 자기의 몰염치를 자각할수있고, 애써 자기를 건저야겠다는 의지가 남어있는 이때를 놓지면 영자기는 폐인이 되고 말것이라고 말하는 그의 눈에는 눈물이 고인다.[21]

"지금의 생활에서 자기를 건져내고 싶다"는 여옥이 명일에게 밝힌 제1의 방안은 거주 공간의 이동이다. "무엇보다 저는 이곳을 떠나야 해요. …… 할수만있으면 저를 다리시구 조선으로 나가 주셨으면 합니다."[22]고 간청하는 여옥의 말은 하얼빈에서의 탈출과 이어지는 조선행이 자신의 삶을 바꾸는 방법이 되리라는 희망을 내포하고 있다.

> 如玉이는 장차 어떻게되는가, 어떻게 할셈인가, 정말 나를 따라 조선으로 나가는가, 내가 다리고 가는가, 나가면 어떻게하나, 우선 입원식힐밖에 없다. 그래 완인이 되면? 그 후의 如玉이는 또 어떤 길을 밟게 될까? 혹시 또 나와! 그렇게 될지도 모른다. 사람의 일이라니 알 수 있드라구[23]

21 「심문」, 31면.
22 「심문」, 32면.

여옥에게 하얼빈이 현혁으로 대표된다면 조선은 명일로 대표되는 공간이다. 현혁을 매개로 하얼빈이라는 거주 공간을 택했던 여옥의 삶은 자신이 가졌던 이상과는 전혀 동떨어진 성격의 것이었고, 이에 따라 다시 명일을 매개로 한 조선행과 그것으로 말미암은 또 다른 삶을 꿈꾸게 된 것이다. 「무진기행」의 인숙이 희중을 매개로 서울행을 기도하고 그것을 통해 이상적인 생활을 꿈꾸는 것과 마찬가지의 연쇄적 도식이다. 그러나 동시에 명일에게는 만주라는 공간이 여옥으로 대표되고, 조선은 죽은 처 혜숙의 공간으로 자리매김 되어 있다. 따라서 여옥이 명일을 따라 조선으로 간다 해도 그의 마음이 의지할 자리는 마련되어 있지 않은 것이다.[24] 과거부터 여옥이 명일에게 온전히 마음을 주지 못한 이유도 여기에 있다.

결국 「심문」의 여옥 또한 자신의 욕망을 실현시키지 못한 채 절망하고 만다. 그것은 필시 자신이 지닌 욕망이 허구적 연쇄 구도에 기초한 것임을 자각한 결과일 것이며, 작품 내 여옥의 서사는 환멸감을 이겨내지 못하여 자살하고 마는 필연적 결구로 수렴된다.

> 그렇다고 저의 지금 병(중독)을 곳친대짜 다시 맑아진 새정신으로 보게될 세상은 생소하고 광막하기만하여 저는 더욱 외로울것만 같습내다. 갱생을 꿈꾸든것도 한때의 흥분인듯 하올시다. 지금 무었을 숨기오리까. 요사한 말슴이오나 저는 선생님의 심정을 완전이 붓잡을 수없음을 슬퍼하면서도 선생님을 잊으려고 노력 할밖에 없었읍내다. 그러한 제가 이제 다시

---

23 「심문」, 46면.

24 「심문」의 인물 구도와 각 인물이 공간의 성격과 대응하는 양상은 졸고, 「최명익, 「심문」의 인물 형상화와 만주 인식의 상관성 고찰」(『현대소설연구』 55, 2014)을 참조.

선생님을 따라가 완인이된대짜, 제 앞에 무슨 희망이 있을 것입니까
-. 내내
선생님 긔체 만강하시옵소서.[25]

작가에 의해 화자로 하여금 작품 서두부터 예견케 한 인정극 여주인공의 비극적 숙명은 위에 인용된 편지(유서)로 결말을 맺는다. 완인이 되어 새로 사는 삶은 애초부터 준비되어 있지 않았다. "갱생을 위하여 따라나서기보다, 이렇게 죽어가는 것이 如玉이의 如玉이 다운 운명이라고도 생각하였다."[26]는 명일의 속말은 「무진기행」의 결말에서 희중이 느낀 '부끄러움'처럼 무책임한 언사의 전형으로 보인다. 그러나 그리도 무정하게 여옥의 심정을 받아들여주지 못한 명일의 처지는 만주 이민의 생활난을 구제해 줄 수 없는, 귀국을 하더라도 책임져줄 수 없는 무기력한 조선의 모습을 그대로 반영하는 것이라고 읽힐 수 있다.

달리 말해 명일의 우유부단하고 소극적인 성격은 무력함에서 기인하는 것이라고 할 수 있다. 죽은 여옥의 인당을 들여다보면서 먼저 세상을 떠난 아내 혜숙을 보는 듯 반가워하고, 죽어 가는 여옥의 심정을 끝내 받아들이지 못한 것에 대해 미안함이나 후회보다는 서러움을 느끼는 명일의 심리는 백성에게 아무 힘이 되어주지 못하는 조선의 마음을 의인화한 것이다.

"죄는 죽음을 낳고……" 운운한 작품 서두의 성경 구절 인용을 다시 떠올려보면 여옥을 죽음으로 몰고 간 죄란 식민지 백성으로 태어난 원죄일 밖에 없다. 새 삶을 향한 헛된 기대와 열망을 배반당한 나

25 「심문」, 49면.
26 「심문」, 49면.

비부인의 환생이다. 새로운 나비부인의 운명을 위에서 내려다보듯 스테이크를 먹는, 미우라를 닮은 일본인 부인의 위치에서 식민 본국의 지위를 읽을 수 있다. 만주든 조선이든, 오룡배의 유한계급이든 부두의 쿨리든 하얼빈 카바레의 무희들이든 그 모든 운명들을 블랙홀처럼 삼켜버릴 수 있는, 제가끔 한 터치의 오일로 동북아라는 캔버스에 점찍을 수 있는 최상위 포식자의 위치이다.

4. 결론

여옥이나 인숙처럼 작중의 현실을 고통스럽게 견뎌내고 있는 인물이 또 다른 삶, 더 나은 삶을 꿈꾸는 것은 자연스럽다. 그럼에도 불구하고 그 인물들이 결국 좌절하고 마는 소설의 결말은 당대를 바라보는 작가의 현실 인식에 기인한다고 할 것이다.

「심문」과 「무진기행」의 여주인공들이 마주한 고통스러운 현실은 각각 만주와 무진이라는 특정한 공간에 결부되어 있는 것으로 나타난다. 그들에게 만주와 무진은 벗어나야 할 땅이며, 대안적 공간은 조선과 서울로 제시된다. 이에 필연적으로 만주와 조선, 무진과 서울은 위계적 질서 아래 놓인다.

1930년대 이민자가 처한 상황에서 본국으로의 귀환을 꿈꾸는 것이나, 1960년대 시골 사람들의 서울 지향은 그리 특이한 것이 아닌, 보편적인 현상이었다 할 만하다. 그러나 각 작품의 작가들은 여주인공의 좌절이라는 결말 구조를 통해 현 거주 공간으로부터의 탈출과 새로운 공간으로의 이주 의지가 삶을 바꾸는 방편이 될 수 없음을 암시한다. 당대의 일반적인 현실 인식에 대한 서사적 반성인 셈이다. 두 작품은 경계인적 성격의 소극적 남성 서술자를 내세웠다. 양쪽의 공간을 객관적으로 비교하고, 비극적 운명에 개입하는 대신 전락과 좌절의 과정을 냉정하게 관찰하는 역할을 부여하기 위해서이다.

서술자의 관찰을 통해 드러나는 것은 여주인공이 지닌 욕망의 허구성이다. 여옥과 인숙은 명일과 희중을 통해 조선과 서울을 욕망한다. 그러나 명일과 희중이라는 잠재적 구원자는 물론 조선이나 서울이라는 대안적 공간도 모두 '지금과는 다른 삶'이라는 궁극적인 욕망의 대상을 매개하는 존재일 뿐이다. 자신을 구원해 줄 남성도 새로운 거주 공간도 다른 삶을 가져다 줄 수 있는 것이 아니라는 점에서 비극은 필연적인 숙명이 된다.

「무진기행」이 보여주는 인숙의 절망은 당대 우리 국민의 집단무의식에 가까운 서울 지향의 욕망에 대해 재고하고 성찰하는 의미를 지닌다고 할 수 있다.

그에 비하면 「심문」의 여옥이 받아들여야 했던 비극적 숙명은 동북아 질서의 일부분에 불과한 만주와 조선의 이항대립적 인식이 좁은 시야에서 비롯된 것임을 깨닫게 한다. 식민 본국인 일본을 포함하여 거시적인 안목에서 보면 만주와 조선의 비대칭적 위계는 무의미해 보이는 것이다.

이처럼 「심문」과 「무진기행」이 보여주는 유사성은 남성 인물의 성격이나 여로 구조, 여성 인물의 좌절 등 작품 내 서사적 요소에 머무르지 않는다. 소설의 배경이 되는 공간의 상징성과 두 작품에 공히 나타나는 지역성의 배타적 위계 구도는 당대 현실을 바라보는 작가의 시선을 유추할 수 있도록 해준다. 마지막으로 두 작품에 공히 나타나는, 오페라 "나비부인"의 초초상을 떠올리게 하는 여성 인물의 딱한 처지를 눈여겨볼 필요가 있다. 이는 당대를 살아가는 평범한 사람들의 기대와 욕망이 차가운 현실과 만나는 지점을 명징하게 보여주는 장치로 기능하고 있다고 판단되기 때문이다.

소설사의 맥락과 텍스트의 계보

제 3 부

김유정의 현실 인식과 아이러니의 한 양상
- 단편 「떡」, 「만무방」의 인물 형상을 중심으로

1. 서론

김유정 소설에 대한 실로 다양한 해석이 기존 연구사를 통해 제시되어 있다는 것[1]은 다음과 같이 설명될 수 있다. 우선 김유정의 소설이 여러 가지 관점과 방법론에 의한 분석을 견딜 만한 텍스트라는 점이다. 또한 단위 텍스트 각각의 완결성은 물론 다양한 교육적 관점을 생성시킬 수 있는 텍스트 간 맥락을 거느린 것이 김유정의 소설세계

1 최근 들어 김유정의 이름을 딴 학회가 설립되고, 매년 학술대회가 개최되며, 김유정만을 대상으로 한 단행본 연구서가 정기적 · 지속적으로 간행되고 있다는 사실은 특별히 주목할 만하다. 김유정을 기리고 그의 문학에 관한 기존의 견해를 정리하여 기념하는 차원이 아닌, 새로운 시각과 방법론에 의한 논문이 한 해도 거르지 않고 십여 편 이상씩 제출되고 있는 것이다. 이에 따라 김유정 연구의 관심은 「봄 · 봄」, 「동백꽃」, 「만무방」 등 대표작으로 여겨지던 농촌 배경 소설에 집중되던 경향에서 벗어나 창작소설, 번역소설, 수필을 포함한 모든 텍스트로 확산되는 추세이다. 『김유정의 귀환』(2012), 『김유정과의 만남』(2013), 『김유정과의 산책』이 김유정학회 이름으로 소명출판사에서 엮은 정기 출간 연구서이며, 같은 기간 내에 출간된 유인순 외, 『김유정과 동시대 문학 연구』(2013), 유인순, 『김유정과의 동행』(2014) 또한 직 · 간접적으로 연관된 연구 논저이다.

라고 할 수 있다. 이를 증명하듯 중등교육 및 고등교육 과정의 '국어'와 '문학' 독본에서 김유정의 작품들은 주요 제재로서의 지위를 점하고 있는 것이 사실이다.

그런데 김유정 소설을 사실주의적 관점에서 해석하거나[2] 도시소설의 범주에서 분석하는 작업은 늘 그 반대편의 작업보다 조심스럽고, 확장성의 측면에서 많은 난관에 부딪히는 것으로 보인다. 김유정의 작품들은 서정성이나 토속성을 전형적으로 드러내고 있고, 해학이나 반어의 방법론으로 조직되어 있다는 의견, 그리고 그와 관련한 텍스트들이 더 뚜렷하게 부각될 만큼 양과 질적인 측면에서 우위를 보이고 있다는 의견이 지속적으로 설득력을 얻고 있기 때문이다. 그러나 김유정 소설의 다양한 해석 가능성과 교육적 의의는 그 자체로 존중될 필요가 있다.

김유정 소설을 당대 현실 혹은 역사적 전망과 연관하여 논하려 할 때 가장 먼저 부딪치게 되는 난제는 인물의 성격과 관련되어 있다. 김유정 소설의 인물이란 좋게 말해서 순진하거나, 나쁘게 말해서 유치하다는 평가를 받을 만한 존재라 해서 크게 틀리지 않는다. 즉 해학적 아이러니라는 방법론을 위하여 복무하는 기능적 인물이거나, 세상을 구조적으로 관찰 및 해석할 능력이 없는 원초적 인간형이거나 한 것이다. 꼭 집어서 순진하거나 유치하다고는 볼 수 없는 인물이라도 성인의 입장에서 인간관 혹은 세계관이라고 할 만한 관념을 갖추어

2 일찍이 신동욱이 「김유정의 「만무방」」(『한국현대문학론』, 박영사, 1972)에서 김유정을 "사실주의에 정통한 작가"라고 규정하고, 이주형이 「「소낙비」와 「감자」의 거리 - 식민지시대 작가의 현실인식의 두 유형」(『국어교육연구』 8, 1976)에서 김유정의 사실주의적 현실인식을 김동인의 자연주의적 태도와 대조한 이후 김유정 연구의 시각은 '리리시즘의 표백' 등의 단조로운 경향을 넘어 뚜렷이 확장되었다.

현실을 바라보거나 비판하기에는 부적합한 인물인 것이 사실이다.

그렇다면 이때, 주목될 수 있는 것이 바로 '서술자'라는 존재일 것이다. 그러나 김유정 소설의 서술자는 그 역시 미성숙한 등장인물이 아니면, 사건의 전개에 그다지 관여하는 일 없이 텍스트 내 세계를 관조하거나 해석하는, 중심사건 외부의 존재에 가깝다. 김유정의 대표작이라고 널리 알려져 있는 「봄 · 봄」, 「동백꽃」의 경우만 보더라도, 장인의 착취에 어수룩하게 순응하는 '나', 계집아이의 도발에 어쩔 줄 모르고 속수무책으로 당하는 '나'는 나이와 상관없이 어린아이나 다름없는 인물이다. 그러니 그 텍스트의 이면에 '가족 관계로 위장된 불합리한 주종 관계'나 '마름 대 소작인이라는 당대 현실의 전형적 대결 구도'가 숨어 있다는 사실은 수긍될 수 있어도 강조되기는 쉽지 않다.[3]

여기서 근자에 김유정 소설의 여성 인물을 다루는 연구가 지속적으로 제출되고 있는 점을 의미 있게 고려할 수 있다. 김유정 소설의 여성 인물은 능동적 관찰이나 해석의 주체로 자리매김하기는 어려울지 몰라도 현실을 반영하는 거울이 될 수 있기 때문이다.

이에 더하여 김유정 소설의 인물 중 어린아이들은 어떻게 처리되고 있는가를 살펴볼 차례가 된 것 같다. 주지하다시피 1930년대 중 · 후반은 많은 작가들이 '생활'이라는 명목 하에 귀소(歸巢)를 합리화하고 가족을 부양하는 이야기들을 쏟아낸 때이다. 실제로 많은 작가들이 1920년대의 청년기를 지나 1930년대에는 가장의 나이에 접어들어 있었음을 고려하지 않을 수 없다. 그들에게 주어진 자녀 양육이라는 미션은 절망적인 현실의 타개 가능성을 묻는 일과도 같았으므로, 지난

3 송하춘은 「동백꽃」에서 '마름과 소작인의 사회적 갈등'을, 「봄 · 봄」에서 '노사관계와 부자관계의 팽팽한 긴장 관계'를 작품이 내포한 주요 발견으로 제시했다. (송하춘, 『탐구로서의 소설독법』, 고려대학교출판부, 1996, 168-178면 참조)

하였으나 모색되지 않으면 안 될 과제 중 하나였다.

그들과 함께 당대를 살아가고 있던 김유정에게는 아내도 없었고, 자녀도 없었다. 소설을 '성숙한 남성의 형식'[4]이라고 할 때, 김유정 자신이 가장의 역할을 감당해 본 적이 없었다는 점은, 특히 1930년대 중반 이후라는 활동시기를 고려하면, 작가 생활에 있어서의 분명한 핸디캡이었다. 그러나 김유정이 적은 편수의 작품에서나마 어린아이를 형상화하고 그들의 문제를 다루었다는 것은 섬세하게 고찰될 필요가 있다. 그 또한 당대를 반영하는 거울이며, 작가의 현실 인식을 짐작케 하는 근거가 될 수 있기 때문이다. 한 가지 분명한 것은, 작가 김유정이 어린아이를 통해 그려 놓은 것이 그가 꿈꾸는 세계의 신기루가 아니라 그가 목도하고 있던 당대의 살벌한 풍경이라는 점이다.

2. 김유정 소설에 나타난 어린아이의 형상

김유정이 소설 창작의 과정에서 작품을 통해 성년 인물의 가치관을 드러내는 것은 말처럼 쉬운 일이 아니었다. 그는 누군가의 지아비이거나 아비였던 적이 없었기 때문이다. 따라서 김유정은 가족의 문제와 그것을 조율하는 가장의 역할에 대해 제3자의 입장에서 관찰하는 시점을 취할 수밖에 없었다. 김유정의 소설에서 자녀로서의 어린

---

4 게오르그 루카치, 반성완 역, 『소설의 이론』, 심설당, 1985 참조. 루카치가 소설 형식의 유형을 논하면서, '현실을 대하는 주인공의 영혼이 너무 협소한가 아니면 너무 넓은가'를 기준으로 삼았다고 할 때, 김유정 소설의 주인공은 '영혼이 외부세계보다 좁은 경우'에 해당한다고 할 수 있다. "이러한 유형의 주인공이 갖는 문제성은, 그가 내적으로 전혀 문제성을 지니고 있지 않기 때문에 선험적 좌표에 대한 의식, 다시 말해 간극을 현실적으로 체험할 수 있는 능력을 가질 수 없다는 점에 있다"(게오르그 루카치, 위 책, 124면)

아이가 많이 등장하지 않고, 그나마 아이답게 묘사되지 않으며, 그들을 돌보고 양육해야 할 아비의 태도조차 비정상적인 것으로 읽히는 이유이다.

지아비와 지어미의 관계가 아니더라도 '남성과 여성이 만나 사랑하고, 어떻게든 살아남아야 한다'는 현재의 문재에만 집중되어 있는 김유정 소설의 담화는 어린아이의 모습을 통해 미래를 예감하거나 모색하는 주요 인물의 시야를 확보하는 데 적당치 않다. 김유정 소설의 서사와 담론이 지극히 당대의 현실 즉 현재의 문제에 국한되어 있다는 것은 이처럼 텍스트 내 인물 구도를 통해서도 충분히 드러난다.

가족이라는 틀 속에서 자녀로서의 어린아이의 모습이 그 중 생동감 있게 사건 및 행동을 통해 형상화된 작품은 「떡」(『중앙』, 1935.6)이 거의 유일하다. 한 먹성 좋은 어린아이가 부잣집 생일잔치에 불청객으로 끼어들어서 분에 넘치도록 음식을 먹다가 죽을 뻔했다는 이야기다. 이 우습고도 슬픈 에피소드를 중심으로 아이의 부모가 빈궁한 살림을 이어가게 된 내력이 서술되고, 평상시의 배고픈 일상과 아비와 자식 간의 식탐 경쟁이 해학적으로 묘사된다.

> 이러든것이 그날은 유별나게 어느때보다 일측 일어낫다. 덕히의 말을 빌리면 고 배라먹을 년이 그예 일을 저질을랴고 새벽부터 일어나 재랄이엿다. 하긴재랄이 아니라 배가 몹씨고팟든 까닭이지만. 아버지의 숫가락질 소리를 들어가며 침을 삼키고 삼키고 몇번을 그래봣으나 나종에는 더 참을 수가 없엇다. (중략 - 인용자) 아버지는 이꼴에 화를 벌컥 내엿다. 손바닥으로 뒤통수를 딱 때리드니 이건죽지도않고 말성이야 하고 썩 마뜩지않게 뚜덜거린다. 어머니를 향하얀 저년 아무것도 먹이지말고 오늘 종일 굶기라고 부탁이다. 드럿는지 못드럿는지 어머니는눈을 깔고 잠잣고 있다. 아마 아버지가 두려워서 아무 대꾸도 못하는 모양, 딱때리

고 우니까 다시 딱 때리고. 그럴쩍마닥 조꼬만 옥이는 마치 오뚝이 시늉으로 모두 쓰러젓다는 다시 일어나 울고 울고 한다. 죽은 안주고 때리기만 한다. 망할새끼 저만 처먹을랴고 얼른 죽어버려라 염병을 할자식. 모진 욕이 이러케 입끝까지 제법 나왓스나[5]

배가 고파 일어난 아이를 다짜고짜 때리는 것으로도 모자라 굶기라고 명하는 아비, 입속으로나마 그 아비더러 상스런 욕과 저주를 퍼붓는 일곱 살 난 딸. 서로 죽으라고, 왜 죽지도 않느냐고 아우성인 부녀지간의 싸움을 글감으로 해서 독자들을 웃기는 김유정의 재주야말로 대단한 것이다. 그러나 한바탕 웃어만 넘기기에는 이 어린아이에게 주어진 삶의 조건이 너무 가혹한 것임을 독자는 생각지 않을 수 없다.

사실 어느 작가라 해도 제 작품에 어린아이들이 안락하게 호의호식하거나 부모의 사랑을 듬뿍 받으며 귀하게 자라나는 것을 그릴 만한 시대는 아니었을 것이다. 그러나 아이가 먹고 살겠다고 아비와 죽 그릇을 다투어야 하는 현실은 - 아무리 허구 텍스트 안에서이지만 - 암담하기 그지없다.

천덕꾸러기 신세를 면치 못하는 어린아이는 「애기」(『문장』, 1939.12)에도 등장한다. 임신을 숨기고 결혼한 아내와 의사라고 속이고 결혼한 남편이 무슨 귀찮은 물건을 치워 버리려는 듯이 아기를 버릴 궁리를 한다. 제 자식이 아님을 뻔히 아는 아비는 물론이고 조부모에게도 사랑받을 권리를 타고나지 못한 아기는 심지어 자신을 낳은 어미에게서조차 버림받을 위기에 처해 있는 것이다.

5 김유정, 「떡」, 전신재 편, 『원본 김유정 전집』, 강, 2007, 87면. 이하 김유정의 소설 인용은 작품의 제목과 함께 이 책의 면수만을 밝히기로 한다.

"여보, 우리 애를 내다버립시다" 하고 안해가 맞우 처다보며 눈을 깜짝입니다.

"왜 날젠언제구 또 내버리다니?"

"아니 저……"

안해는 낯이 후끈한지 어색한 표정으로 어물어물합니다. 실상이지 딸은 제딸이로되 요만치도귀엽진 않습니다. 이것때문에 걸려서 시부모에게 큰체를 못해서요. 큰체를 좀 빼다가도 방에서 악아가 빽, 울면 고만 제밑을 들어내놓고 망신을 시키는 폭입니다. 전날에 부정했던 제죄로 말미아마 아주 찔끔못하고 꺾여버립니다. 또 이뿌던것도 모두들 밉다, 밉다, 하면 어쩐지 딿아 밉게되는 법이니까요.

"그런게 아니라 이렇게 서루 고생할게야 있우, 자식귀한 집으로 가면 저두 호강일테고한데!"

이말은 듣기에 좀 구수합니다.

"글세" 하고 든직이 생각하여 봅니다. 따는 이런 냉골에서 구박만 받느니 차라리 손노는 집으로 들어가서 호강을 하는것이 함결 날겝니다. 그리고 저게 지금은 모르나 좀 자라면 세우 먹을랴고 들겝니다. 가난한 마당에는 악아의 쬐꼬만 입도 크게 무섭습니다.[6]

귀찮은 아이를 버리는 일을 앞두고 아내는 '자식 귀한 집으로 가서 호강하며 클 것'이라는 의견을 내세우고, 남편은 아가의 조그만 입이 먹어 치울 밥을 걱정하며 은근히 동의하는, 그들 나름대로의 이 영악한 합리화는 등장인물의 안팎을 장악한 구연체적 서술에 의해 여지없이 폭로된다. 물론 이들 부부의 어수룩한 모의는 마음 약한 남편의 단념으로 성공에 이르지 못하지만, 가난이라는 조건 외에도 부모의

6 「애기」, 405-406면.

냉대와 구박을 견뎌 내야 할 아가의 하루하루는 당장 내일 아침을 기약하기도 어려운 상황이다.

김유정 소설에 등장하는 남성 인물들이야 가솔을 돌보는 일 따위는 안중에도 없고 들병이 꽁무니를 따라다니거나 허황된 몽상을 일삼는 철부지로 묘사되는 경우가 허다하지만, 상기 작품 「애기」에서처럼 여성 인물이 게다가 아이의 어머니가 모성애를 상실하였거나 아예 갖추지 못한 모습으로 그려지는 것은 드문 경우라고 보아야 한다. 예컨대 「만무방」(『조선일보』, 1935.7.17-30), 「야앵」(『조광』, 1936.7)에는 극한의 생존 조건 속에서 젖먹이 아이를 지키기 위해 남편과 헤어질 것을 결심하고 실행하는 어머니의 모습이 그려져 있는 것이다.

> 그들 부부는 돌아다니며 밥을 빌엇다. 안해가 빌어다 남편에게, 남편이 빌어다 안해에게. 그러자 어느날 밤 안해의 얼골이 썩 슬픈 빗이엇다. 눈보래는 살을 여인다. 다 쓰러저가는 물방아간 한구석에서 섬을 두르고 언내에게 젓을 먹이며 떨고잇드니 여보게유, 하고 고개를 돌린다. 왜, 하니까 그말이 이러다간 우리도 고생일뿐더러 첫때 언내를 잡겟수, 그러니 서루 갈립시다 하는것이다. 하긴 그럴법한 말이다. 쥐뿔도 업는것들이 붙어단긴대짜 별수는업다. 그보담은 서루 갈리어 제맘대로 빌어 먹는것이 오히려 가뜬하리라. 그는 선뜻 응락하엿다. 안해의 말대로 개가를해가서 젓먹이나 잘 키우고 몸성히 잇스면 혹 연분이 다아 다시 만날지도 모르니깐 마즈막으로 안해와 가티 땅바닥에 나란히 누어 하루밤을 떨고나서 날이 훤해지자 그는 툭툭 털고 일어섯다.[7]

"그래 오작해야 정숙이언니가 아주 멀미를 내다싶이해서 떼내던졌어

7 「만무방」, 100면.

요. 방세는 내라구 조르고 먹을건 없고 언내는 보채고허니 어떻게사니, 나같으면 분통이 터저서 죽을 노릇이지, 그래서 하루는 잔뜩취해들어온 걸 붙들구 앉어서 이래선 당신허구 못살겠우, 난 내대루 벌어먹을터이니 당신은 당신대루 어떻걸셈대구 낼은 민적을 갈라주, 조곰도 화도 안내고 좋은 소리루 그랬대, 뭐 화두 낼 자리가 따루 있지 그건 화를 낸대짜 아무 소용이 없으니까, 그리고 언내는 안즉 젖먹이니까 에미품을 떨어저서는 못살게니 내가 데리구 있겠오 그랬드니 그날은 암말않고 그대로 자고는 그 담날부터는들어오질 않드래, 별것두 다 많지? 그리고 나달후에는 염서 한장이 왔는데 읽어보니까 당신원대로 인제는 이혼수속이 다 되었으니 당신은 당신 갈대로 가시요 하고 아주 배씸좋은 편지래지, 그러니 이따위가 자식새끼를 생각하겠니? 안해 떼버리는게 좋아서 얼른 이혼해주고 이렇게 편지까지 헌 놈이"[8]

위 두 작품뿐만 아니라 「떡」에서도 어머니라는 존재와 모성애라는 덕목은 아이의 생존을 위한 최후의 보루이다. 아예 없거나 있으나 마나한 아버지와 달리 어머니는 자식에 대해 최소한 동정적이며, 자신이 먹을 것이 부족해도 딸에게 죽을 양보하는 「떡」의 어머니나 젖먹이를 살리기 위해 남편과 헤어지기를 결심하는 「만무방」과 「야앵」의 어머니처럼 기본적인 헌신의 미덕을 보여 주고 있는 것이다.

어린아이가 살아남기 위한 최소한의 조건조차 흔들리고 있는 「애기」의 세계는 그래서 더욱 비참 지경이다. 「애기」는 김유정 생전에 발표되지 않은 작품이라는 점을 참고할 필요가 있다. '미발표 유고'로 그의 사후인 1939년 말 발표될 당시 지면에 탈고 일자가 기록되어 있는데, '소화 9년' 즉 1934년 12월 10일이다. 이 작품을 탈고한 뒤 발표

8 「야앵」, 231-232면.

는 하지 않은 상태에서 김유정은 4개월 후(1935년 4월) 「떡」을 탈고하였고, 그해 6월에 지면을 얻어 발표한다.

어쩌면 김유정은 「애기」에서 어린아이가 직면한 상황을 통한 극한적인 당대 현실 폭로를 시도하였으나 차마 발표하지는 못하고, 「떡」에서처럼 아이에게 동정적인 어머니를 조력자적 인물로 설정한 후에야 탈고한 작품을 발표할 용기를 얻었을지도 모른다. 4개월밖에 안 되는 기간 동안 어린아이의 생존 조건을 모티프로 한 작품을 두 편이나 써낸 이유를 이해할 수 있는 하나의 방법이다.

그럼에도 불구하고 「떡」의 옥이가 견뎌야 할 현실의 무게도 가혹하기는 마찬가지다. 자신을 지켜주어야 할 어머니가 심약하고 병약하게 그려지고 있기 때문이다. 실제로 옥이가 떡을 먹고 탈이 나서 목숨을 잃을 수도 있는 위기 상황에 처했을 때, 어머니가 할 수 있는 일이라고는 우는 것 말고 아무 것도 없는 것으로 그려진다. 집도 없이 남의 집에서 얹혀살며 주인에게도 의심과 구박을 받고, 보살펴주어야 할 부모도 폭력적이거나 병약하여서 크게 보탬이 되지 않는 상황, 스스로 선택하지 않았으나 운명적으로 주어진 옥이의 차디찬 현실은 당대 식민지 조선 민중의 그것을 상징적으로 드러내고 있다고 하지 않을 수 없다.

3. 1930년대 후반기의 현실과 김유정의 작가적 대응

「떡」의 소설세계와 같은 환경에서 아이에게 필수적으로 요구되는 성격이란 악착스러움일 뿐이다. 아버지에게 반항하고 어머니의 몫을 빼앗아서라도 일단은 살아남는 것이 우선이다. 감자 몇 개라도 먹을 것이 눈에 띄면 그것이 제 것인지 주인집의 것인지 중요치 않다. 사실

먹는 것 이외에 옥이가 스스로의 목숨을 부지하기 위해 할 수 있는 일이라곤 별로 없다. 옥이의 식탐은 생존 본능에서 기인한 것이 아니겠는가. 그런 옥이에게 잔칫날 부잣집 작은아씨의 배려는 엄청난 횡재가 아닐 수 없었을 것이다. 횡재가 위기상황으로 바뀌는 데는 한나절도 걸리지 않았지만 말이다.

> 내가 옥이네집을 찾어간 것은 이때썩 지어서이다. 해넘이의 바람은 차고 몹시 떨렸으나 옥이에대한 소문이 흉함으로 퍽궁금하엿다. 허둥거리며 방문을 펄떡 열어보니 어머니는 딸 머리맡에서 무르팍에 눈을 부벼가며 여지껏 훌쩍어리고앉엇다. 냉병은 아주 가셧는지 노냥 노랗게 고민하든 그상이 지금은 붉하허니눈물이 흐른다. 그리고 놈은 쭈그리고 앉어서 나를 보고도 인사도 없다.[9]

옥이를 위기 상황에서 구해낸 것은 뜻밖에도 서술자이다. 이야기의 바깥에 자리를 잡고 누군가에게 들어 알게 된 이야기를 전하듯 하는 역할만을 고수하던 서술자가 직접 등장인물의 자격을 얻어 사건 내에 개입하고 있는 것이다. 이는 김유정의 다른 작품에서는 찾아보기 힘든 경우이다. 게다가 서술자인 '나'가 현장에 뛰어들어 사건에 개입하는 것은 작품의 후반부에 이르러서이므로 더욱 생경하게 느껴진다. 사건에 개입한 이상 그 이후의 이야기는 들어서 알게 된 이야기를 독자에게 전달하는 형식이 아닌, 스스로의 행동을 포함한 관찰 내용을 1인칭으로 서술하는 형식이 된다.

작품의 앞뒤 분위기를 어긋나게 하면서까지 서술자가 전면에 드러날 수밖에 없었던 사정은 여기서 분명하게 설명될 수 있다. 작품에

9 「떡」, 93면.

등장한 인물들 예컨대 옥이의 부모나 마을 사람들의 재주로는 옥이를 살려낼 방도가 없기 때문이다. 서술자가 계속 사건에 개입하지 않은 채 누군가에게서 들은 이야기처럼만 '떡이 사람을 먹은 이야기'를 구연하다가는 사관 한 번 틀면 회생할 아이를 경을 읽다 죽이게 생겼던 것이다. 만약 그랬다면 서술자는 논평적 목소리를 통해 이들의 무지를 한탄하고 이런 사건이 일어날 수밖에 없었던 배경을 비판하는 일밖에 더 할 일이 없었을 터이다.

'나'가 옥이를 살리는 데 결정적인 공헌을 하는 인물로 사건에 개입하는 것이 집필 이전 단계에서부터 미리 의도된 것이었는지 아닌지는 알 수 없다. 아무튼 '나'의 급작스런 출연이 옥이를 살리는 방법이 될 수는 있을지언정 작품의 얼개는 어딘가 어긋난 것처럼 어색해졌다. 결국 부모자식간의 문제를 등장인물 간의 역학관계로 얽거나 풀어내는 일은 작가 김유정에게 잘 맞는 옷이 아니었음을 알 수 있다.

1930년대 중 후반 당대를 함께 살아가고 있던 작가 한설야의 「딸」(『조광』, 1936.4), 「이녕」(『문장』, 1939.5)에도 옥이와 비슷한 나이의 반항적인 여자아이가 등장한다. 그러나 이 아이를 바라보는 아버지의 시선은 지극히 자애롭고, 심지어는 왈패 같은 딸의 성격을 자랑스러워하기까지 하는 것 같다.

> "그까짓 간난애(게집애)를……"
>
> 딸을 더사랑하는데대하야불평이있는안해와어머니는무슨기회가 오는때마다 씩웃으며 이렇게 말한다.
>
> "간난애를 그렇게 양해서 뭣에 쓰겠소. 말괄량이나 됐지……"
>
> 이렇게도 말한다.
>
> 허나 이쾌활하고 말솜씨좋은 딸을 그는 그지없이 사랑한다.
>
> 어느날 어느 소년소녀의 잡지편집을보는 S라는친구가 찾아왔다. 원악

어린애를 좋아하는 S는 곧 그의 딸과 가까워졌다. 허나 이씩씩한딸은 따분한놀음을 오래 계속하기에는 너무도 날파람이세다. 곧 말솜씨를 걸어보랴고하고 무슨 내기를 결녀보랴고한다.

(중략 - 인용자)

"얘 누가 이겼니?"

하고아버지가 이렇게 물을때에 은숙은 으앙하고 끗끗내 울음이 터졌다. 허나 그리며 다시 기를써 S를 차기시작한다. 얽혀가지고서도 그리고 울면서도 은숙은 반항하고 있다.[10]

채만식 또한 「레디메이드 인생」(『신동아』, 1934.5-7), 「명일」(『조광』, 1936.10-12) 등의 작품에서 정규 학교교육을 부정하는 독특한 생각을 가진 아버지의 모습을 보여주고 있음을 함께 생각해 볼 필요가 있다. 한설야와 채만식이 작품 속에 창조한 인물들이 아비의 입장에서 자식이 얌전하고 말 잘 듣는 수재로 자라기를 바라지 않는다는 것은 세상에 패배한 인텔리로서의 통렬한 자기 고백과 다름없다. 폭압적인 현실에 대응하는 방법으로서 합리적인 세계관이나 지적인 논리는 유효하지 않다는 것을 이미 알고 있기 때문이다. 아무 때나 떼를 쓰고 누구에게든 반항하는 아이를 더 믿음직하게 바라보는 아비의 시선은 반어적으로 해석해야 옳은가. 그보다 다분히 솔직한 표현으로 이해할 필요는 없을까.

그렇다면 김유정의 현실 인식을 한설야나 채만식과 크게 다르다고 볼 수는 없겠다. 차이가 있다면 김유정과 달리 한설야나 채만식 작품 속의 아비는 반어적으로든 역설적으로든 아이를 양육하는 일환으로써 행동하고 생각한다는 점이다. 한설야가 악착스런 딸을 사랑스러운 시

10 한설야, 「딸」, 『조광』, 1936.4, 131-132면.

선으로 바라보는 아비를 설정했다면 그 아비는 아이의 모습을 통해 미래를 그려보고 있는 것이다. 반면 김유정이 악착스런 딸에게 위협과 폭력을 가하는 아비를 그리고, 아이를 위기에서 구출하기 위해 서술자를 사건 내에 개입시킬 수밖에 없었다면 이는 당장 눈앞에 닥친 현실의 문제를 제시하는 것이 된다.

아무튼 등장인물이나 서술자로서의 아비의 입장이 아니라 작가의 입장에 서면 한설야든 김유정이든 나아가 채만식이든 유난스럽게 이기려고 드는 왈패 같은 아이를 분명히 긍정적인 시선으로 바라보고 있는 것이라 할 수 있다.

이때 한설야나 채만식의 작품 속 아비는 세계를 관조하고 해석하는 주체가 된다. 그들은 현실을 구조적으로 바라볼 수 있는 이지적인 능력을 가지고 있지만 현실을 바꿀 수 있는 것은 아니어서, 향후로도 바뀌지 않을 암담한 현실세계를 억세게 살아낼 수 있는 아이를 길러내고자 하는 것이다.

김유정의 경우, 이에서 더 나아가, 이러한 인물들의 원초적인 행동양식은 어린아이에게만 국한하여 필요한 것으로 제시되지 않는다. 어린아이가 그렇게 커나가야 하리라는 믿음에 앞서 당대를 살아가는 필부필부들이 모두 당장 그렇게 살지 않으면 안 된다는, 그렇게 살 수밖에 없다는 판단이 낳은 방법론이라 할 수 있다.

그래서 김유정 소설의 인물들은 당장 내일의 대책도 없이 어린아이와 같은 행동을 하고, 당장 눈앞에 보이는 것이 있으면 그때그때 필요한 것을 취하며, 잘못된 선택이 가져올 낭패를 아예 두려워하지 않는다.

"내것 내가 먹는데 누가 뭐래?"

하고 데퉁스러히 내뱃고는 비틀비틀 논 저쪽으로 업서진다.

형은 너머 꿈속 가태서 멍허니 섯을뿐이다. 그러나 얼마 지나서 한손으로 그 봇짐을 들어본다. 가쁜하니 끽 말가웃이나 될는지. 이까진걸 요러케까지 해갈라는 그 심정은 실로 알수업다. 벼를 논에다 도루털어 버렷다. 그리고 안해의 치마이겟지, 검은 보자기를 척척 개서 들엇다. 내걸 내가 먹는다 - 그야 이를 말이랴, 허나 내걸 내가 훔쳐야할 그 운명도 얄궂거니와 형을 배반하고 이즞을 버린 아우도 아우이렷다. 에-이 고현놈, 할제 보를 적시는 것은 눈물이다.

(중략 - 인용자)

"애, 존수잇다. 네원대로 돈을 해줄게 나구 잠간 다녀오자"

씩씩한 어조로 기쁘도록 달랫다. 그러나 아우는 입하나 열랴지안코 그대루 실쭉하엿다. 뿐만 아니라 어께우에 올려노흔 형의 손을 부질업단 듯이 몸으로 털어버린다. 그리고 삐익다라난다. 이걸보니 하 엄청이 나고 기가 콱막히엿다.

"이눔아!"

하고 악에 밧치어

"명색이 성이라며?"

대뜸 몽둥이는 들어가 그볼기짝을 후려갈겻다.

(중략 - 인용자)

홧김에 하긴햇으되 그꼴을보니 또한 마음이 편할수업다. 침을 퇴 배타던지곤 팔짜드신놈이 그저 그러지 별수잇나. 쓰러진 아우를 일으키어 등에업고 일어섯다. 언제나 철이 날는지 딱한 일이엇다. 속썩는 한숨을 후 - 하고 내뿜는다. 그리고 어청어청 고개를 묵묵히나려온다.[11]

「만무방」의 응칠은 「떡」의 옥이가 남자로 태어나 나이를 먹었다면

11 「만무방」, 120-121면.

꼭 그렇게 되었을 것 같은 인물형이다. 먹고 입고 자는 일에 심각하게 생각하는 법이 없고, 그날그날 되는 대로 살아가면서도 남에게 무엇이든 지기 싫어하는, 그야말로 '만무방'이다. 그는 남들이 농토에서 땀을 흘릴 적에 송이 파적으로 술값을 마련하고, 주인이 누군지도 모르는 닭을 마음대로 잡아먹으며, 노름판에서조차 손해를 보는 일이 없는, 일탈적이고 위험한 존재다. 그런 응칠이 착실한 농군인 동생 응오를 두고 "언제나 철이 날는지 딱한 일"이라고 말한다.

'내 걸 내가 먹기 위하여 내 걸 내가 훔쳐야 하는 운명'은 응오 개인이 감당할 특수한 문제 상황은 아니다. 오히려 그것은 당대 조선 농민의, 보편적인 운명이라고 보아야 할 일이다. 그런데 그 운명에 대처하는 방법을 보면 피를 나눈 형제간임에도 확연히 구분되고 있는 것이다. 응칠이 보기에 동생은 세상 물정을 모르는 철부지이다. 그러나 독자가 판단하기에 철부지 같은 인물은 오히려 응칠이다. 착실하게 농사를 지어서 아내를 얻고 가정을 이루어 평범하게 살아가려는 응오의 희망은 이미 꺾인 것이나 다름없지만, 제멋대로 풍찬노숙을 하면서 도적질에 노름까지 일삼는 응칠과 비교하면 형보다 나은 동생임에 틀림없는 것 같다.

그럼에도 불구하고 형 응칠을 바라보는 작가의 시선은 차갑거나 부정적이지 않다.[12] 게다가 여기서 응칠이 응오를 두고 "언제나 철이 날

---

12 「만무방」을 다룬 최근의 연구 성과 중 김승환, 「김유정의 「만무방」에 나타난 폭력성」(김유정학회 편, 『김유정과의 만남』, 소명출판, 2013)은 「만무방」을 '폭력의 알레고리'로 규정하고, 인물이 드러내는 폭력성이 시대 현실을 정직하고 정확하게 인식한 결과이며, 폭력의 정당성과 폭력 이후의 역사적 전망을 함의하고 있는 것이라 주장하고 있다. "이런 상황에서는 비폭력적 인물이 오히려 반시대적이고 반사회적"(위 글, 위 책, 159면)이라는 주장에 일리가 있으나, 폭력이 저항의 수단이자 현실 변혁의 세계관을 상징하는 것이라는 데까지 동의하는 것은 본 연구의 관점과 범위를 벗어나기에 적당치 않다.

는지 딱한 일"이라고 하는 말이 왠지 설득력 있게 느껴지는 것은 시대 상황이 낳은 아이러니라고 할 수밖에 없다. 비정상적이거나 미숙한 등장인물 응칠의 발화 내용과 작가의 속뜻이 달라서 생기는 아이러니가 아니라, 반듯하게 세상을 살려던 희망이 무너져 자신의 윤리의식에 반하는 행위를 하게 된 응오에게 '도둑질이 아니라 내 걸 내가 먹는 것'이라는 자기합리화가 필요하게 된, 이상과 현실의 간극이 만들어낸 아이러니다.

착실한 농군이 되기를 포기하고, 처자식과도 주저 없이 헤어진 응칠에게 그렇다고 응오보다 긍정적인 전망을 기대할 수 있는 상황은 아니다. 응칠에게 중요한 것은 내일이 아닌 오늘의 굶주림을 해결하고 잠들 자리를 찾는 일이다. 응오는 아직도 그런 상황이라는 것을 모르거나 인정하지 않고 있으니, 응칠은 그것이 딱하고 답답한 것이다.

염치가 없고 막되어 먹은, 소위 만무방은 누구인가. 누가 보아도 응칠일 것이다. 단지 응칠만이 "형을 배반하고 이 짓을 벌인" 응오를 만무방이라고 생각하고 있을지 모른다. 그렇다면 작가 김유정이 '만무방' 응칠을 통해 전달하려는 메시지는 어떻게 해석해야 하는가. 여기서 분명한 것이 있다면 「만무방」은 응칠처럼 염치없이 살지 말라는 교훈적인 이야기가 아니라는 것이다. 모두가 만무방이 되어 살아야 한다는 선동이나 전언은 아닐지 몰라도, 이 작품은 오늘을 살아내기 위하여 만무방이 될 수밖에 없는, 내일이 없는 조선 농촌과 농민 현실의 핍진한 기록으로서 의미를 가진다.

4. 결론

김유정 소설의 배경이나 인물은 농촌과 농민으로, 토속적이고 순박하게 그려졌을 때 가장 어울린다는 것에 많은 독자들이 동의하고 있다. 김유정 소설의 재미는 해학적 아이러니에 기인하며 그 내면구조에는 어수룩하거나 비정상적인 인물의 역할이 자리 잡고 있다는 해석이 많은 작품을 통해 제시될 수 있다. 이때 독자의 신뢰를 얻을 수 없는 미숙한 인물의 발화는 작가-서술자의 전달하려는 메시지와 상충되어 아이러니의 효과를 발생시킨다.

그런데 본 논문은 위와 좀 다른 각도에서 김유정 소설의 미숙한 인물과 텍스트 구조 원리로서의 아이러니를 바라볼 수 있다는 점을 「떡」, 「만무방」 분석 결과로 제시하고자 하였다.

「떡」은 가족이라는 틀 속에서 자녀로서의 어린아이의 모습이 그 중 생동감 있게 사건 및 행동을 통해 형상화된 김유정의 거의 유일한 작품이다. 작품의 주인공 격인 어린아이 옥이는 집도 없이 남의 집에서 얹혀살며 주인에게도 의심과 구박을 받고, 보살펴 주어야 할 부모도 폭력적이거나 병약하여서 크게 보탬이 되지 않는 상황 속에 던져져 있다. 스스로 선택하지 않았으나 운명적으로 주어진 옥이의 차디찬 현실은 당대 식민지 조선 민중의 그것을 상징적으로 드러내고 있다고 하지 않을 수 없다.

이와 같은 환경에서 아이에게 필수적으로 요구되는 성격이란 악착스러움일 뿐이다. 아버지에게 반항하고 어머니의 몫을 빼앗아서라도 일단은 살아남아야 한다. '지금' '여기'에서 생존하는 것이 최우선이기 때문이다. 이와 같은 생존의 방법론은 어린아이들뿐 아니라 김유정의 작품들 속 당대를 살아가고 있던 조선 농민들에게 보편적으로 적용될 수 있다. 「만무방」을 통해 독자는 천진하여서가 아니라 막무가내로 악착스러워서 어린아이와 같은 인물 응칠을 만날 수 있다.

응칠은 먹고 입고 자는 일에 심각하게 생각하는 법이 없고, 그날그날 되는 대로 살아가면서도 남에게 무엇이든 지기 싫어하는, 일탈적이고 위험한 존재다. 그런 응칠이 착실한 농군인 동생 응오를 두고 '철없다'고 말한다. 이와 같은 응칠의 상황 판단은 독자의 가치관과 충돌하여 표면적인 아이러니를 발생시킨다. 그러나 응칠을 바라보는 작가의 시선은 따뜻하며, 심지어는 응칠의 말과 생각, 행동에 동조하는 느낌마저 준다. 이는 텍스트의 이면에 숨은, 시대 상황이 낳은 아이러니이다. 비정상적이거나 미숙한 등장인물 응칠의 발화 내용과 작가의 속뜻이 달라서 생기는 아이러니가 아니라, 반듯하게 세상을 살려던 희망이 무너져 자신의 윤리의식에 반하는 행위를 하게 된 당대 농민의, 이상과 현실의 간극이 만들어낸 아이러니다.

김유정은 동시대의 여타 작가들처럼 어린아이 묘사를 통해 미래를 예감하거나 전망을 모색하는 방법을 취하지 않고 철저히 현재의 문제에 집중한 작가다. 「떡」과 「만무방」은 내일이 없는 식민지 조선과 백성에게 주어진 오늘의 냉혹한 현실을 핍진하게 기록한 작품으로서 의미 있다.

최명익 소설의 세속과 탈속
-「비 오는 길」, 「무성격자」, 「심문」을 중심으로

1. 서론

「비 오는 길」(『조광』, 1936.5)은 평양 출신의 신인 작가 최명익을 중앙 문단이 주목하게끔 한 사실상의 등단작이다. 평양고보 재학 시 3·1운동에 참여하고, 1920년대 초반 일본 동경에서 유학한 이후, 1920년대 후반에는 『백치』 동인으로 참여하여 유방이라는 필명으로 몇 편의 작품을 발표한 이력[1]이 있으나, '최명익'이라는 작가로서의 이름을 세상에 알린 것은 1930년대 중반을 넘은 시점에서였다는 뜻이다.

1936년부터 1941년까지 5년 남짓한 기간 동안 최명익은 7편 정도의 중·단편 작품[2]을 발표했다. 그리 많은 편수라고는 할 수 없지만,

---

1 1928년 『백치』 1호와 2호에 각각 발표한 「희련시대」, 「처의 화장」 등이 있다. 이외에도 간헐적으로 소설과 논문을 몇몇 매체에 실었으나 별 주목을 받지 못한 것으로 보인다.

2 「비 오는 길」 외에 「무성격자」(『조광』, 1937.9), 「역설」(『여성』, 1938.2-3), 「봄과 신작로」(『조광』, 1939.1), 「폐어인」(『조선일보』, 1939.2.5-25), 「심문」(『문

비교적 공백기 없이 지속적인 창작과 발표가 이루어진 기간이다. 또한 출발로서의 「비 오는 길」에 비추어 「장삼이사」가 이후의 변모를 예감케 하는 한 시기의 마감으로서 확연히 눈에 띄기 때문에, 아직까지도 이 기간의 작품에 관한 논의가 최명익 연구의 중요한 한 줄기를 이루고 있는 것이 사실이다.

이 작품들에 대한 그간의 논의는 다양한 각도에서 이루어졌는데, 그 중 1인칭 서술자 혹은 초점 화자로서의 남성 인물에 주목한 연구[3]가 초창기 최명익 연구의 큰 비중을 차지하고 있음을 부정할 수 없다. 이후 남성 인물 위주의 분석 및 해석에 문제를 제기하고 여성 인물을 집중적으로 고찰하거나[4] 여성 인물을 포함하여 주변 인물에 주목한 논문이 다수 제출되었다. 그러나 결국 여성을 포함한 주변 인물들의 성격이나 처지에 주목한다 해도 결국 그것은 남성 인물의 시선에 의해 여과된 것이므로 남성 인물을 논외로 한 작업은 이루어지기 어려

장』, 1939.6), 「장삼이사」(『문장』, 1941.4)가 있다. 이 작품들 중 「폐어인」을 제외한 여섯 편을 묶어 1947년 을유문화사에서 작품집 『장삼이사』를 간행한다.

3 조연현의 논문 「자의식의 비극 - 최명익론」(『백민』, 1949.1), 이재선의 『한국현대소설사』(홍성사, 1979)와 김윤식의 『한국근대문학사상사』(한길사, 1984) 등 저서의 해당 부분에서 최명익 소설을 자의식 강한 남성 인물을 위주로 논한 이후 비슷한 계열의 개별적 논의가 1980년대 말까지 지속되었다고 할 수 있다.

4 김해연의 논문 「최명익 소설에 나타난 여성 소외의 문제」(『오늘의 문예비평』 7, 1992), 이미림의 「최명익 소설의 '기차' 공간과 '여성'을 통한 자아 탐색 - 「무성격자」, 「심문」을 중심으로」(『국어교육』 105, 2001), 이주미의 「최명익 소설에 나타난 환상과 현실의 관계 양상 - 「심문」을 중심으로」(『한민족문화연구』 10, 2002), 서경석의 「'현일영'의 선택과 실재의 윤리」(『우리말글』 61, 2014), 오주리의 「최명익의 「무성격자」에 나타난 죽음의 의미 연구 - 의식의 흐름과의 관련성을 중심으로」(『한국근대문학연구』 32, 2015), 박종홍의 「최명익 소설에 나타난 죽음의 의미 고찰」(『한민족어문학』 74, 2016) 등 1990년대 이후 최근까지 이어진 다수의 논의들은 남성 인물 위주의 분석 및 해석에서 나아가 여성 및 주변 인물에 주목하거나 모두를 동일한 층위의 작중 인물로 간주하는 시각 및 방법론을 보여 주고 있는 사례이다.

운 것이 사실이다.

'지식인', '자의식' 등의 키워드를 내세워 최명익의 소설을 살피다 보면 결국 1930년대 후반의 시대 상황과 맞물린 인물의 방황이나 내적 분열에 주목할 수밖에 없는데,[5] 이때 논자의 의도를 넘어 독자의 오독이 행해진다면 중심인물 혹은 서술자와 작가를 동일시하는 오류에 빠질 수 있다. 당대를 살아가는 최명익의 고민이 서술자 혹은 초점화자의 시선에 투영된 것이고, 이에 따라 인물의 의식이 혼란스러운 양상을 보이는 것은 작가 자신이 발달된 자의식의 소유자였음을 드러낸다는 식이다.

이와 같은 양상을 작가의 선천적 자질로 돌리든 시대 상황의 영향하에 놓든 자의식이 강한 작가와 의식적 방황을 지속하는 인물을 동일시하는 시각은 일정한 문제점을 파생시킬 가능성이 있다. 물론 작품은 작가를 닮을 수밖에 없을지도 모른다. 그러나 서술자든 초점화자든 작중인물은 결국 작가가 창조한 작품 속의 인격체라고 할 때, 관찰의 형식이든 사유의 내용이든 간에 그것은 작가가 인물에게 부여한 성격에 따라 규정된다고 할 것이다. 이 기본적 질서에 동의하지 않을 경우 분석 작업의 지난함에 비해 그 해석의 결과는 공허해지고 만다.

본고는 최명익 소설 속 인물의 양가감정이나 내적 분열 양상을 부정하지 않는다. 그러나 그것은 작가 최명익의 의도와 계산에 의한 서술시점의 획득과 관련한 문제이며, 그러한 서술자나 초점 화자의 존재 때문에 작가가 일방적으로 제시하는 것이 아닌 독자가 능동적으로

---

5 최근의 예로 박수현의 논문 「에로스/타나토스 간 '내적 분열'의 양상과 의미 - 최명익의 소설 「무성격자」와 「비 오는 길」을 중심으로」(『현대문학의 연구』 37, 2009)를 들 수 있다.

참여하는 해석의 지평이 마련된다는 입장을 견지할 것이다.

따라서 이 논문은 병일, 정일, 명일 등의 인물이 어떻게 관찰하고 사유하느냐, 그의 생활이나 의식에 어떠한 변화가 감지되느냐, 그래서 결국 어떤 상태에 다다랐느냐 등의 질문에 대답하기 위해서만 골몰하지 않을 것이다. 오히려 그들을 포함하여 화자 및 초점화자의 눈에 비친 당대의 풍경과 인물 군상을 주목하기로 한다. 그들이 한 발자국 떨어진 곳에서 지켜보거나 모르는 척 등을 돌려 외면한 삶과 죽음의 모습들을 인물 간 관계 속에서 함께 들여다보는 것이 또한 요긴하리라는 믿음 때문이다.

그리하여 본문의 첫 번째 부분에서는 작품의 서사구조를 먼저 살피기로 한다. 남성 서술자 혹은 초점 화자의 동선을 따라가는 작업이다. 이들 인물이 맞닥뜨리는 상황 속에서 어떤 파편적인 생각을 하는가보다는 내적 갈등이나 분열을 초래하는 그 상황 자체를 우선 확인하려는 것이다. 본문에서 상세히 서술하겠지만, 최명익 소설의 중심인물은 스스로의 방황만으로도 벅차서 남의 사정을 십분 이해하더라도 그의 삶 속에 절대 끼어들려 하지 않는다. 인물이 선택이나 결단의 상황에서 늘 주저하는 것은 작가가 그의 속내를 핍진하게 묘사하려 한 것일 수도 있지만, 그에 의해 누군가의 운명이 재단되거나 좌우되지 않도록 하여, 그 운명적인 상황 자체를 있는 그대로 독자에게 전달하려는 작가의 의도로 파악될 수도 있는 것이다.

본문 두 번째 부분에서는 남성 화자 혹은 초점 화자의 관찰 대상이 되는 인물들의 성격을 고찰할 것이다. 이 과정에서 자연스럽게 주요 인물의 구도가 정리될 것인데, 관찰 주체로서의 남성 지식인뿐만 아니라 타자의 성격 혹은 그가 처한 숙명적 상황 또한 그 자체로 독자적인 의미를 띠는 것이 아니라는 점을 유념할 필요가 있다. 최명익 소설에 나타나는 인물들은 그들이 구축하는 관계의 양상에 따라 다중적 욕망이나 혼란스러운 입지를 각각의 위치에서 드러내는 역할을 하고 있다. 예컨대 「무성격자」의 문주는 정일이 가진 욕망의 한 끝을 대리하는 분신으로 이해될 수 있으며, 반대편의 만수 노인 또한 정일의 또 다른 욕망을 비추는 거울로 해석될 수 있는 것이다. 특히 인물들이 겪고 있는 상황 속에서 '질병' 혹은 '죽음'이라는, 작가에 의해 미리 주어진 조건을 어떻게 읽을 것인가도 곱씹어 볼 필요가 있다.

최명익의 소설을 '지식인의 자기 점검과 지향점 모색의 보고(報告)'로 읽을 것인가, '다양한 당대적 삶의 모습을 관찰하고 형상화한 기록'으로 읽을 것인가? 본 논의의 관점은 후자에 위치한다. 기존 논의 중 전자에 해당하는 분석 작업에 일리가 있음을 확인하고, 그러한 관점에서 생산된 많은 성과들에 동의하면서, 이 논문에서는 후자의 관점을 분석의 기본 태도로 삼아 일정한 보완의 역할을 의도하는 것이다.

2. 일상과 일탈 사이의 떠돎 – 꿈 없는 환몽 구조

「비 오는 길」 등 최명익의 1930년대 소설의 1인칭 서술자나 남성 초점화자의 모습을 작품 서두에서 만났을 때 독자의 입장에서 우선 주목되는 것은 결말에 이르러 이들이 어떻게 변화할까 하는 것이다. 미리 말하자면 병일뿐 아니라 「무성격자」의 정일, 「심문」의 명일 모두 근본적으로 성격 변화나 발전에 이르렀다고 보기 어렵다. 이들이 방황하고 주저하는 이유는 선천적 자질 때문일 수도 있고 당대의 현실 상황에 영향을 받은 후천적 양상일 수도 있지만, 아무튼 이들은 이후로도 꾸준히 방황하고 주저하는 삶의 모습을 보여줄 것이라 생각되는 것이다.

주목할 만한 사실은 이들 남성 인물이 소설 속에 따로 구획된 특정한 시공간에서 또 다른 삶을 엿보거나 간접적으로 체험하고 다시 원래의 삶으로 회귀한다는 것이다. 그들은 현재의 삶에 만족하지 않고 있으며, 지속적으로 다른 삶을 꿈꾸어 보기도 하지만 쉽사리 결행하지는 못한다. 그저 다른 삶의 터전에 발 하나를 걸쳐 놓고 주저하다가 마침내는 발을 빼고 마는 것이다. 원래의 삶이 일상이라면 다른 삶은 일탈이라고 할 만한 성격을 가지고 있다. 작품에 따라 그들의 '일탈'은 시간적으로 혹은 공간적으로 구획되어 있다.

2.1. 「비 오는 길」의 시간 분절

「비 오는 길」의 병일은 불결한 길을 따라 출근과 퇴근을 반복하는, 쉽게 변하지 않는 일상을 갖고 있는 인물이다. 그의 생활은 스스로에게 결코 만족스럽다고 할 수 없는 성질의 것인데, 무엇보다 그를 힘들게 하는 점은 그 불만족한 상황이 개선될 가능성이 보이지 않는다는 사실이다.

> 병일이는 취직한 지 이 년이 되도록 신원보증인을 얻지 못하였다.
>
> 매일 저녁마다 병일이가 장부의 시재를 적어 놓으면, 주인은 금고의 현금을 세었다. 병일이가 장부에 적어 놓은 숫자와, 주인이 세인 현금이 맞 맞아, 떨어진 후에야, 그 날 하루의 일이 끝나는 것이었다.
>
> 주인이 금고 문을 잠근 후에, 병일이는 모자를 집어 들고 사무실 문밖에 나선다. 한 걸음 앞서 나섯던 주인은, 곧 사무실 문을 잠가 버리는 것이었다.
>
> 사무실 마루를 쓸고, 훔치고, 손님에게 차와 점심 그릇을 날르고, 수십 장의 편지를 쓰고, 장부를 정리하는 등 소사와 급사와 서사의 일을 한 몸으로 치르고 난 뒤에, 하숙으로 돌아가는 병일이의 다리와 머리는

물병과 같이 무거웠다.

주인에게 작별인사를 하고 공장 문 밖을 나서면 하루의 고역에서 벗어났다는 시원한 느낌보다도 작은 별들이 반짝이는 하늘 아래 말할 수 없이 호젓하여짐을 금할 수 없었다.

그는 주인 앞에서 참고 있었던 담배를 가슴 속 깊이 빨아 들이키며, 이 년 내로 구하여도 얻지 못하는 신원보증인을 다시금 궁리하여 보는 것이었다.[6]

병일은 공장의 사무실에 취직하여 "소사와 급사와 서사의 일을 한 몸으로" 2년째 치러내면서도 고된 노역에 걸맞은 대접을 받지 못한다. 그 이유를 나름대로는 신원보증인을 얻지 못했기 때문이라고 진단하고 있는데, 물론 그럴 수도 있지만 확증할 근거는 없다. 아무튼 병일은 2년간의 고역을 견디면서 내내 신원보증인을 궁리하고 살았겠지만, 그동안 구해지지 않은 신원보증인이 느닷없이 그의 앞에 나타날 가능성은 거의 없어 보인다.

불만이 가득 쌓인 삶을 살면서 그것을 개선시킬 희망이 보이지 않을 때 그러한 삶의 조건을 야기한 원인을 한 가지로 고정시켜 생각하는 것은 일종의 핑계일 수도 있다. 병일은 '신원보증인이 없다'는 상황을 고통스러운 삶의 원인으로 간주하고 있지만, 신원보증인이 생긴다고 해서 그의 삶이 180도 달라지리라는 보장도 없다. 어쩌면 신원보증인이 없어도 대접받을 수 있는 직업을 구하는 것이 적합한 대안일 수 있겠다. 그러나 병일은 불만스럽고 괴롭기는 하더라도 현재의 일상마저 놓치고 싶지는 않을 것이다. 이럴 때 현재의 상황에 대한 책임

---

6 최명익, 「비 오는 길」, 『장삼이사』, 을유문화사, 1947, 101-102면. 이하 작품 인용은 같은 책에 수록된 부분을 참조하며, 작품 제목과 면수만을 밝히기로 한다.

을 자기의 능력이 아닌 외부의 조건 탓으로 돌리는 것은 매우 흔한 일이다.

> 하숙방에 돌아온 병일이는 머리맡에 널려 있는 책을 두겨서 베고 누웠다.
>
> 그는 천장을 쳐다보며 이 년 내로 매일 걸어 다니는 자기의 변화 없는 생활의 코오스인(오늘 밤 비 오는) 길에서 보고 들은 생활면을 다시 한 번 바라보았다.
>
> 그것은 새로운 것도 아니었다. 물론 진기한 것도 아니었다. 오히려 그 같은 것을 머리 속에 담아 두고서 생각하는 자기가 이상하리만큼 평범하고 속된(강조 - 인용자) 것이었다. 그러나 그같이 음산하게 벌어져 있는 현실은 산문적이면서도, 그 산문적 현실 속에는 일관하여 흐르고 있는 어떤 힘찬 리듬이 보이는 듯하였다. 그리고 그 리듬은 엄숙한 비관의 힘으로 변하여 병일이의 가슴을 답답하게 누르는 듯하였다.[7]

"평범하고 속된" 삶이 야기하는 위계적 질서는 병일과 같은 사회적 약자의 소외를 낳는다. 그런데 그 범속한 세상에 대한 문제제기는 현실 비판의 의의는 가질 수 있을지 몰라도 국면 전환을 가능케 하는 대안이 되지는 못한다는 것이 또 다른 고민거리를 낳는다. 애초에 생활의 전장에서 낙오된 병일이 택한 것은 세상과 세상 사람들로부터 거리를 두는 것이었다. 독서의 세계로 침잠함으로써 범속한 인간들의 세계로부터 스스로를 소외시키는 방법이다.

그런데 문제는 그 범속한 인간들의 세상에 자꾸 눈길이 가는 것이다. 새롭지도 진기하지도 않은 그들의 생활을 자꾸 머릿속에 담아 생

---

7 「비 오는 길」, 121면.

각하는 자신을 발견하는 병일이다. 이는 병일이 나름대로 고안한 생활의 패턴이 만족스럽게 지속되지 못한다는 것을 의미한다. 물질적 욕망이나 쾌락 너머의 정신적 가치를 추구하려는 의지가 외부의 요인에 의해서든 내적 충동에 의해서든 약해지고 허물어지는 그 시점에, 병일은 이상하리만큼 평범하고 속된 것이 바로 자기 자신임을 깨닫는 것이다.

마침 궂은비가 지루하게 계속되는 장마철이 시작되었다. 어느 날 남의 집 처마 아래에서 비를 피하던 병일은 영영 '노방의 타인'일 줄만 알았던 동네 사진관 주인 이칠성과 안면을 트게 된다. 자신의 가게 밖에서 비가 그치기를 기다리는 병일에게 안으로 들어오기를 권하고, 서슴없이 말을 걸며, 자신이 마시려던 술을 선뜻 권하기까지 하는 이칠성은 그야말로 속된 세상의 평범한 인간이다.

이칠성은 병일에게 '사람 사는 재미'에 대해 이야기한다. '결혼을 하고 아이를 낳고 돈을 벌어 먹고 사는' 지극히 평범하고 속된 생활이다. 처음부터 칠성에 대한 경계심을 풀지 않고 있던 병일에게 이러한 주제넘은 권유는 구역질나는 것이지만, 그렇다고 그것을 아주 무시해 버릴 만큼 병일의 신념이 공고한 것도 아니다. 오히려 병일은 "어떤 유혹에 끌린 듯이"[8] 제 발로 사진관을 찾아 들어가게까지 되었다.

'사진관에서 이칠성과 교류하는 짧은 시간'은 병일이 자신의 변화 없는 일상에서 잠시 벗어나는 일탈적인 시간이다. 하루 중의 저녁, 퇴근 후의 한때이기도 하고, 그 길을 걸어 출퇴근하던 2년 가운데서는 장마 기간이라는 예외적 기간이다. 이 시간(기간)에 병일은 자신의 것과 다른 삶의 속내를 들여다본다. 이칠성이라는 인물을 매개로 한 간접체험이다.

---

8 「비 오는 길」, 124면.

당대의 풍속이나 세태에 비추어 보면 예외적인 삶을 살고 있는 사람은 병일이다. 이칠성의 삶이 오히려 평범한 삶이다. 예외적 인간인 병일에게 주어진 예외적 시공간이 범속한 삶의 공간이 되는 것은 이상할 것이 없다. '나도 평범하게 살아 본다면?' 하고 생각하던 병일이었기에 마침 우연한 기회로 시작된 이칠성과의 만남이 갑작스러운 것은 아닌데, 장마 기간이 끝나갈 무렵 병일은 자신을 유혹하던 범속한 삶으로부터 다시 벗어나고 싶어 한다.

> 그렇다고 자기가 사진사를 피하는 진정한 심정을 소설 중의 주인공이 아닌 자기로서 그 역시 소설 중의 인물이 아닌 사진사에게 어떻다고 말할 수도 없는 것이었다. 이같이 생각하던 병일이는 마침내 이렇듯 짐스러운 관심 때문에 자기 생활 중에서 얻기 힘든 사색의 기회를 주는 이 길 중도에 무신경하게 앉아 있는 사진사의 존재를 귀찮게 생각하기도 하였다.[9]

언젠가부터 이칠성을 만나는 일이 부담스러워진 병일은 의식적으로 그와 거리를 두려 노력한다. 그러면서 독서, 사색 등의 정신적 활동의 가치를 핑계처럼 내세운다. 그러던 중 이칠성은 장질부사에 걸려 죽어 버리고, 병일은 원래의 삶으로 완전히 귀환하기로, "지금부터는 더욱 독서에 강행군을 하리라고"[10] 마음먹는다. 자신이 혐오하던 속된 삶에 오히려 미혹되었다가 그 삶의 실체에 직면하자 다시 돌아온다는, 소설 독자에게는 아주 익숙한 동선이다.

그런데 그의 이 귀환이 얼마나 철저한 각성에 의해 이루어진 것인

9 「비 오는 길」, 137면.
10 「비 오는 길」, 140면.

지를 생각하면 긍정적인 평가를 내리기가 어려운 것이 사실이다. 언제든 병일은 범속한 삶의 유혹에 다시 시달릴 수 있고, 그때마다 일종의 자각과 반성의 과정을 거쳐 정신적 가치를 내세울지는 모르지만, (소설 속에서나 가능한) 정신적 가치의 고양에 의한 초월이 불가능한 현실 세계 속에 존재하고 있기 때문이다.

2.2. 「무성격자」, 「심문」의 공간 분할

「무성격자」의 정일 또한 자신이 하는 일이나 자신이 가진 일상에 만족하지 못하는 인물이다. 교사라는 직업 자체에 특별한 불만이 있는 것처럼 보이지는 않으나, 정일의 삶은 교사라는 직업이 구획하는 일상에 따라 좌우되는 것이 아니라 문주와의 일탈적 관계 등 불건전한 방황으로 점철된다.

> 문주와의 관계! 문주를 중축으로 한 지금의 생활! 외아들이라는 것이 큰 자세나 같이 나이 삼십에 엉석을 피우다싶이 하여 어머니가 아버지에게 큰소리를 들어 가며 타 내주는 어엿지 못한 돈으로 이렇듯 퇴폐적 생활을 하는 지금 전날의 자존심이 남아 있을 이도 없을 것이다.
>
> 교원 생활을 시작한 첫 일 년간은 학생 생활의 연장이나 다름없었지만 차차 서재에서 매력을 잃게 되자부터 분필 가루를 털며 교문을 나선 때마다 언제나 갈 방향이 작정된 발걸음은 내딛지 못하게 되었던 것이다.[11]

정일은 현재의 삶을 '퇴폐적'이라는 말로 규정하고 있다. 그리고 그

---

11 「무성격자」, 34-35면.

삶은 그가 원래 원했던 삶의 방향과는 많이 엇나간 것이다. 세속적 성공이나 축재를 목표로 하지 않고 학문적 성취나 독서에 의한 지식과 교양의 축적 등에 가치를 부여하는 삶, 그것이 정일이 꿈꾸던 것이다. 하지만 현재의 정일은 세속적 성공을 위한 삶을 혐오하면서도 학문적 성취 등과 무관한 퇴폐적 삶을 이어가고 있다.

확실히 정일의 현재는 일탈적 과정이라고 할 수 있다. 이때의 일탈은 현실적 제도나 습속에 대한 거부 혹은 반항의 의미를 가진다. 그러나 당대 현실을 부정적으로 인식하여 거부하는 것 치고는 옮겨 간 삶의 터가 건전치 못하다. 아버지처럼 살고 싶지 않았다면 (「비 오는 길」의 병일처럼) 정신적 가치를 추구하는 삶 정도가 격에 맞는 일일 텐데, 그가 정작 향한 곳은 퇴폐적이고 쾌락적이며 소비적인 삶 쪽이었던 것이다. 부정적으로 파악한 현실세계를 초월하는 것이 아니라 그것으로부터 도피한 것이라고 할 수 있다.

다시 말해 「비 오는 길」의 병일이 평범하고 속된 삶으로부터 거리를 두고 살고 있다가 잠깐의 일탈을 겪은 후 다시 예외적인 (초월을 의도하는) 삶으로 되돌아간 것이라면, 「무성격자」의 정일은 범속한 삶에서 일탈(도피)했다가 다시 범속한 삶으로 귀환했다. 병일이 이칠성이라는 거울을 통해 범속한 삶의 실체를 깨달은 것이라면 정일은 문주와의 관계 속에서 현실 도피의 종착점을 알아차린 것이다.

병일이 이칠성과 관계하는 예외적 세계가 장마 기간이라는 시간 분절에 의해 앞뒤로 구획되었다면, 정일의 두 가지 삶은 문주의 처소와 아버지의 집이라는 공간으로 분할되어 있다. 정일은 아버지의 집과 문주의 거처를 오가면서 양극단의 삶을 관찰한다. 그리고 결국 원래 자신의 자리는 그곳이었다는 듯이 아버지의 집으로 돌아간다.[12] 그리

12 물론 「무성격자」의 경우에는 '귀환의 서사'라는 틀을 「비 오는 길」과 동일한 의

고 이번에도 정일의 선택이 고정불변할 것이라는 확신은 가지기 어렵다. 언제든 정일은 또 다른 삶의 유혹을 느낄 수밖에 없을 것이기 때문이다. 세속적인 것이든 탈속적인 것이든 간에 원래의 삶뿐 아니라 바뀐 삶 또한 병일과 정일을 만족시키지 못할 것이다. 어쩌면 그들에게 방황은 숙명적인 것이다.

그런가 하면 「심문」의 명일은 일상을 가졌다고 하기도 어려운, 말 그대로의 방랑자이다. 작품 속에 묘사되어 있는 만큼의 그의 현재 삶 자체가 일탈의 과정이라고 해도 무방하다.

> 삼 년 전에 처 혜숙이가 죽자 나는 어느 중학교의 도화 선생이라는 직업을 그만둔 후에는, 팔리지 않는 그림을 몇 폭 그렸을 뿐인 화가라는 무직업자였다. 그리고 지난봄에 딸 경옥이를 기숙사에 들여보내고는, 혜숙이와 신혼 당시에 신축하여 십여 년 살던 집을 팔아 버리었으므로 일정한 주소가 없었다.
>
> 내가 늘 집에 있는 것도 아니요, 있더라도 아침이면 경옥이가 학교에 간 후에야 일어나게 되고 밤이면 경옥이가 잠든 후에야 들어오게 되는 불규측한 내 생활이라, 나와 한 집에 있더라도 어미 없는 경옥이는 언제나 쓸쓸하고 늘 외로울 수밖에 없는 애였다. 그뿐 아니라 차차 자라서 감수성이 예민해 가는 그 애에게 나 같은 아비의 생활이 좋은 영향을 줄 이도 없을 것이었다.[13]

미로 쓰기 어렵다. 「무성격자」 텍스트의 시작 부분이 아버지의 공간 혹은 세속적 삶의 공간으로 설정되어 있지 않기 때문이다. 그러나 텍스트를 통해 정일의 삶을 전반적으로 조망할 때, 문주와의 관계를 포함한 현재의 방황은 그의 태생에서 비롯된 세속적 가치 추구의 공간으로 귀환하는 여정의 일부분이라고 할 수 있다.

명일의 방황과 방랑은 삼 년 전 시작되었다. 아내 혜숙이 죽은 시점부터다. 일정한 직업도, 주소도 없으니 노동과 휴식이 반복되는 일상을 가질 수 없다.

명일이 방황하는 삶을 살게 된 것은 정처가 없어서다. 몸을 의탁할 곳도 없고 마음을 둘 만한 곳도 없다. 그런데 직업이나 주소가 없는 것은 명일에게 강제된 상황이 아니라 자의적으로 선택한 상황이다. 아내 혜숙이 죽은 것, 그래서 정 붙일 만한 상대가 없는 상황만이 그가 스스로 선택하지 않은 것이다.

아내의 죽음은 명일의 현재 상황이 방황과 방랑으로 점철되게 한 가장 중요한 요인이다. 직업과 주소 갖기를 포기하는 선택은 아내의 부재 때문에 감행된 것이기 때문이다. 아내가 살아 있을 때 그는 여느 가장들처럼 생계를 꾸리기 위해 집을 소유하고, 싫든 좋든 직장생활을 했던 것이었으리라.

「심문」의 명일이 「비 오는 길」의 병일이나 「무성격자」의 정일과 다른 점은 가정을 꾸리고 돈을 모으는 범속한 삶에 대해 특별한 혐오 감정을 가지지 않고 있다는 것이다. 가능하기만 하다면 그는 아내와 같이 살 집을 마련하고 적당한 직장을 구해 "건전하고 명랑한"[14] 생활을 재개할 것 같다. 그러나 가장 먼저 충족되어야 할 아내의 존재가 제 자리에 들어설 가능성이 좀처럼 보이지 않는다는 점이 문제다.

이때 부각되는 인물이 바로 여옥이다. 한때의 연인이었던 여옥은 그런데 지금 만주에 있다. 여옥을 찾아 먼 길을 떠났다가 다시 제 자리로 돌아오게 되는 여정을 그린 소설 「심문」은 '조선 → 만주 → 조선'이라는 여로를 큰 틀로 한다는 점에서 「비 오는 길」, 「무성격자」와

13 「심문」, 144-145면.

14 「심문」, 157면.

마찬가지로 귀환의 서사다. 그리고 만주라는 특정 공간의 당대적 상징성이 두드러진다는 점에서 다른 두 소설과의 차별성도 함께 가진다.[15] 즉 명일은 조선이라는 원래의 공간으로 돌아오기는 하지만, 이전의 범속한 생활로 귀환하지는 못한 채 직업과 주소가 없는 방랑과 방황의 삶을 이어가게 되는 것이다.

3. 세속과 탈속, '질병'과 '죽음'의 두 양상

「비 오는 길」의 병일, 「무성격자」의 정일, 「심문」의 명일은 작품 속의 행로를 거쳐 원래의 자리로 돌아오면서 각각 자신의 삶을 돌아볼 기회를 가진다. 그 과정에서 만난 타인의 삶을 통해서이다. 그런데 그들이 만난 사람들은 하나같이 병들어 있고, 죽음을 앞두고 있다.

작중의 인물에게 왜 병들어 있거나 죽음을 앞둔 사람만을 만나고 다니느냐고 물을 수는 없는 노릇이니, 작가의 일관된 인물 설정으로부터 비롯된 양상과 그 의미를 도출할 필요가 있다. 질병이나 죽음의 의미를 작중 관찰자를 통해 분석하기보다는 각 인물에게 부여된 병든 자, 죽는 자로서의 역할이 소설 세계 내에서 환기시키는 당대적 삶의 의미는 무엇인지 물어야 한다.

3.1. 세속적 삶의 욕망과 뜻하지 않은 좌절

「비 오는 날」의 인물 이칠성의 죽음은 그야말로 뜻밖의 사건이다.

---

15 이에 관해서는 선행 논문 「최명익, 「심문」의 인물 형상화와 만주 인식의 상관성 고찰」(『현대소설연구』 55, 2014)에서 논의하였다.

최소한 병일에게 있어 그의 죽음을 예감할 수 있는 어떠한 근거도 찾기 힘들다. 물론 이 작품에는 오래된 성과 그것을 둘러싼 구렁이, 박쥐 등 죽음을 연상시키는 분위기가 연출되어 있으나 그것들을 직접적으로 이칠성의 죽음과 연관시키기에는 무리가 따른다.

병일과는 달리 적극적으로 삶의 의지를 불태운 사람은 이칠성이다. 병일과의 짧은 만남 동안 그가 한 말은 결국 '이렇게 사는 것이다.' 혹은 '나처럼 살아야 한다.'로 요약된다. 칠성은 아무런 부끄러움 없이 세속적 욕망을 드러내고 세속적 가치를 추구한다. 그는 '열심히' 생활하고 있으므로, 그리고 스스로 그렇게 믿고 있으므로 회의하거나 반성할 필요가 없다.

병일은 그러한 칠성의 태도에 호감을 가지지 못하고 오히려 혐오의 감정을 드러낸다. 그리고 그를 "청개구리의 뱃가죽 같은 놈"[16]이라고 타매하기까지 한다. 하지만 두 사람이 서로를 알고 나서 자신의 생활을 반성하는 쪽은 오히려 병일이다.

> "긴상은 도무지 남의 말을 곧이 안 듣는 것이 병이거든. 그리구 내가 보기엔 긴상은 돈 모고 세상살이할 생각은 많은 것 같단 말이야."(중략 - 인용자)
>
> 사진사의 설교가 아니라도 이러한 희망과 목표는 이러한 사회층(물론 병일이 자신도 운명적으로 예속된 사회층)에 관념화한 행복의 목표라는 것을 모르는 바가 아니었다.
>
> (중략 - 인용자) 그러나 병일이는 이러한 것을 진정한 행복이라고 믿을 수 없는 것이었다. 그렇다고 나의 희망과 목표는 무엇인가고 생각할 때에는 병일이의 뇌장은 얼어붙은 듯이 대답이 없었다. 이와 같이 별다

16 「비 오는 길」, 117면.

른 희망과 목표를 찾을 수 없으면서도 자기가 처하여 있는 사회층의 누구나 희망하는 행복을 행복이라고 믿지 못하는 이유도 알 수 없는 것이었다.

희망과 목표를 향하여 분투하고 노력하는 사람의 물결 가운데서 오직 병일이 자기만이 지향 없이 주저하는 고독감을 느낄 뿐이었다. 다만 일생의 목표를 그리 소홀하게 결정할 것이 아니라고 간신이 자기에게 귓속말을 하여 보는 것이었다.[17]

병일의 생각에 칠성은 '희망과 목표를 가지고 노력하는 사람'이기 때문이다. 병일은 그 속된 희망과 목표를 조롱하고 싶지만, 자신을 되돌아볼 때 할 말이 없어진다. 게다가 이러한 반성은 칠성이 병일의 아픈 곳을 정확히 찌르고, 불안하게 이어오던 자기 합리화를 일거에 무너뜨린 후에 행해진 것이다. 희망과 목표를 따로 설정하지 못하는 것은 물론 자기가 혐오하는 생활의 모습에 유혹을 느낀 것까지도 수긍할 수밖에 없다. 타인에 대한 혐오가 고스란히 자기혐오로 이어지는 순간이다.

여기서 주목할 것은 병일의 계층의식이다. 자신과 칠성은 동일한 사회층에 속해 있고, 그것은 운명적으로 예속된 사회층이라는 인식이다. 이는 칠성이 병일에게 보여주고 들려준 속된 삶의 가치가 긍정적인 것이냐, 부정적인 것이냐의 판단을 넘어 그 희망과 목표가 실현 가능한 것이냐, 어렵거나 불가능한 것이냐의 문제에까지 고민의 범주가 확장되어 있음을 뜻한다.

병일이 구체적인 해답을 찾기 이전에 작품은 끝이 난다. 칠성이 갑자기 장질부사에 걸려 죽었기 때문이다. 그들이 속한 사회층도 노력

17 「비 오는 길」, 131면.

에 따라서는 범속한 삶의 희망과 목표에 다다를 수 있는 것인지 구체적인 사례를 통해서는 알 수 없게 되었다.

> 병일이는 지금껏 자기 앞에서 얘기를 하여 들려주던 사람이 하던 이야기를 마치지 않고 슬쩍 나가 버린 듯이 허전함을 느끼었다. 그 얘기는 영원히 중단된 얘기로 자기의 기억에 남을 것이라고 생각되었다.[18]

병일이 느낀 허전함은 자신의 의문이 해소되지 못했다는 것을 의미한다. 그러니 결말에서 병일이 스스로 가하는, 독서에 매진하리라는 채찍질은 믿을 수 없는 것이 되어 버리고 만다.

그러고 보면 「무성격자」의 정일은 「비 오는 길」의 병일이나 칠성과 다른 계층의 인물이다. 정일에게 '물질적 가치를 추구할 것인가?' 혹은 '정신적 가치를 추구할 것인가?' 하는 것은 가치 지향에 따른 선택의 문제이지 그 가능성 여부를 판단해야 할 성질의 것은 아니다.

정일의 아버지 만수 노인도 물론 상위 계층의 인물이다. 그러나 그에게는 스무 살이 넘도록 데릴사위 겸 머슴살이를 하고, 빈민굴 토막에 의지하여 지게벌이를 하던 과거가 있다. 40여 년의 분투 끝에 입지전적인 성공을 이룬 만수 노인에게 있어 삶의 희망이나 목표란 온전히 '돈'이라는 물질적 가치에 수렴되는 것이다.

그런 만수 노인이 위암에 걸려 죽음을 앞두고 있다. 정일은 육친의 죽음을 통해 탐욕스런 삶의 끝자락을 엿본다. 병일의 관찰 대상이 되었던 칠성이 전염병인 장질부사에 걸려 죽은 것은 누구도 예상하지 못한 갑작스러운 사건이었다. 이에 비해 만수 노인의 위암 투병은 일

18 「비 오는 길」, 138-139면.

정 기간의 과정으로 제시된다. 그러나 칠성이나 만수 노인이나 아직 꺾이지 않은 삶의 의욕이 불의의 병에 의해 강제로 소거된다는 점에서는 본질적으로 차이가 없다고 할 것이다.

살려는 의지가 누구보다도 강한 아버지임을 알기에 정일은 만수 노인의 죽음 앞에 두려움을 느낀다.

> 인생을 반성하기에는 너무도 교양이 없었고 죽음을 생각하기에는 과인하게 정력적이었더니만큼 갑자기 닥쳐온 죽음을 대할 때 창황망조하지 않을까? 이렇게 생각할 때 정일이의 눈에는 고통과 절망으로 울부짖는 아버지가 보이는 듯도 하였다. 그러나 돌이켜 생각하면 어떤 사업이든 자기가 스스로 택한 목표와 스스로 부여한 책임을 다한 사람만이 누릴 수 있는 안식과 같은 죽음인지도 모를 것이다. 그렇지는 못하더라도 오랜 병이라 육체의 쇠약을 따라 조용히 죽음을 기다리는 사람이 되었을는지도 모를 것이다. 사람이 죽음을 보기가 얼마나 힘든다는 것을 들었을 뿐인 정일이는 처음으로 죽음을 견학한다는 호기심도 없지 않지만 아버지의 죽음을 보아야 한다는 의무감에 마음이 어둡고 무거운 그는 아버지의 죽음이 어떤 원인으로든지 조용하기를 바랐던 것이다.[19]

안식이든 체념이든 만수 노인이 조용히 죽음을 받아들이기를 바랐던 정일의 기대는 헛된 것이었다. 만수 노인은 그간 자신이 이룬 성취에 만족할 리가 없는 인물이고, 오랜 과정을 거친다 해서 자신의 죽음을 인정할 리가 없는 인물이었던 것이다. 정일은 만수 노인의 병실에서 주검의 냄새를 맡는다. 정일에게 아버지의 공간이란 구역질이 나도록 혐오스러운 곳이다.

---

19 「무성격자」, 51면.

아버지의 삶도 죽음도 정일에게는 혐오의 대상이다. '죽고 싶지 않다'는 아버지의 부르짖음을 불쾌하게 느끼고, 병실에 들어설 때마다 주검의 냄새에 진저리치며, "사람은 이다지도 동물적인가? 하고 고함을 지르고 싶은 발작적 충동을 느끼"[20]는 정일이다.

그러던 중 만수 노인의 서사요 정일의 매부인 용팔이 한 달 전 산 토지의 등기를 정일의 명의로 하자는 제안을 하고, 정일은 모르는 체 못 이기는 체하며 자신의 도장을 맡긴다. 이는 정일로 하여금 자기가 만수 노인이나 용팔과 전혀 다름없이 천박한 사람임을 깨닫게 하는 계기가 된다. 「비 오는 길」의 병일이 칠성을 혐오하던 끝에 자신의 민낯을 직시하게 되듯이 「무성격자」의 정일도 스스로에게 만수 노인을 혐오할 자격이 없음을 깨닫게 되는 것이다.

더 살고 싶은 사람, 생의 의욕과 의지력이 왕성한 사람에게 닥쳐온 죽음이란 갑작스러운 것일 수밖에 없다. 만수 노인은 정일에게 맹목적인 목표와 반성이 불필요한 행복을 추구하는 삶을 보여주었다. 정일은 오랫동안 아버지의 그러한 삶으로부터 도망하거나 숨고 싶어했다. 그러나 자신 또한 속물적인 인간일 뿐이라는 것을 확인하면서 저 혼자 조바심 내던 숨바꼭질은 끝난다.

> 샛문 뒤에 서 있는 정일이는 자기가 어릴 적에 동무들과 숨기 내기를 하였을 때의 일이 생각났다. 그때 다른 애들은 모두 잡힌 모양으로 찾는 애와 잡힌 동무들이 짖거리며 자기가 숨어 있는 곳을 지나가고는 영 찾으러 오지를 않아서, 동무들은 숨어 있는 자기를 잊어버리고 벌써 딴 장난을 시작한 것이나 아닐까 하면서도 그렇다고 싱겁게 나갈 수도 없어서 울상을 하고 지금같이 박혀 있었던 것이다.[21]

20 「무성격자」, 54면.

아버지의 눈을 피해 샛문 뒤에 숨어서 난처해하는 「무성격자」 속 정일의 모습은 퇴근길 사진관 앞을 지나면서 칠성의 눈에 띌까봐 불안을 느끼는 「비 오는 길」 속 병일의 모습과 흡사하다. 만수 노인이나 칠성의 속물적 삶을 혐오하는 꼭 그만큼의 불안이지만, 자신도 결국 속물일 수밖에 없다는 자각 이후의 일이므로 조바심도 함께 느끼는 것이다. 지금은 애써 피하고 있지만 언젠가는 그 세계에 편입되지 않을 수 없으리라 예감하고 있는 것이다.

3.2. 현실 도피의 유혹과 예고된 숙명

만수 노인의 죽음으로 해서 정일은 철없는 부잣집 도련님의 티를 벗고 실질적인 집안의 어른이 되었다. 만수 노인의 죽음은 오랜 투병 과정 속에서 준비된 것이라고 할 수 있겠으나, 정일의 입장에서 보면 그동안 의미 있는 의식적 성장을 이루었다고 하기 어렵다. 다만 아버지의 죽음 직전에 자기 자신의 속물성을 자각하는 계기가 마련되었고, 결말 부분에서 아버지의 장례를 주관하면서 그 삶을 수용하는 태도를 보인다는 것은 의미심장하다.

> 문주가 죽었다는 운학의 전보를 받은 날 저녁에 만수 노인은 죽었다.
>
> 죽은 사람은 죽은 사람으로 하여금 장사ㅎ게 하라는 말대로 하자면, 자기는 문주를 장사하러 가는 것이 당연하리라고 생각하면서도 정일이는 아버지의 관을 맡았다.[22]

---

21 「무성격자」, 58-59면.

22 「무성격자」, 65면.

「무성격자」의 결말은 독자에 따라서 두 가지로 해석될 가능성이 있다. "죽은 사람은 죽은 사람으로 하여금 장사케 하라"는 성경 구절의 의미를 거스르는 정일의 행동은 무엇을 뜻하는가? 정일이가 "아버지의 관을 맡았다"는 것은 죽은 사람의 행위인가 산 사람의 행위인가?

이러한 질문들은 결국 만수 노인과 문주 두 사람의 죽음이 어떻게 다른가를 묻는 것이다. 정일은 아버지의 관을 맡았으므로 아버지가 죽은 사람이라면 정일은 산 사람이 된다. 아버지의 장례는 다른 죽은 자에게 맡기는 것이 당연한데 자신이 맡았다는 뜻이 된다.

반대로 만약 문주가 죽은 사람이라면 정일 또한 죽은 사람이 된다. 죽은 문주를 죽은 자신이 장례 지내는 것이 당연한데, 그렇게 하지 않고 아버지의 관을 맡았다는 뜻이다. 여기서 독자는 만수 노인의 죽음과 대별되는 문주의 죽음이 어떤 성격을 띠는지 따져 보아야 한다.

문주는 폐병 환자였다. 의학도, 무용학도로서 동경 유학을 한 이력이 있고, 찻집 마담이 되어 정일 앞에 다시 나타났다. 정일이 본 문주의 인상은 '창백한 얼굴과 투명한 듯이 희고 가느다란 손가락과 연지도 안 바른 입술과 초점 없이 빛나는 눈'을 가진, 이 세상 사람이 아닌 듯한 이미지로 요약되고 있다. 그러나 그것은 천사의 아름다움이 아닌, '달 아래 빛나는 독한 버섯' 같은 요기로움이었다.[23] 문주와 그가 처한 공간은 늘 창백하거나 푸르고 어두우며, 좀처럼 체온을 느끼기 어려운 데다 늘 차가운 비가 내리는 곳이다. 그것은 죽은 바다요, 무덤이다.

"자기가 조르기만 하면 같이 죽어 줄 사람"[24]이라고 하며 정일과 교제를 시작한 문주는 몸도 마음도 산송장이나 다름없다. 그에게는 남

23 「무성격자」, 37면.

24 「무성격자」, 38면.

과 같은 생활이 없으며, 살려는 의지도 희망도 없다. 병든 문주를 돌보는 정일은 그 하숙에 들를 때마다 "퇴폐적 도취가 그리워 패잔한 자기의 영상을 눈앞에 바라보며 아편굴로 찾아가는 중독자"[25]와 같은 자신을 돌아보는 것이다.

그러니 문주 대신 아버지의 관을 맡았다는 것은 살아서도 죽은 것이나 다름없던 문주의 죽음이 아닌, 죽는 순간까지 삶의 의지를 불태웠던 아버지의 삶을 긍정하고 지향하리라는 뜻이라고 볼 수 있다. 정일이 스스로를 살아도 살아 있는 것 같지 않은 일상으로부터 끌어내는 길이다. 그러나 섬뜩하도록 차갑고 세련된 도회적 이미지의 문주가 머무는 하숙이나 병실에 비해 시끄럽고 고약한 악취가 풍기는 아버지의 방은 매혹적 죽음에 대조되는, 여전히 혐오스러운 삶의 현장이다.

그렇다면 「심문」의 명일이 만주에서 만난 여옥은 어떠한가? 살아 있어도 죽은 것이나 다름없는 나날을 보내고 있는 것은 여옥도 마찬가지이다. 여옥은 현일영이라는 과거의 연인을 찾아간 것인데, 만주에서 만난 것은 우상이나 꿈과 같은 존재로서의 현일영이 아니라 마약중독자였던 것이다. 동경의 현일영과 만주의 현일영은 전혀 다른 사람이었다.

현실로부터 도피하여 마약의 무덤 안에 갇힌 일영의 길을 여옥이 따라간 것이고, 그들의 삶이 완전히 전락해 폐허가 되어 버린 공간이 만주이다. 그들이 미리 행한 동선을 밟아 만주에 이른 명일은 현실 도피의 참담한 결과를 마주하게 된다.

---

25 「무성격자」, 39면.

역사적 결론의 예측이나 이상은 언제나 역사적으로 그 오류가 증명되어 왔고, 진리는 오직 과거로만 입증되는 것이므로, 현재나 더욱이 미래에는 있을 수 없다는 것이다. 그러므로 사람의 생활은 그런 이상을 목표로 한다거나, 그런 진리라는 관념의 율제를 받아야 할 의무도 없을 것이요, 따라서 엄숙하랄 것도 없다는 것이다. 그뿐 아니라 사람은 허무한 미래로 사색적 모험을 하기보다도 거짓 없는 과거로 향하는 것이 현명하다는 것이다. 그러기에는 아편 연기 속에서 지난 꿈을 전망하는 것이 얼마나 황홀하고 행복스러운지 모른다고 하며 현은 여옥이에게도 마약을 권하였다는 것이다.[26]

인용문과 같은 궤변으로 여옥을 타락시킨 일영은 이미 중독자요, 따라서 그 진술의 솔직함 여부를 따질 형편도 아니지만, 과거로의 퇴행과 마약 중독을 동일시하고 있는 부분은 세심하게 고찰할 필요가 있다. 만주로 오기 전 명일과 여옥은 공히 당시 현재의 삶에 적응하지 못하고 있었다. 여옥은 만주로 떠났고, 명일은 그 자리에 남아 여전히 방황을 지속하고 있었던 것인데, 따져 보면 여옥은 미래에 희망을 거는 삶 대신 과거의 꿈을 좇는 편을 선택한 것이고, 명일은 아직 아무 선택도 하지 않은 채 주저하고 있는 것이다.

명일은 아무것도 선택하지 않았으므로 실패할 것도 없었지만, 여옥의 선택은 처절한 실패로 증명되었다. 명일을 만난 여옥은 이번이 마지막 기회라고 생각하고 일영의 구속을 벗어나 갱생하려는 꿈을 꾼다.

여옥은 조선에서의 삶에 만족하지 못하고 만주로 왔다. 명일의 마음을 얻지 못하고 과거의 연인인 현일영을 찾아온 것이다. 그러나 여

26 「심문」, 185-186면.

옥이 얻은 것은 현일영의 마음이 아니라 마약에 찌든 퇴폐적인 생활이었다. 여옥에게 갱생이란 현일영과의 타락한 삶의 공간을 탈출하는 것일 텐데, 만약 조선으로 돌아간다고 해도 명일의 마음을 얻을 수 있으리라는 보장이 없는 데다가 단지 조선에서의 불만족스러운 삶을 복원하는 것일 뿐이다.

> 여옥이는 그러한 제 심정을 바칠 곳이 없어 죽었거니! 나는 그러한 여옥이의 심정을 받아들일 수 없었거니! 하는 생각에 자연 복바쳐 오르는 설음을 참을 수 없었다.
>
> 나는 그 싸늘한 여옥이의 손을 이불 속에 넣어 주면서 갱생을 위하여 따라 나서기보다, 이렇게 죽어가는 것이 여옥이의 여옥이다운 운명이라고도 생각하였다.[27]

아내 혜숙과 사별한 후 명일이 제 마음을 붙일 곳이 없어 방황했던 것처럼 여옥 또한 제 심정을 바칠 곳이 없었다. 그리고 그 끝은 숙명적인 죽음으로 귀결된다. 여옥도 문주처럼 목숨이 붙어 있으되 죽은 것이나 다름없는 생활을 하고 있었다. 그러니 문주의 죽음도 여옥의 그것처럼 예고된 것이나 다름없었다. 문주가 같이 죽어 달라고 붙들었던 정일이나 여옥이 같이 살기를 바랐던 명일은 애초부터 그들 여성 인물이 선택할 수 있는 대상이 아니었다. 최명익 소설의 여성 인물이 짐 진 운명적인 소외는 스스로 선택한 것이 아니라, 개인의 의지만으로는 극복할 수 없는 현실의 압도적 위력에 의해 주어진 것이다.

27 「심문」, 206면.

4. 결론

『구운몽』의 성진은 세 가지 죄 때문에 육관대사의 벌을 받는다. 술을 마셔 몸을 흩트린 죄, 미색에 유혹된 죄, 불제자로서의 삶을 회의한 죄가 그 세 가지이다. 성진은 꿈속에서 양소유로 환생하여 세속의 열락을 누리지만 허무함을 깨닫고 꿈을 깨어 불제자의 삶으로 돌아온다.

그러나 『구운몽』의 결말이 이야기하고 있듯 양소유의 삶이 현실이라면 성진은 또 다른 욕망에 의해 태어난 꿈속의 인물이 될 것이다. 양소유의 세속적 삶도 성진의 탈속적 삶도 한 사람 개인의 내면에서 공존할 수 있는 욕망의 양극단이다.

「비 오는 길」의 병일은 이칠성이라는 인물과의 만남을 통해 세속적 욕망을 추구하는 삶의 끝을 목격한다. 그리고 다시 독서에 침잠하는 이전의 삶으로 되돌아온다. 병일과 이칠성의 만남은 장마 기간이라는 시간적 지표에 의해 앞뒤로 분절되어 있다. 병일에게 이 기간은 종래의 초월적 일상에서 잠시 벗어난 세속적 일탈의 의미로 나타난다. 그 동안 병일은 술을 마시고 경제적 부를 좇는 삶에 주목해 보기도 한다.

「무성격자」의 정일은 아버지의 재산을 물려받아 세속적 성공을 이룰 좋은 조건을 가지고 있다. 그러나 별 흥미를 잃어버린 교사 생활을 지속하고 퇴폐적인 욕망에 이끌려 문주와의 만남을 지속한다. '아버지가 있는 곳'과 '문주가 있는 곳' 사이에서 왕복을 거듭하는 정일에게 아버지의 공간은 혐오스러운 세속적 공간이고, 문주의 공간은 매혹적이고 탐미적인 공간이다. 결과적으로 정일은 아버지의 공간에서 문주의 공간으로 도피적 일탈을 감행하였다가 다시 아버지의 세속적 공간으로 되돌아온다.

「심문」의 명일 또한 생활의 기반이 되는 조선에서 실의의 나날을 보내다가 여옥이 있는 만주로 여행을 떠나지만 결국 제 자리로 되돌아올 수밖에 없다. 「무성격자」의 정일이 문주의 죽음을 외면했듯 명일 또한 여옥의 죽음을 외면한다. 여옥을 향한 방랑 또한 결국 초월이 아닌 도피적 일탈로 규정될 수밖에 없다.

최명익 소설의 인물들은 일상의 세계에서 일탈했다가 다시 일상의 세계로 되돌아오는 점에서 일관되지만, 세속과 탈속이라는 개념으로 범주화되는 시공간의 성격에 비추어 보면 뚜렷한 차이를 드러낸다. 「무성격자」, 「심문」의 인물이 회귀하는 지점이 세속의 욕망이 지배하는 세계라면, 「비 오는 길」의 인물이 귀환하는 곳은 초월의 욕망이 깃드는 세계이기 때문이다.

또한 탈속이라는 것의 의미도 초월이냐 도피냐 하는 두 가지로 나뉘어 해석될 수 있다. 세속의 삶에 염증을 느낀 자아가 정신적인 가치를 중히 여겨 초월로서의 탈속을 꾀한다면 그것은 물질적 가치가 우선되는 세태에 대한 거부일 것이다. 그러나 술과 이성의 육체, 마약 등에 탐닉하여 예외적 시공간으로 함몰되는 것은 도피적 탈속이라고 규정해야 할 것이다.

즉 작가는 식민지 지식인으로서의 인물을 형상화하면서 그를 통해 '어떻게 살 것인가?'의 문제에 대한 답으로 일정한 지향성을 보여주지는 않았다는 점을 알 수 있다. 세속적 인간들의 삶을 무조건 부정하지도 않고 정신적이거나 탐미적인 초월 및 도피를 쉽사리 긍정하지도 않는, 그야말로 방황 그 자체를 드러내고 있다고 할 것이다.

남성 지식인 인물에게 동시에 주어진 두 가지 지향성은 내적 갈등이나 분열의 양상으로 드러나기도 한다. 그러나 이 방황의 경과가 어느 지점으로 귀착되는가에 지나치게 의미를 부여할 필요는 없는 것으로 보인다. 현재의 일상이나 삶의 양상을 부정하거나 거부할 수 있어도 대안적 삶의 모색은 난관에 부딪히고 만다. 대안으로 고려된 삶의 모습 또한 부정적이거나 현실적으로 불가능하기 때문이다.

결국 되돌아온 지점에 남는 것은 관찰 주체인 남성 지식인밖에 없다. 그에게 현신하여 양측 삶의 표본을 보여 준 인물들은 모두 병들거나 죽었다. 세속적 삶을 추구하던 이칠성이나 만수 노인뿐 아니라 문주, 여옥처럼 도피적이기는 하지만 탈속의 공간에 머물던 이들도 모두 죽음에 이르렀다.

식민지 자본주의에 편승하여 개인적 치부에 골몰하는 인물들에 이끌릴 때는 그들을 혐오하는 만큼 심한 자기 부정에 시달리게 된다. 역사 사회적 상황 등 세속적 조건을 떠나 나이브한 사랑에 탐닉하는 인물들에 매혹될 때는 공허와 환멸을 느낄 수밖에 없다. 즉 혐오스럽지만 현실에 발붙이고 살려 한다면 당대의 천박한 질서를 따를 수밖에 없고, 매혹적인 탈속의 세계로 나아가자면 살아서도 죽은 것이나 다름없는 상황을 받아들여야 하는 것이다.

하나 남는 문제는 초월로서의 탈속 즉 정신적 가치를 추구하는 삶의 행방이다. 이것이 어째서 「비 오는 길」 이후에는 의미 있는 인물 형상으로 구체화되지 않는 것인가에 대해 좀 더 고민이 필요할 것이다.

여기서 눈에 띄는 것은 「비오는 길」과 같은 작품들이 '어떤 것이 가치 있는 삶인가?'를 넘어 '그렇게 사는 것이 가능한가?'를 함께 고민하고 있다는 점이다. 특정 인물의 내면보다 그들을 둘러싼 사회를 작가가 어떻게 바라보고 있는지에 주목해야 하는 이유이다. 자신이 처한 환경에 따라 지향점이 달라질 수밖에 없는 것이기에 최명익 작품의 삶과 죽음들은 다양한 스펙트럼으로 나타난다고 할 수 있다.

최명익의 소설이 '어떻게 살 것인가?'의 문제에 대한 일목요연한 방향성이나 지표의 제시로 나타난다고 보기에 일관성이 부족한 것은 그 때문이다. 그러나 당대의 인간이 '어떻게 살고 있는가?'를 묘사하여 보여주고 있다는 데에는 의심의 여지가 없다. 물론 '어떻게 살고 있는

가?'의 문제는 '어떻게 살아야 할 것인가?' 하는 물음으로 이어질 수밖에 없을 것이다. 아무튼 이는 작가에 의해 선언되거나 암시되는 대신 독자와 함께 모색해야 할 과제이다. 「비 오는 길」와 「무성격자」, 그리고 「심문」의 거리를 (그 창작 및 발표연대 등을 고려하여) 최명익의 작가적 현실 인식 변화로 해석할 여지가 있는가의 문제는 후속 연구를 통해 입증되어야 할 것이다.

전향을 바라보는 시선과 시사적 인유의 작법
- 최명익의 「무성격자」에 투영된 앙드레 지드와 『좁은 문』

1. 머리말

최명익의 「무성격자」는 1937년 9월 『조광』에 발표되었다. 1930년대 후반이 가지는 문학사적 특수성은 여러 가지로 설명될 수 있겠지만, 작품을 생산하는 작가의 입장에서는 짙은 허무와 우울의 표정을 숨기기 어려운 시대였음을 부인하기 어렵다. 특히 1930년대 전반에도 꾸준히 현실의 모순을 드러내는 작업을 지속해 오던 리얼리즘 계열의 구세대 작가에게는 작법의 갱신 이전에 은연중 자기 부정의 과정이 강제되던 상황이었다고 할 수 있다.

신세대 작가들의 경우 기존에 형성된 문단의 분위기와 일정 부분 축적된 작법의 이론 및 실제를 비판하고 부정하는 것으로 출발할 수 있었겠으나, 새로운 경향이나 작법을 발견하고 스스로 명명해야 하는 만만찮은 과제를 안고 있었던 것이라고 볼 수 있다. 그들의 노력은 진지하고 치열하게 전개되었으나 결과적으로 명료하고 구체적인 대안적 성과가 제출되기는 어려운 형편이었다.

1935년 카프의 해산은 우리 소설사와 비평사를 그 전후로 나누어 바라볼 수밖에 없게 만드는 분기점이다. 사회주의적 인식과 그 문학적 실천이라는 주류적 방법론이 더 이상 문단의 구심력으로 작용하기 어려워진 것이다. 이에 더하여 파시즘이 초래한 지구적 파장이 식민지 조선의 문학 지성을 어떻게 위축시켰을지 상상하는 것은 그리 어렵지 않다.[1]

최명익의 경우 신세대 진영에서 활동하고 발언한 것은 주지의 사실이지만, 그의 연배는 다른 신세대 작가들에 비해 높은 편이었다.[2] 그의 사상적 성향에 관계없이 최명익은 기존 문단의 현실인식 체계와 작법 이론에 낯설지 않았을 가능성이 농후하다.

본 논문은 최명익의 「무성격자」를 분석하면서 1937년이라는 문제적 시기를 작가가 어떻게 진단하고 있으며, 어떤 방향으로 문학적 진로를 모색하고 있는지를 살펴보고자 한다. 최명익은 「무성격자」 이전에 「비 오는 길」을 발표하였고, 이후에는 「역설」(『여성』, 1938.2-3), 「봄과 신작로」(『조광』, 1939.1), 「폐어인」(『조선일보』, 1939.2.5.-25), 「심문」(『문장』, 1939.6), 「장삼이사」(『문장』, 1941.4)를 연달아 발표하였다. 그 추이를 파악하기 위해서는 섬세한 분석이 필요하겠으나, 대체로 자의식 강한 지식인의 내면세계를 묘사하는 것에서 점차 객관

---

1 1930년대 후반의 문단 내외적 상황을 정리한 논저는 헤아리기 힘들 정도이지만, 특히 최명익의 작품과 관련지어 서술한 논문은 채호석의 「리얼리즘에의 도정 - 최명익론」(『한국 근대문학과 계몽의 서사』, 소명출판, 1999), 김민정의 「1930년대 후반기 모더니즘 소설 재고 - 최명익과 허준을 중심으로」(『한국학보』 20(4)), 김예림의 「1930년대 후반의 비관주의와 윤리의식에 대한 고찰 - 최명익을 중심으로」(『상허학보』 4, 1998) 등을 참고할 수 있다.

2 최명익은 1903년 평남 강서군 증산면에서 출생하였다. 1928년부터 평양 문단에서 작품 발표를 시작하였고, 1936년 「비 오는 길」(『조광』, 1936.5)로 중앙 문단에 이름을 알린 것은 이미 널리 알려진 사실이다. 1936년은 최명익의 나이 34세가 되는 해이다. 당시 기성 문인들의 평균 연령대와 차이가 나지 않는 것은 물론 기성세대의 입장에서 세대 논쟁에 참여했던 임화(1908년 생), 유진오(1906년 생)보다도 나이가 많다.

적 외부 세계로 시야를 확장하는 쪽으로 작가의 관심이 이동하고 있다고 판단된다.[3]

「무성격자」 고찰의 과정에서 작품 내의 고유명사 '아리사', '쩨롬' 등에 주목하게 되었다. 이는 앙드레 지드의 『좁은 문』에 등장하는 인물들이다. 서술자의 이 같은 호명이 어떤 의도에서 이루어졌고, 어떤 효과를 거두고 있는 것인지 추론하는 작업을 수행할 필요가 있다고 여겼다. 익숙한 이름의 인물들이 독자로 하여금 기존의 작품을 떠올리게 하고, 그 작품을 쓴 작가를 연상시킴으로써 인유의 효과를 얻으려 한 것이라는 가설을 세울 만하기 때문이다.

이 가설의 검증은 본 논문 한 편으로 충분치 않을지 모른다. 그러나 작품의 내적 분석뿐만 아니라 작품 주변의 시대적 정황 근거 등을 최대한 활용하여 가능한 결론을 도출할 때, 방향 상실의 시대를 살아가던 작가 최명익의 암중모색 과정과 작품 「무성격자」의 작가론적 좌표를 아울러 가늠하는 하나의 방법이 될 수 있으리라고 생각한다.

2. 「무성격자」와 『좁은 문』의 거리

2.1. 문주, 알리사의 음화(陰畵)

「무성격자」의 여성 인물 문주는 티룸 알리사(틔-룸 아리사)의 마담이다. 남성 인물 정일의 친구 운학의 사촌동생이며, 폐결핵에 걸린 환

---

3 이와 관련하여 채호석은 「비 오는 길」과 「장삼이사」를 분석하고, 그 시간차를 근거로 '(리얼리즘을 기준으로 했을 때)의 일정한 진전'이라고 설명한다.(채호석, 「리얼리즘에의 도정 - 최명익론」, 『한국 근대문학과 계몽의 서사』, 소명출판, 1999, 267면 참조)

자이다. 작품 내의 문주는 퇴폐적이고 신경질적이며 변덕이 심한 모습으로 묘사되고 있다.

「무성격자」가 발표된 1937년 식민지 조선에는 앙드레 지드의 『좁은 문』이 우리말로 번역되어 있지 않았다.[4] '알리사'라는 이름이 어디서 연유한 것인지를 알지 못하고 「무성격자」를 읽은 독자도 적지 않았을 것이라 생각된다. 불어 원서나 영역본을 쉽게 접하고 독해할 수 있거나 최소한 일본어 서적을 읽을 수 있는 지식인 독자층이어야 알리사라는 고유명사에서 『좁은 문』과 앙드레 지드를 떠올릴 수 있었을 것이기 때문이다.

물론 『좁은 문』을 읽은 독자라야 「무성격자」를 이해할 수 있는 것은 아니다. 문주라는 인물을 파악하기 위하여 『좁은 문』의 여성 인물 알리사와의 비교가 꼭 필요하지는 않기 때문이다. 하지만 작가 최명익이 자신의 작품 속에 알리사를 굳이 끌어들이는 것을 볼 때, 『좁은 문』을 읽은 독자층과의 소통을 내심 염두에 두고 있었다는 추측을 하는 것도 무리는 아니다.

그러고 보면 최명익은 1938년 작 「심문」에서도 "독자 중에는 이 '그래서 나 역시……'라는 말에 불쾌를 느끼고, 그만 것을 동기나 이유로 행동하는 나를 경멸하는 이가 있을는지 모를 것이다. 사실은 나는 그러한 독자를 상대로 이 여행기를 쓰는 것"[5]이라고 주석적 서술을 하며, 일정하게 층위가 구분된 소통을 유도하고 있다. 그 대상은 바로 자신의 창작 의도나 작품의 숨은 의미를 간파한 독자들 혹은 간파할 수 있는 독자들이다.

---

4 『좁은 문』의 전모를 한글로 파악할 수 있게 된 것은 1948년 김병규의 번역본이 을유문화사에서 간행된 이후이다. 1948년 을유문화사는 앙드레 지드의 『좁은 문』과 『전원교향곡』을 김병규와 안응렬의 번역으로 각각 출판하였다.

5 최명익, 「심문」, 『문장』, 1939.6, 16면.

그렇다면 「심문」이나 「무성격자」의 텍스트는 중층적 성격의 소통 구조를 가지게 된다고 할 수 있다. 일반적인 독자와의 소통과 구별되는 소수의 독자를 겨냥한 소통의 맥락 속에서 발화자인 최명익은 어떠한 메시지를 전달하려 한 것일까?

> 동경 있을 때, 운학 군이 사촌동생이라고 문주를 소개하며 의학에서 무용 예술노 일대 비약을 한 소녀라고 우섰을 때 저렇게 인상적으로 빛나는 눈은 역시 여의사의 눈이 아니였을 것이라고 생각하였든 자기가 삼 년 후인 지난 가을에 틔-룸 아리사의 매담으로 나타난 문주를 다시 보게 될 때 문주의 그 창백한 얼굴과, 투명할 듯이 히고 가느다란 손가락과, 연지도 않 바른 조개인 입술과, 언제나 피곤해 보이는, 초점이 없이 빛나는 그 눈은 잊이 못하는 께로-ㅁ의 일홈을 부르며 황혼이 지튼 옛날의 정원을 배회하든 아리사가 저러치 않었을까고 상상되였든 것이다. 그러나 검은 상복과 베일에 싸인 아리사의 빛나는 눈은 이 세상 사람이라기보다 천사의 아름다움이라고 하였지만 흐르는 듯한 곡선이 어느 한 곳 국임살도 없이 가늘핀 몸에 초록빛 양장을 한 문주의 눈은 달 아래 빛나는 독한 버슷같이 요기로웠다. 늦인 가을 어느 날 내가 문주와 친하여도 괜찮은가고 무렀을 때 운학은 유심이 바라보다가 우스며 그야 자네 소견대로 할 일이지만 웨 딴은 맑은 물에서 헴칠 수 없이 된 고기가 잘 뜬다는 死海로 차자가려는 셈인가? 그러나 교양 없이 데까단인 문주의 히쓰테리는 좀 거북할 걸 하였든 것이다.[6]

현대 독자라고 해도 서구 문학 텍스트에 익숙하지 않다면 알리사

6 최명익, 「무성격자」, 『조광』, 1937.9, 266면. 이후 「무성격자」의 본문 인용은 동일한 책의 면수만을 표기하기로 한다.

혹은 제롬 등의 고유명사에 대해 낯선 느낌을 가질 수 있을 것이다. 하지만 앞에서 언급했듯 작품 속에 느닷없이 호명된 외국 인명에 별달리 반응하지 않고도 서사의 줄기를 파악하는 데에는 무리가 없다. 그렇다면 알리사라는 이름과 『좁은 문』이라는 작품에 대해 잘 알고 있는 독자는 위 인용문 이후의 서사 전개 양상을 어떤 식으로 파악하게 될까? 아마도 전에 읽었던 『좁은 문』 텍스트와 「무성격자」의 상관성을 유념하게 될 것이고, 문주의 형상 속에서 알리사의 그림자를 엿보려하게 될 것이다.

그런데 위 인용문의 내용을 보면 문주는 알리사를 닮았을 뿐 아니라 그와 대비되기도 하는 것으로 서술된다. 정일은 문주의 눈을 바라보며 『좁은 문』의 알리사를 연상하지만, 이내 알리사와 문주의 차별성을 발견하고 마는 것이다. 「무성격자」의 서술을 따라가는 독자의 입장에서 보면 『좁은 문』을 통해 자신이 파악하고 구상화한 알리사의 모습을 문주라는 캐릭터에 덧씌웠다가 이내 전복시켜 버려야 하는 셈이 된다. 즉 「무성격자」에 묘사된 문주의 형상은 『좁은 문』에 그려진 알리사의 음화(陰畵)이다.

> 나날이 쇠약하여 간다는 문주는 자기의 죽음이 丁一의 인생의 길을 티여 주는 보람이 되기를 바란다고, 이러한 자기의 말을 주제넘은 말이라고 丁一이가 비웃어 주기를 바란다고, 문주 너 때문에 내 일생을 그릇칠 丁一인 줄 알았드냐고 자기의 말을 비웃고, 문주 너와의 관계는 한때 침태한 내 생활의 戱戀이었을 뿐이라고 웃을 수 있는 뱃심이 丁一에게 생기기를 바란다고,[7]

7 「무성격자」, 279-280면.

자신의 희생을 통해 상대방의 삶이 긍정적인 방향으로 진전되기를 바라는 것은 알리사의 생각과 태도이기도 했다. 새롭거나 더 나은 삶을 함께 설계하고 만들어 가는 동반자가 되기를 포기하고 스스로를 도태시키는 것이다.

한 가지 더 살펴보아야 할 것은 여성 인물의 자기희생과 자발적 도태가 어떤 의도에 의해 감행되는지의 문제이다. 문주가 정일과 함께 꿈꾸었던 것은 무엇인지, 희생을 위하여 포기해야 했던 것은 무엇인지를 알리사의 경우와 비교해 볼 필요가 있다.

> 아! 슬프게도, 이제 나는 너무나 잘 깨닫게 되었다. 하나님과 그이 사이에는 오직 나라는 장애물이 있을 뿐이라는 것을. 그가 말한 것처럼, 아마도 처음엔 나에 대한 사랑으로 그의 마음이 하나님께 기울었다 할지라도, 이제는 그 사랑이 그를 방해하고 있다. 그는 나 때문에 머뭇거리고, 다른 것보다 나를 더 좋아하게 되었다. 그리하여 이제 나는 그가 덕성을 향해 앞으로 나아가는 것을 가로막는 우상이 된 것이다. 우리 둘 중에 한 사람이라도 거기에 도달해야 한다. 나의 하나님, 비겁한 제 마음은 이 사랑을 극복할 수 없어 절망하오니, 제발 그가 저를 사랑하지 않도록 만들 힘을 저에게 허락해 주옵소서.[8]

두 사람이 나란히 걸어 동시에 들어갈 수는 없는 문, 그것이 알리사가 생각한 '좁은 문'이다. 그러니 제롬 혼자서라도 그 좁은 문을 통과할 수 있도록 하자는 것이 순진하고 가련한 알리사의 이타심이다. 하나님이라는 절대적 존재 앞에서 자신을 우상으로 규정하고, 인간적인

---

8 앙드레 지드, 동성식 역, 『좁은 문 · 전원교향곡 · 배덕자』, 민음사, 2015, 184면. 이후 『좁은 문』의 내용 인용은 동일한 책의 면수만을 표기하기로 한다.

사랑을 부정하는 것은 제롬으로 하여금 덕성이라는 목표에 도달하도록 배려하겠다는 의지 표명인 것이다.

그렇다면 「무성격자」의 문주가 자신의 죽음에 대하여 '정일의 인생의 길을 틔어주는 보람'이 되기를 희망하는 것은 어떻게 해석해야 할까? 알리사는 제롬이 덕성이라는 삶의 목표에 도달하기를 바랐다. 그 삶의 목표는 원래 두 사람이 함께 꿈꾸던 것이었다. 문주는 정일이 어떤 인생의 길에 접어들기를 바라는 것일까? 그것은 문주도 정일과 함께 꿈꾸던 삶이었을까? 그런 것 같지는 않다.

문주에게 정일은 함께 긍정적인 생활을 설계하고 영위할 동반자가 애초부터 아니었다. 오히려 '같이 죽어 달라고 조르면 언제든지 죽어 줄 것 같은' 사람이었다. 정일에게도 문주는 지긋지긋하고 속물적인 생활로부터의 도피처였지, 대안적 목표를 설정하는 데 도움이 되는 존재는 아니었다고 할 수 있다. 그러니 문주 또한 자신의 존재가 정일에게 '한때 침태한 생활의 희련' 정도로 간주되지나 않을까 걱정하는 것이다.

2.2. 정일, 퇴폐적 생활과의 결별을 선택하다

정일이 문주와의 퇴폐적 관계를 정리하고 돌아갈 유력한 자리는 속물적 현실세계이다. 그곳을 탈출하기 위하여 교사라는 직업을 택하였고 독서에 침잠해 보기도 했지만 아버지의 세계와 뚜렷이 대비되는 자기 세계를 구축하는 데 실패한 것이다. 특정한 지점을 벗어났으나 어느 한 곳에도 정착하지 못하여 방황하고, 그렇다고 원래의 지점으로 돌아갈 마음도 없으니 정말 '한때의 희련' 삼아 문주와의 은밀한 공간으로 숨어든 것이었는지도 모른다.

작품의 결말 부분에서 정일이 "아버지의 관을 맡았다"[9]고 한 것을 아버지로 대표되는 속물적 현실세계로 함몰된 것이라고 굳이 단정 지을 필요는 없다. 또 그러한 정일의 방향 전환을 작가 최명익의 현실 인식과 무조건 동일시해야 하는 것도 아니다. 하지만 최소한 소설 속 현재시점에서 정일이 아버지의 세계에서 벗어나 새로운 삶의 의미를 찾는 데 일단 실패한 것은 분명하다. 이는 속물적 현실로부터의 탈출구로서 지적이고 형이상학적인 삶도, 혹은 퇴폐적이고 탐미적인 삶도 정일에게는 유효하지 않은 것이었음을 의미하는 것이다.

> 방황하든 길에 혹시 서점으로 드러가기도 한다. 그것은 학생생활의 습관 중에 오직 남은 한 가지일 것이다. 그러나 지금의 그 습관, 회구적 감상으로 물드려진 것이다. 연구의 체계와 독서의 플랜을 흩으러 버린지 오랜 지금은 전과 같이 어떤 필요한 책을 찾으려 가는 것이 아니였다. 그저 망연히 드러선 시선은 높고 넓은 서가(書架)에 비즛이 드러찬 책 뒤등에 클래식한 明朝體의 활자와 금시에 먹물이 드을 듯이 새로운 감각의 육필 문자 위를 흘너 지나갈 뿐이다. 그같이 막연한 시선에 혹시 그 전에 존경하고 사랑하든 반가운 사람의 신장한 전집이 보이면 한때 매혹하였든 계집의 체온 같은 감각적 회상을 느끼기도 하였다. (중략 - 인용자) 그리고 자기도 이 문화탑에 한 돌을 싸아 보겠다는 야심을 갖었든 것이 먼 옛날 일같이 회상되였다. 그러한 전날의 야심은 한순간 찬란한 빛으로 밤하늘에 금 그었든 별불같이 사라지고 만 듯하였다. 밤하늘에 금빛으로 그려졌든 별의 흘은 자최가 사라지면 우리의 눈은 그 자리에 검은 선을 보게 되고 그 검은 선마저 사라지면 부지중 한숨을 지게 되는

9 「무성격자」, 281면. 『조광』 지면에는 "아버지의 棺을 맛귀었다."로 표기되어 있다. 1947년 을유문화사에서 간행한 단행본에는 "아버지의 棺을 맡았다."로 수정되었다.

것이다.[10]

최명익 소설의 남성 인물, 특히 지식인 서술자나 초점 화자들은 방랑벽을 가진 것으로 보일 만큼 한곳에 정착하지 않고 부유하는 형상으로 묘사된다. 그들은 언제나 고민하고 회의하지만 대안을 제출하는 데는 재주가 없고, 따라서 우유부단하거나 냉소적인 모습을 보인다. 「무성격자」의 정일도 그러한 성격을 가지고 있는 탓에 문주를 늘 불안하게 만든다. 문주는 정일을 바라보면서 도무지 확신을 가지기 어렵다.

어찌 보면 『좁은 문』의 알리사 또한 제롬의 태도 때문에 몇 번이고 뒷걸음질했던 것이라고 할 수 있다. 알리사에 대한 제롬의 사랑은 확신에 찬 말로 늘 꾸며지지만, 과단성 있는 선택이나 적극적인 행동으로 좀처럼 이어지지 않는 것이다.

> "언니와는 언제 결혼할 생각이야?"
> "군 복무를 마치기 전에는 안 할 생각이야. 또 마치고 나서도 나 스스로 뭘 하고 싶은지 좀 더 잘 알기 전까지는 안 할 생각이야."
> "그럼 아직 그걸 모른단 말이야?"
> "아직은 알고 싶지 않아. 흥미 있는 것들이 너무 많거든. 무언가를 선택해서 그것에만 매달려야 할 시기를 되도록이면 뒤로 미루는 거지."
> "약혼을 미루는 것도 한군데 얽매이는 것이 두려워서야?"[11]

인용문은 알리사의 동생 쥘리에트와 제롬의 대화 부분이다. 『좁은

10 「무성격자」, 265-266면.
11 『좁은 문』, 55면.

문』은 제롬과 알리사뿐 아니라 알리사의 동생 쥘리에트까지, 모두가 불행해지는 결말의 작품이다. 쥘리에트는 알리사와 제롬을 위해 자신의 욕망을 포기하고, 약속이나 한 듯 알리사는 쥘리에트에게 제롬을 양보하려다가 무산되자 지상의 인간적인 행복을 뒤로하고 구도자의 길에 나선다. 모두가 서로를 사랑하고 위하느라 한 일이었겠지만 결국 서로를 고통스럽게 만들었을 뿐이다. 아마도 제롬이 좀 더 적극적으로 알리사에게 구혼하는 것을 택했다면 결과는 달라졌을지도 모른다.

이처럼 제롬과 정일에게는 소극적인 성격의 소유자라는 공통점이 있지만, 그 외에는 특별히 연관되는 지점을 찾기 어렵다. 두 인물의 성격 자체보다는 그들이 각각 작품의 여성 인물들과 어떤 관계 아래 놓여 있느냐가 비교할 만한 대상이다. 제롬과 알리사의 어긋나기만 하는 사랑을 익히 알고 있는 독자라면 「무성격자」의 정일과 문주가 결국 맺어질 수 없을 것이며, 문주가 절망에 빠지거나 죽을 것이라는 예감을 할 수 있다. 그런 반응을 기대하지 않았다면 최명익이 굳이 앙드레 지드 작품 속의 인물을 끌어들이고 그 이름을 부를 이유가 없었다.

기존의 작품 속 인물을 호명하고 그 작품명과 작가를 환기시켜 자신의 독자와 소통하려는 것은 인유의 전략이다. 인유의 기법을 활용한 작품은 원전의 의미에 머무르지 않고 문맥의 확대 및 이중화를 꾀하는 경우가 많다. 원전의 의미와 신작의 의미는 상응되든 대립되든 비유적 중층구조를 형성하게 되는데, 여기서 상호텍스트적 인접성 혹은 거리가 발생하는 것이다.

그렇다면 최명익의 「무성격자」가 앙드레 지드의 『좁은 문』을 끌어들여 만들어내는 문맥은 원전의 주제를 계승하여 확장시킨 것인가, 차이를 강조하여 비판적으로 전복시킨 것인가? 『좁은 문』이 성스러운 것과 인간적인 것의 갈등을 섬세하게 묘파한 작품이라면, 「무성격자」는 속물적인 것과 퇴폐적인 것 사이의 경계에 선 인간의 고민을 그리고 있다. 단적으로 말해 「무성격자」가 『좁은 문』에서 차용한 것은 내용 및 주제보다는 형식적인 부분에 가깝다.

두 작품은 모두 일정한 공간에서 기다리는 여성 인물과 여러 공간을 떠도는 남성 인물의 이야기이다. 그들의 사랑은 끝내 이루어지지 않고, 여성 인물의 죽음으로 인해 두 사람은 영원한 이별을 한다. 이처럼 서사의 기본 골격은 비슷하지만, 인물의 성격과 분위기 면에서는 적잖은 차이를 보인다. 문주는 알리사와 달리 퇴폐미의 화신이며, 정일은 제롬과 달리 속물적 세계의 유혹에 쉽게 흔들리는 인물이다.

「무성격자」의 정일은 속물적인 세계에서 출분하여 방황하다가, 퇴폐적인 공간과의 경계 지점에서 양쪽으로 진자운동을 하던 끝에, 결국 원래의 지점으로 되돌아간다. 그의 선택이 최종적으로 마무리되었는가, 그 선택은 과연 적절한 것이었는가의 애매한 문제를 일단 차치하고 나면 남는 것은 퇴폐적 세계와의 결별이다.

3. 1930년대 조선의 지식인이 바라본 지드

3.1. 앙드레 지드의 전향과 좌표 실종의 시대

「무성격자」가 발표된 당시 『좁은 문』 등 앙드레 지드의 작품은 번역되지 않았지만, 당대 신문과 잡지의 독자들은 그의 이름을 간간이 접할 수 있었다. 특히 1933년 전후, 1937년 전후에는 많은 기사문, 평론, 논문 등에서 지드의 근황을 전하였으며, 그의 작품세계나 문학사상을 소개하기도 했다.[12]

1933년 지드의 이름이 우리 문단에 회자된 이유를 명증하게 보여주는 글은 배준환의 「思想의 自由商人 앙드레 지드의 轉向」이다. 이 글에서 필자 배준환은 "1897년에 『지상의 양식』을 발표한 후 1920년부터 지금까지의 불문단의 위대한 불안의 시대를 지배하고 있던 거장 앙드레 지드는 돌연 종래의 니체적 태도로부터 급각도로 '좌향좌'의 방향으로 전향하였다고 전한다. '우향우'의 전향이 바야흐로 세계적 풍속이 되고 있는 때에 그는 전혀 다른 한 개의 이례를 지었다"고 소개하고 있다.[13]

비슷한 시기 『동아일보』에서도 앙드레 지드의 '전향'에 대해 소개했다. "3월 21일 국제혁명작가동맹의 불란서 지부인 혁명작가동맹에서 주최한 '反나치스' 회합에 좌장으로 초빙"된 근황과 더불어 "지드는 그리하야 '파시즘' 반대를 위하야 피억압계급의 국제적 결합의 필요를 강조하였다"는 발언까지 인용해 두고 있다.[14]

이후 '그것이 전향이냐, 아니냐?', '그것이 전향이라면 어느 정도의 수준에서 논의되어야 하는 것이냐?'의 논란이 전개된 것과 관계없이 다수의 논자들이 앙드레 지드의 파시즘 반대 발언과 행동을 좌익 쪽으로의 전향으로 간주하고 있었다는 점은 중요하다. '우향우의 전향'은 '세계적 풍속'이었을 뿐만 아니라 당대 조선의 지식인에게 은연중 가해지는 압력이기도 했다. 세계적 인지도를 지닌 작가의 이례적 방

---

12 1930년대 조선의 독자들이 일역본을 통해 앙드레 지드와 그의 작품을 접하였던 상황, 그의 작가적 행보에 대한 당대 조선의 평가 등은 안미영의 논문 「앙드레 지드의 수용과 한국 근대문학 로컬리티의 재구성 - 전향에 대한 이해를 중심으로」(『현대소설연구』 54, 2013)과 「앙드레 지드 『좁은문』의 조선적 전유방식 - 모윤숙의 散文集, 『렌의 哀歌』(1937, 일월서방)를 중심으로」(『어문론총』 59, 2013)에서 상세하게 논하였으므로 참고할 만하다.

13 배준환, 「思想의 自由商人 앙드레 지드의 轉向」, 『조선일보』, 1933.8.1.

14 최정건, 「世界轉向作家一瞥 - 右에서 左로 左에서 右로 (2) 佛蘭西」, 『동아일보』, 1933.10.15.

향 전환은 방향의 설정을 위해 고민하던 식민지 조선의 작가 및 지식인에게 어떤 식으로든 충격을 주었을 것이다.

1936년 앙드레 지드가 소련 방문 후 사회주의로부터 재전향한 사건 또한 1937년 초부터 일간지를 통해 발 빠르게 소개되었다.[15] 이후 여러 논자들에 의해 비판적 관점과 옹호에 가까운 관점의 논의가 번갈아 제출되었다.[16]

아무튼 두 차례에 걸친 앙드레 지드의 방향 전환이 1930년대 조선의 지식인들에게 매우 극적으로 받아들여졌다는 점은 틀림없다. 1930년대의 우리 문단에서 앙드레 지드에 대한 관심은 그 작품세계보다 작가적 행보에 초점이 맞추어져 있었기 때문이다. 그가 밟아 간 여로와 행선지는 긍정적으로든 부정적으로든 일종의 준거와 좌표로 작용하고 있었다.

좌향좌든 우향우든 당대 조선의 지식인들은 지드의 전향을 납득하기 위한 나름대로의 논리가 필요했을 것이다. 지드의 좌향좌에 먼저 고무되었던 사람들에게는 실망을 넘어 환멸에 빠지지 않기 위해 더욱 공교로운 해석이 요구되었을 수밖에 없다. 나침반을 잃은 것과 같은 당대 지식인의 내면을 넉넉히 짐작할 수 있게 하는 다음 글은 「무성격자」가 발표된 『조광』 지에 단 한 달 앞서 게재된 김오성의 「지성의 패배와 그 재건」이라는 논문의 서두 부분이다.

> 어떻게 살어야 할 것인가? 어떻게 觀察하며 어떻게 享受해야 할 것인가? 또 어떤 것을 信賴해야 할 것인가? 이러한 知性人답지 못한 가장 初

---

15 유진오, 「지-드의 蘇聯旅行記, 그 物議에 관한 感想數題」, 『조선일보』, 1937. 2.10-14.

16 물론 이 같은 비평사적 자료 각편의 수준을 평가하거나 심도 있게 분석하는 것은 본 논문의 관심사가 아니며, 본 연구자의 능력을 벗어나는 일이기도 하다.

步的 - 그러나 가장 基本的 - 인 疑問이 그들 自身에 向하야 가장 深刻한 表情을 띠고서 提出되고 있다. 하나 이 初步的인 質問에 現代를 代表하는 偉大한 思想家들로서 그 누구 하나 明確한 對答을 던지는 이 없는 형편이다. 이리하야 現代人의 知性은 나날이 混亂을 더해 가고 있는 現狀이다.

今日의 混亂과 動搖는 單히 知性에 限한 것이 아니고 物質生活에서 더 한층 深刻化하고 있는 것이다. 混亂과 動搖가 全面的임으로 해서 知性의 敗北는 한층 더 激甚한 것이라 할 것이다.[17]

주지하다시피 1930년대 후반은 지식인의 사상적 동요가 극심한 시기였다. 작가들의 입장에서라면 '무엇을 어떻게 쓸 것인가?'에 대한 고민과 '어떻게 살아야 하는가?'의 고민이 구별되기 힘든 상태였다고 할 수 있다. 관찰과 향수의 방법, 신뢰의 대상에 대해 근본적인 회의가 필요한 시점이었다.

당대의 지식인이자 작가였던 최명익도 예외가 될 수 없었다. 그가 중앙 문단에 이름을 알리기 시작한 「비 오는 길」부터가 관념적인 자기세계와 속물적인 현실세계 사이에서 갈등하는 인물을 내세우고 있는 것이 아닌가? '독서에 매진하리라'는 결말 부분 작중 인물의 결심이 공허하게 느껴질 만큼 지식인의 혼란과 사상적 동요는 극심했던 것이리라.[18]

김오성은 위 논문에서 당대의 상황을 '지성의 패배'로 진단하는 것에 그치지 않고 시대적 과제로써 '지성의 재건'을 내세운다. 지성 재건의 가능성을 차례로 탐색하는 과정에서 가장 먼저 거론하는 것이 데

---

17 김오성, 「지성의 패배와 그 재건」, 『조광』, 1937.8, 334-335면.

18 「비 오는 길」의 병일이 읽던 도스토옙스키와 니체는 앙드레 지드에게 큰 영향을 끼친 정신적 스승이기도 했다.

카당티즘이다. 그리고 여기서 지드를 거명하고, 지드의 발언을 인용하고 있다.

> 前日의 데카탄티즘은 現實의 迫力에 敗北된 人間들이 되도록 現實을 廻避하고 그것에서 關心을 끊고 되여가는 대로 醉生夢死하려는 가장 消極的인 態度이였든 것이다. 하나 今日의 데카단的 傾向은 현실적 불안을 廻避하려 하지 않고 그것을 正面으로 享受하려 하며 苦惱가 우리에게 不可避的으로 닥처온다면 그 가운대 뛰여드러가 거긔서 自己를 修鍊시키려는 積極的 態度인 것이다. "苦惱가 항상 우리를 高揚시키기를 希望한다. 苦惱가 우리를 死滅시키지 않는 限 우리를 굳세게 鍛鍊시켜 주기를 希望한다."라고 한 지-드의 心境이 今日의 데카단티스트를 代表한 것이라고 생각된다. 우리 땅에도 이러한 데카단티스트가 몇 사람 있는 듯하다. 우리는 이것을 單히 頹廢的 傾向이라 하야 拒否했어는 안 된다. 이것은 確實히 存在의 現實性이 있으며 또 그 속에는 知性을 再建하려는 善良한 意志가 움즉이고 있는 까닭이다.[19]

김오성의 생각에 데카당티즘은 현실적 불안에 정면으로 맞서는 적극적 수련의 방법이요, 지성 재건을 위한 선량한 의지의 발현이다. 물론 그것 자체에 머물러서는 안 되며 행동주의적 휴머니즘으로 진전되어야 한다는 것이 김오성의 생각이지만, 전일의 것과 금일의 것을 나누면서까지 데카당티즘의 당대적 의의를 부여하고 있는 것은 주목할 만하다.

김오성이 계산에 넣은 퇴폐적 경향의 당대 조선 데카당티스트 몇 사람 중에 최명익이 끼어 있었는지는 알 수 없다. 아무튼 이 논문이

---

19 김오성, 위 글, 340-341면.

게재된 직후 『조광』의 다음 호에 발표된 최명익의 「무성격자」가 김오성이 진단한 지식인 사회의 혼돈과 무기력, 데카당스에의 경도 등의 모티프를 고스란히 담아내고 있다는 점은 주목될 필요가 있다.

3.2. 식민지 현실 속의 방황과 귀환의 서사

요컨대 「무성격자」는 앙드레 지드의 이른바 이중 전향이 문단의 화두가 되고 있던 상황에서 지드의 대표작인 『좁은 문』의 작중인물을 호명하여 시사적 인유[20]의 효과를 노린 작품이다. 작가 최명익은 텍스트를 둘러싼 소통 주체 간 가상적 토론의 장에서 지드의 방향 전환 및 당대 조선의 과제와 지향점에 대해 말머리를 꺼내고 있는 것이다. 그런데 여기에는 한 가지 제약이 있다. 효과적인 인유의 원천은 독자들에게 널리 알려진 것이어야 한다는 일반적인 견해를 「무성격자」의 인유가 감당할 수 있느냐 하는 문제이다.

전 항에서 기술하였듯 앙드레 지드에 대한 1930년대 조선의 관심은 주로 작가적 행보에 집중되어 있었다. 그의 작품은 번역조차 되어 있지 않은 상태였다. 『좁은 문』 등의 대표작이라도 외국어에 능통한 독자가 아니라면 작품의 경개 정도를 파악하는 일조차 쉽지 않았다. 즉 앙드레 지드를 직접 거명하지 않고 알리사, 제롬 등 작중인물의 이름만을 끄집어내 당대 논단에 회자되던 서구 문호의 사상 전향 문제를 환기시키려는 것은 실효성을 보장하기 힘든 시도라고 보아야 한다. 최명익이 「무성격자」 텍스트 건너편에 있는 내포독자의 층위를 구분하고 이중적 소통을 의도한 것이라는 판단을 내리는 이유이다.

---

20 시사적 인유의 개념에 대해서는 김준오의 『시론』(삼지원, 1995, 230-231면)을 참조.

남는 문제는 최명익이 지드의 작가적 행보 및 작품 『좁은 문』의 작중 인물 및 서사구조를 「무성격자」에 직·간접적으로 끌어들여 어떤 식의 의미 갱신 혹은 확장을 의도한 것이냐 하는 점이다. 거칠게 구분하자면 「무성격자」의 인유는 원전에 대한 반역인가, 아니면 원전과 원작자의 정신을 발전적으로 계승하려 한 것인가 하는 문제이다. 여러 가지 각도에서 여러 가지 방법으로 분석해 보아야 할 문제이지만 텍스트 내에서만 보자면 우선 작가 최명익이 중심인물 정일을 어떻게 바라보고 평가하는가를 따라가 볼 필요가 있다.

> 어떤 무서운 강박관념에서 풀려난 듯한 잠재의식이 나타난 황홀한 꿈을 깨친 듯한 자기로서는 갈피를 잡을 수 없으리만치 자기가 무슨 생각을 어떻게 생각하고 있는지 알 수 없는 丁一이는 도리혀 머리가 텡 부인 사람같이 눈을 껌벅이며 자꾸 술을 마시고 있는 자기를 보았다. 취하여 감을 따라 자기가 취하면 자연이 어느 편으로 치우친 행동을 하게 될 것 같고 그렇게 되면 자기의 생각이 어떤 것이라는 것이 증명될 것도 같은 생각에 丁一이는 더욱 술을 마시였다. 마츰내 술집을 나선 丁一이는 결국 이 길을 가는가고 중얼거리며 옷깃을 추겨올리고 급히 걸어가는 자기의 꼴을 보면서 걸었다. (중략 - 인용자) 술집에서 나오든 그때의 기분, 무엇에 아마 자기에게 역정을 내여 반역하려는 복수욕과 같은 충동과 심렬은 벌써 식고 가라앉지 않었는가. 술도 깨였다. 집으로 돌아가는 것이 좋지 않은가, 이렇게 생각하는 丁一이는 그때 '만일' 자기 반대편으로 가는 빈 차를 만나면 두말없이 돌아가리라고 생각하며 걸었다.[21]

정일은 자신이 처한 현재의 상황을 비판적으로 성찰하고 긍정적 생

21 「무성격자」, 271면.

활의 방향을 모색하는 중이었다. 그 과정에서 일시적으로 문주와의 연애를 선택했던 것이다. 퇴폐적이고 신경질적인 문주와 공유하는 삶 또한 속물적이고 폭압적으로 군림하는 아버지의 그림자가 드리워진 삶으로부터 벗어나는 하나의 대안으로 고려된 것이었음에 틀림없다. 하지만 그 또한 긍정적 생활의 모델이 될 수는 없다는 것을 정일은 일찌감치 예감하고 있었다. 그러면서도 별다른 탈출구가 없어 다가가지도 물러나지도 못하는 어정쩡한 자세를 취하고 있었던 것이다.

문주의 건강이 급속히 악화되어 가던 어느 날 정일은 술에 취해 매춘부를 찾는다. 술을 마시는 것은 어디로 갈지를 정하지 못했기 때문이다. 술기운을 빌려서라도 가려 한 곳은 일탈의 공간이며 결국은 다시 일상의 공간으로 되돌아갈 수밖에 없다. 그것을 알면서도 가는 이유는 '자기에게 역정을 내어 반역하려는 복수욕'을 느꼈기 때문이다.

아버지로 상징되는, 자아를 둘러싼 폭압적 현실의 질서에서 출분한 정일의 행로는 우선 독서에 매진하기로 결심한 「비 오는 길」의 병일처럼 자기 세계로 침잠하는 생활의 모습으로 제시된다. 그러나 그 선택은 곧 침태한 일상으로 이어지고 말았다. 정일에게는 또 다른 생활 혹은 새로운 동력이 필요했다. 이 과정에서 시도되었던 것이 문주와의 동행이었던 것이다.

위 인용문의, 매춘부에게서 잠시의 위안을 얻고 다시 일상으로 복귀하는 정일의 동선은 아버지의 세계에서 문주의 세계로 잠시 향했다가 다시 아버지의 세계로 돌아간 여정의 축도이다. 더 나아가서 그것은 앙드레 지드가 공산주의에 경도되었다가 3년 만에 다시 원래의 자리로 귀환한 이중 전향과 비유적 양상의 관계에 놓인다.

인유의 원천으로서의 『좁은 문』과 그 일부분을 차용 변주한 「무성격자」의 관계와 마찬가지로, 서구 문호 앙드레 지드의 작가적 행보라는 시사적 인유의 원천 또한 「무성격자」의 내용적 측면에서보다는 형식적 측면에 크게 관여하고 있다. 즉 새로운 지표 설정을 위한 모색과정과 결론적 실패와 귀환이라는 서사적 틀을 우선 공유하고 있는 것이다. 개인의 자아를 억압하는 현실 상황에 반발한 출발에는 유사점이 존재하나 새로운 지향점으로 추구된 것에는 뚜렷한 차이점이 드러난다.

> 문주와의 관계! 문주를 중축으로 한 지금의 생활! 외아들이라는 것이 큰 자세나 같이 나희 삼십에 영석을 피우다싶이 하여 어머니가 아버지에게 큰소리를 드러 가며 타내 주는 어여찌 못한 돈으로 이러틋 퇴폐적 생활을 하는 지금, 전날의 자존심이 남어 있을 리도 없을 것이다.[22]

결과적으로 「무성격자」의 정일도 앙드레 지드가 그랬던 것처럼 잠시의 방향 전환을 철회하고 원래의 자리로 되돌아갔다. 정일이 잠시 동안 머물렀던 곳은 퇴폐적 생활의 공간이다. 위 인용문에 나타나는 정일의 심리는 스스로에게 비판적이다. 객관적인 눈으로 바라볼 때 자신의 상황이 부잣집 도련님의 철없는 응석처럼 비쳐지리라는 것을 순순히 받아들이는 태도이다. 즉 타인의 시선을 견디는 것은 물론 자기 부정과 비판의 절차가 수반되어야 하는 어려움을 무릅쓰고 원점으로 돌아가는 선택을 한 정일이다.

「비 오는 길」의 병일이 사진사 칠성의 갑작스러운 죽음 이후 자기 세계에 충실할 것을 다짐하는 것이나 「무성격자」의 정일이 문주에게서 떠나 아버지의 집으로 돌아가는 것은 그들의 최종적 선택이라고 보기 어렵다. 그들은 다시 고민할 것이고, 가끔씩은 흔들릴 것이며, 지속적으로 새로운 출구를 찾을 것이다. 제2, 제3의 문주가 제 앞에

22 「무성격자」, 263-264면.

나타나기를 기다리는 것이 아니라 정일은 제2, 제3의 문주를 찾아 주위를 둘러볼 것이다. 그리고 그 때도 몇 걸음의 거리를 유지하며 그 가능성을 타진하다가 끝내 돌아서게 될지 모른다.

그럼에도 불구하고 이와 같은 귀환의 여정을 무의미한 것이라고 하기는 어렵다. 똑같은 자리에 서 있다 하더라도 다른 곳에 가본 적이 없는 정일과 여러 곳을 전전하다 돌아온 정일은 분명 다른 사람일 것이기 때문이다. 김오성의 말처럼 '지성 재건을 위한 선량한 의지'로 굳이 포장하지는 않더라도, 아무것도 하지 않고 있을 수는 없어서 길을 헤매는 절실함까지 폄훼되어서는 곤란하다. 앙드레 지드의 행보를 통해 최명익이 읽은 것 또한 좌향좌나 우향우, 이중 전향 등의 명쾌한 결론으로 정리될 수는 없었던 것이 아닐까? 1937년 당시 당시 최명익이 느낀 것은 '그(지드) 또한 자신처럼 전면 재검토를 위한 원점에 서 있다'는 동질감이 아니었을까?

4. 맺음말

최명익의 「무성격자」는 앙드레 지드의 이른바 이중 전향이 문단의 화두가 되고 있던 상황에서 발표된 작품이다. 1930년대 후반 당시의 조선 문단은 방향 실종에 의한 암중모색의 시기였다. 「무성격자」는 최명익이 서울 문단에서 활동하며 내놓은 두 번째 작품으로서 기존의 연구사에서는 이전 작품인 「비 오는 길」과 이후 작품 「심문」 등을 묶어 한 자리에서 논의되곤 했다. 본 논문은 최명익의 소설 세계에 전반적으로 나타나는 공통점에 유의하기보다는 다른 작품들과 구별되는 「무성격자」 텍스트 자체의 특징적 국면에 주목하려 했다.

「무성격자」의 여성 인물 묘사 부분에 거론된 알리사, 제롬 등의 고

유명사에 착안해 보았다. 그것들은 프랑스 작가 앙드레 지드의 『좁은 문』에 등장하는 인물들의 이름이다. 최명익이 자신의 텍스트에 서양 문호의 작품 속 인물들을 어째서 끌어들인 것인지 추론하는 과정을 통해 1930년대 중·후반 당시 조선 문단에 회자된 앙드레 지드의 작가적 행보가 「무성격자」 창작의 과정에 영향을 끼친 것이리라는 가설을 세울 수 있었다.

인유(引喩)는 기존의 작품 혹은 작가의 명성과 가치에 기대어 자신의 작품과 비유적 상관관계를 만들어내는 기법이다. 최명익은 독자들과 서구 작가 앙드레 지드 및 작품 『좁은 문』에 대한 정보를 공유한 상태에서의 긴밀한 소통을 꾀한 것이다. 그런데 「무성격자」가 발표된 1937년은 앙드레 지드 소설의 우리말 번역본이 없었다. 작가 앙드레 지드, 작품 『좁은 문』에 대한 일반적 정보뿐 아니라 작품 속 인물 형상에 익숙한 독자가 한정된 상황이었을 것이다. 그럼에도 불구하고 인유의 방법론을 활용한 것은 「무성격자」의 텍스트가 중층적 성격의 소통구조를 가졌음을 뜻한다. 일반적인 독자와의 소통과 구별되는 소수의 독자를 겨냥한 소통의 맥락 속에서 심층적 메시지를 전달하려 한 것이다.

1930년대의 우리 문단에서 앙드레 지드는 그 작품의 내용보다는 작가적 행보에 초점을 맞추어 주로 논의되었다. 특히 1933년과 1936년 즈음 이루어진 두 번의 '전향'은 일제 파시즘 체제 아래서 고민하고 방황하던 우리 문인들에게 어떤 식으로든 일정한 충격을 주었다. 「무성격자」는 앙드레 지드의 이른바 이중 전향이 문단의 화두가 되고 있던 상황에서 지드의 대표작인 『좁은 문』의 작중인물을 호명하여 시사적 인유의 효과를 노린 작품이다. 작가 최명익은 텍스트를 둘러싼 소통 주체 간 가상적 토론의 장에서 지드의 방향 전환 및 당대 조선의 과제와 지향점에 대해 말머리를 꺼내고 있는 것이다.

알리사, 제롬 등 『좁은 문』의 인물들은 「무성격자」의 인물 형상에 굴절된 모습으로 반영되며, 작가 앙드레 지드의 전향과 귀환은 정일의 출분과 원점으로의 회귀라는 「무성격자」 서사의 줄기에 겹쳐진다. 여기서 퇴폐주의의 당대적 가능성에 대한 실험적 탐색과 실패의 과정이 그려지고 있는 것이다. 1930년대 후반 네오휴머니즘 논객이었던 김오성은 '지성의 재건'을 위한 방법론으로서 퇴폐주의가 일정한 당대적 의미를 지닌다는 주장을 펼친 바 있다. 최명익의 「무성격자」는 이와 같은 논의를 작품 창작에까지 끌고 나간 적극적 실천으로서의 의의를 가진다고 할 수 있다. 그리고 최종적으로는 퇴폐주의의 가능성을 무력화시켰다는 점에서 모색의 출발점으로 되돌아왔다.

요컨대 최명익은 「무성격자」를 통해 결론적 지향점을 제시하지는 않았다. 아버지의 집으로 향하여 간 정일의 귀환을 최종적 선택이라고 볼 근거가 없기 때문이다. 한 번 가 본 길에서 출구를 찾지 못한 정일에게 남은 과제는 다시 가야할 길이 어느 쪽에 있는지 심사숙고하는 일이며, 그 노선을 따라 자신을 이끌어 고된 발걸음을 옮기는 일이다. 그때마다 다시 돌아올 수밖에 없을지 모르지만, 가만히 앉아서 되어가는 대로 자신을 방치하지 않고 원점에서의 전면 재검토를 수행하는 모습이다. 그러니 최명익 소설에서 '귀환'의 의미는 '방황' 못지않은 비중으로 섬세하게 고찰될 필요가 있다.

해방 전후의 안회남과 두 개의 「풍속」

1. 서론

안회남은 해방을 전후하여 '풍속(風俗)'이라는 제목으로 두 개의 소설 작품을 발표한다. 그 하나는 해방 이전 『조광』에 연재한 미완의 장편소설 『풍속』[1]이고, 다른 하나는 해방 이후 간행된 작품집 『전원』에 수록한 단편소설 「풍속」[2]이다. 두 텍스트가 발표된 시기의 차이는 고작 2-3년 정도이지만, 각각 해방 직전과 직후의 것들이라는 점에서 주목된다 할 것이다.

물론 발표 시기와 집필 시기가 반드시 일치한다고는 볼 수 없다. 또한 두 작품의 배경은 공히 일제강점기 말기의 농촌 부락으로서 일치하고 있다는 점을 간과하기도 어렵다. 즉 해방 이후 간행된 책에 수록되었다고 해서 단편 「풍속」이 해방 이후에 쓴 작품이라고 단정할

1 안회남, 「풍속」, 『조광』, 1943.12-1944.2(3회 미완). 연재 지면에 '長篇小說 風俗 安懷南'이라고 표기되어 있다. 3회분이 연재된 『조광』 1944년 2월호의 본문 말미에 '계속'이라고 표기되어 있으나 더 이상 연재되지 않았다.

2 안회남, 「풍속」, 『전원』, 고려문화사, 1946.

근거는 없다는 것이다. 그러나 한 작가가 같은 제목으로 두 개의 텍스트를 집필하였고, 해방이라는 역사적 사건을 전후로 각각 활자화했다는 점만으로도 세심한 분석의 대상이 될 가치가 있다.

'안회남은 어째서 장편 『풍속』의 연재를 미완 상태에서 중단하였는가?' '그는 또한 어째서 장편의 집필을 이어나가지 않고 별개의 단편 텍스트를 창작하여 자신의 작품집에 수록하였는가?' 등의 질문이 자연스럽게 제기될 수 있다. 위와 같은 질문들에 답하기 위해서는 당시 문학사와 문단사의 정황 조건을 살피면서 작가의 활동 반경을 겹쳐보는 텍스트 외적 분석과 동시에 장편과 단편의 갈래 속성을 충분히 고려한 상태에서 두 텍스트의 공통점과 차이점을 살펴보는 내적 분석 작업이 병행되어야 할 것이다.

기존의 안회남 연구는 소략한 작가론 및 신변소설론[3], 해방 이후의 특정 작품론[4]에서 크게 벗어나지 못한 것이 사실이다. 안회남을 규정하는 데 있어 '사소설'이라는 핵심어는 '부계의 문학'과 함께 해방 이전 작품을 아우르는 데 주로 사용되고 있다. 해방 이후의 작품세계에 대한 논의에는 '문학가 동맹' 참여와 '월북'이라는 전기적 사실이 조건반사적으로 수반된다. 무엇보다 최근 개별 작품론의 축적이 지속되지 않고, 그마저도 해방 이후의 몇몇 작품들[5]에 시선이 집중되고 있는 것은 아쉬운 점이다. 다작의 소설가인 안회남을 소수 작품의 성격에 종

---

3 이덕화, 「안회남론」, 『연세어문학』, 1988.
박신헌, 「안회남 소설 연구」, 『문학과언어』 10, 1989.
임환모, 「안회남 논고」, 『한국언어문학』 27, 1989.
이강언, 「안회남 신변소설 연구」, 『우리말글』 17, 1999.

4 전흥남, 「안회남의 「농민의 비애」론」, 『한국언어문학』 29, 1991.
김영택 · 최종순, 「해방기 안회남 소설의 리얼리즘 특성 연구 - 『농민의 비애』를 중심으로」, 『비평문학』 24, 2006.

5 「폭풍의 역사」(『인문평론』, 1947.4), 「농민의 비애」(『문학』, 1948.4)가 그 대표적인 예이다.

속시키거나 '개인'에서 '역사'로의 '내재적 발전론'에 독자의 반응을 수렴시킬 위험이 있기 때문이다.

본 논문이 주목하고 있는 「풍속」 텍스트는 기왕의 안회남 연구사에서 중요하게 거론되지 않고 배제되었다. 본 논문은 두 텍스트의 비교분석을 통해 안회남 작품론의 축적과 안회남 소설 세계에 관한 담론의 확장을 도모한다.

2. '풍속'의 의미

안회남의 두 작품이 의미하는 '풍속'이란 어떤 것인가. 그것은 작품 속의 초점화자 및 서술자인 '야쓰모도(장편 『풍속』)'와 '나(단편 「풍속」)'의 관찰에 의해 구체화된다. 해방 이전 1940년대라는 일제 말기의 상황에서 시골 사람이 가지고 있는 구태의연하고 완고한 성격이 '야쓰모도'와 '나'가 비판적으로 바라보는 '풍속'의 의미를 형성한다. 즉 작중 시공간에서 '야쓰모도'와 '나'는 이미 변해 있는데, 아직 변하지 않은 답답한 사람들이 남아 있는 것이다.

장편 『풍속』의 공간적 배경인 무두리는 면사무소에서도 멀리 떨어진 작은 부락이다. 주요 인물 '야쓰모도(安本)'는 무두리보다 훨씬 큰 도회지인 공주에서 살았고, 그곳에서 부락 이사장을 지냈으며, 그 공로로 군수의 상까지 받은 사람이다. 그가 왜 공주를 떠나 무두리로 이주했는지는 정확히 서술되어 있지 않다. 어쨌든 대처 사람답게 세련된 면모를 지닌 야쓰모도는 전임 이사장이었던 박도영과 비교되어 마을 사람들의 신임을 받고, 새 이사장으로 위촉된다.

신임 이사장 임명 건으로 무두리를 향해 분주히 자전거를 타고 가는 수석 면서기 '나까무라(中村)'의 묘사로부터 작품은 시작된다. 그는 '어른 노릇을 하려' 들지만 '꽤 착한 사람'이고, 단순하지만 시체 유행을 따르려 하는 등 신구(新舊)의 성격과 습속을 모두 지닌 인물이다. 어쩌면 완고한 포즈를 유지할 수 있는 지위를 선점하고 있지만 제 고집을 버리고 융통성 있게 시세를 따라가려 한다는 점에서 긍정적으로 묘사되었다고 할 것이다.

> 전투모를 푹 눌러쓰고 팔과 다리에 힘을 주어 앞으로 앞으로 내달으니 기분이 썩 좋다. 포푸라나무가 죽 늘어선 일등도로(一等道路)다. 신작로 옆으로 가다가 기찻길이 나란히 뻗히기도 했는데, 때마침 뭉게뭉게 연기를 토하며 달아나는 기차를 언덕길 같은 데서 아래로 내려질리며 쫓아가는 것은 더욱더 상쾌한 일이었다.[6]

위 인용문에서 우선 주목되는 것은 '속도'에 대한 인물의 심리적 반응이다. 철로를 따라 달아나는 기차를 좇아 자전거로 신작로 위를 달리는 나까무라의 모습은 급작스러운 시대의 변화를 따라가기에는 역부족이지만 그것에 역행하지 않고 기꺼이 동의하거나 동참하려 하는 의식의 비유이다. 그런데 그의 자전거는 계속해서 속도를 내지 못하고 결국 멈춰서고 만다.

> 따뜻한 가을 햇살을 받아 반짝반짝 쇠사슬에서 광채를 내며 굴러가던 자전거 바퀴는 철로와 신작로가 교차된 지점에서 딱 멈추었다. 거기서 나까무라는 자전거를 내려 '무두리'라는 부락을 향하여 걸어 들어갔다.[7]

---

6 안회남, 『풍속』 제1회, 『조광』, 1943.12, 119면.
7 안회남, 『풍속』 제1회, 『조광』, 1943.12, 120면.

'무두리'는 철길로도 신작로로도 갈 수 없는 곳이다. 자전거를 내려 걸어 들어가야 할 만큼 변화의 속도도 느린, 정체된 공간이다. 주변에서 유명한 경치를 자랑하는 부락이지만 변화에는 굼뜰 수밖에 없는 곳 무두리를 상징할 만한 존재가 바로 구 이사장 박도영이다. 영락없는 민촌(民村)의 유일한 '소위 양반'인 그는 가문의 옛 명성에 기대어 이사장이 된 후 양반의 세상이 다시 온 것으로 착각하고 스스로 세도를 부리는 것을 당연시한다. 그러나 시대가 바뀐 만큼 부락 주민들의 의식도 달라졌고, 마침내 주민들의 요구에 따라 박도영은 이사장 자리에서 물러나게 된 것이다.

그러므로 부락의 주민들이 요구하는 새 이사장은 박도영과 완전히 대비되는 사람이어야 한다. 대처에서 오래 살았으므로 변화한 시대의 습속을 완전히 체화하고 있는 야쓰모도, 어쩌면 면서기 나까무라보다도 더 세련된 그를 주민들은 새 이사장의 적임자로 판단하고 적극 천거한 것이다. 이에 작품의 서사는 무두리의 완고한 토반 박도영과 대처 물을 먹은 개방적인 활동가 야쓰모도의 대결 구도로 진행된다.

단편 「풍속」의 배경 또한 시골 마을이다. 3인칭 소설인 장편 『풍속』과 달리 단편 「풍속」은 1인칭으로 서술된다. 여러모로 작가 안회남을 방불케 하는 1인칭 화자[8]가 서울을 떠나 이주한 시골 마을이 소설의 공간적 배경으로 설정되어 있다.

서울서 기차를 타고 와서 내리면 정거장 왼편으로 시가지라고 할까

8 작품의 화자는 안씨 성을 가진 소설가이며 부친에 대한 자긍심이 대단한 인물로 설정되어 있다. 소설 배경이 충청도로 설정된 것도 안회남 자신이 1940년 충남 연기군으로 이주했던 개인사와 부합하고 있다.

여기 말로 하면 장터가 즐비하니 서 있는데, 사실 보잘것없는 곳이다. (중략 - 인용자) 정거장 맞은편 그러니까 동리 건너편으로 큰 내가 흐르는데, 그것이 나무가 우거진 산속을 돌아 연실 철도뚝을 끼고 구비구비 흐르므로 기차를 타고 지나면서도 좋은 경치를 구경할 수가 있다. 경부본선의 철도 연변인지라 낮이나 밤이나 내 마음만 내키면 툭하고 기차를 잡아타고서는 남북 어디로나 돌아다닐 수가 있는데, 내가 보아온 바로 말하면 부근에서는 여기가 제일 양명하고 산뜻하며 인심도 어디보다 나은 편이라는 인상을 받았다.[9]

오백 호 남짓의 소읍이라지만, 장편 『풍속』의 '무두리'보다는 교통 사정이 나은 곳이라 여겨지는 고장이다. 서울에서 나고 자란 소설가가 살기에 별 불편이 없도록 시가지가 갖추어져 있고, "전등시설도 있고, 라디오도 들을 수 있으며, 신문도 그날그날 배달을 하여주"는 곳이다. 작품의 화자가 이곳으로 이주하게 된 배경에는 고장의 뛰어난 산수도 한몫했지만, 그가 의도한 '생활'을 하기 위한 최소한의 편의가 제공되는 곳이며, 기차역이 가까이 자리한 곳이라는 점이 우선 작용했을 것이다. 그러나 화자는 마을 사람들에게서 기존에 깨닫지 못하던 '풍속'을 발견하고, 내적 갈등을 겪게 된다.

연기를 내뿜고 달아나는 기차의 모양은 나의 서재에 앉아 있어도 보인다. 장터로 향하여 시적시적 걸어갈 때 기차가 저 아래로 산모퉁이서부터 삐익 기적을 울리며 동네 앞을 치켜 닿았다.

(급행차로구나!)

나는 속으로 외었다. 이러한 작은 장터에 있으면 시골 소읍쯤 그대로

9 안회남, 「풍속」, 『전원』, 고려문화사, 1946, 268-269면.

묵살하고 달아나는 급행열차가 어지간히 부러운 것이다.[10]

한적한 시골 마을에서의 '생활'을 염원하던 화자는 주민들과의 눈에 보이지 않는 불화를 체감하고 나서 물과 기름처럼 겉도는 인간관계를 좀처럼 해소하지 못한다. 화자의 눈에는 시골 사람들의 의식이 전근대적 풍속에 물들어 있는 것인데, 이와 같은 상황이 장편 『풍속』에서처럼 '열차'라는 문명의 상징과 '속도'의 감각으로 비유된 것은 흥미롭다. 완행열차 정거장이 있지만 급행열차는 서지 않고 그대로 달아나는 소읍이다. 그곳의 주민들은 급행열차와 같은 시대의 변화에 편승할 수 없는 완고한 사람들인 것이다.

구습에 물들어 새로운 체제와 질서에 적응하려 하지 않는 완고한 사람들, 그들이 만들어내는 시대착오적 문화가 바로 두 편의 「풍속」이 지적하고 있는 '풍속'의 의미다. 이는 시골 사람들이 버리지 못하고 있는 전근대적 계급의식을 두 편 각각의 주인공들이 의식, 비판하는 데서 집약적으로 드러난다.

(이크 양반의 세상이 다시 왔구나!)

(암 세도를 써야지!)

완고한 옛날 양반의 찌걱지인 박도영은 속으로 이렇게 생각했는지도 모른다. 그리고 흡사 그런 시절에 있어서 자기네 조부나 부친이 양반의 세도로 무고한 백성의 삶을 착취하듯 그런 버릇을 배우려 했던 모양이다.[11]

---

10 안회남, 「풍속」, 『전원』, 고려문화사, 1946, 305-306면.

11 안회남, 『풍속』 제1회, 『조광』, 1943.12, 128면.

본은 어디고 성은 무어라 어디개 무슨 씨 누구의 자손인데 양반이다 하는 등의 주책없는 짓을 말구 옛날의 관념은 홀랑 벗어버려라 하는 게며, 따라서 지금 세상에 그런 어리석은 생각은 집어치구 아무리 개백정일지라도 같은 사람대접을 하라고 타일렀다.[12]

더 이상 유효하지 않거나 유효해서는 안 될 옛날의 관념을 미처 벗지 못한 인물을 설정하고, 허위의식을 떨친 긍정적 인물을 대립시켜 비판하는 이의 의식지향을 명확히 하는 수법은 근대 초기부터 누누이 보아 오던 계몽적 작법의 단면임에 틀림없다. 옛것보다 우월하거나 선한 새것을 강조하고, 변화의 흐름을 거스르는 것을 악으로 여겨 단죄하는 방식에 그친다면 이 두 작품은 1940년대식의 토론체 서사물이나 계몽적 신소설과 다름없는 것이다.

3. 변한 '풍속'과 변하지 않는 '풍속'

앞의 절에서 살핀 바와 같이 신분에 의한 차별이나 헛된 권위의식이 통용되는 상황을 부정적으로 인식하고 비판하는 것은 작품 속 주요인물의 말과 행동에 의해 어쩌면 단순하게 드러난다. 그러나 그것이 주변 인물들과의 관계에 의해 구조화될 때 작품이 가지는 주제의식은 역사 · 사회적인 의미를 수반하게 된다. 그리하여 안회남이 집필한 두 편의 「풍속」은 비슷하면서도 다른 두 개의 '풍속'을 각각 지시하고 있다. 먼저 작품이 가리키는 부정적 '풍속'이 어떤 인물을 통해 비판의 대상으로 설정되고 있는지 살펴볼 필요가 있다.

12 안회남, 「풍속」, 『전원』, 고려문화사, 1946, 285면.

장편『풍속』의 경우 비판의 초점이 '박도영'이라는 한 인물에 집약되어 있는 것을 확인할 수 있다. '무두리'라는 공간적 배경이 풍광은 아름답지만 변화의 속도에 민감하지 않은 정체된 지역임을 앞에서 언급한 바 있다. 그러나 그곳에서 살고 있는 부락민들에 대해 초점자 '야쓰모도'나 서술자는 부정적이거나 비판적인 시각을 좀처럼 드러내지 않는다. 단지 박도영이라는 예외적 인물이 있을 뿐이다.

> 시골 농민들은 가장 헐고 완고한 것 같으나 또 일면 제일 새롭고 예리하기도 하다. 그들의 관념과 관념을 막고 있는 장벽이란 오직 사회적 생활제도의 압력뿐으로 이것의 변천여하에 따라 그 관념의 장벽은 얼마든지 얇아갈 수 있는 것이다.[13]

농민들에 대한 서술자의 신뢰는 그릇되어 있거나 개선되어야 할 풍속을 농민들의 탓으로 돌려서는 안 된다는 뜻으로 읽힌다. 물론 인용문의 앞에 금속 공출과 관련한 일화를 제시하고 식민지 말기의 전시 총동원 체제에 적극 호응하는 농민들의 모습을 긍정적으로 묘사한 것을 감안하면 작가 안회남의 당대 인식 문제를 거론하지 않을 수 없겠다.[14] 아무튼 작가의 현실인식이 타당하거나 적절한가의 여부를 일단 논외로 하면, 이 작품이 의도하는 바는 풍속의 변화를 적극적으로 견인하는 긍정적 인물과 그에 호응하는 다수의 주변 인물들에 의해 낙관적으로 채색될 가능성이 높다는 것을 알 수 있다.[15] 작품의 시공간

13 안회남,『풍속』제1회,『조광』, 1943.12, 123면.

14 이에 대해서는 이후의 장에서 상술하기로 한다.

15 물론 장편『풍속』의 연재가 미완인 상태에서 중단되었으므로 단정할 수는 없는 문제다. 다만 생각해 봐야 할 것은 당대 상황의 문제든 작가 개인의 문제든 '미완 중단'이라는 사실은 위와 같은 도식적 인물 구도 혹은 지나치게 낙관적인

속에서 '풍속'은 변하고 있거나 이미 어느 정도는 변한 것이다.

> 야쓰모도는 탄식하기를 마지않았다. 앞으로의 세상은 도저히 그런 인물이 이사장이 되어 부락을 좌우할 수는 없다고 믿었다. 그는 세상은 새롭게 자꾸 진보하여 나가고 거기에 따라 인물들도 실력이 있는 사람이 새로이 나오는 것이라고 생각하며 자기야말로 무두리 부락의 둘도 없을 가장 적당한 이사장감이라고 속으로 자존하는 마음을 가졌다.[16]

능동적이고 적극적인 인물로 설정된 야쓰모도의 작품 속 역할은 자명하다. 이미 변화하고 있으며 더 빠른 변화를 수용할 준비가 되어 있는 부락의 농민들을 앞에서 이끄는 일이 그것이다. 작품에서 묘사된 야쓰모도의 성격에서 부정적인 측면은 거의 발견할 수 없다. 완성형 인물인 야쓰모도로 하여금 미정형의 농민들과 힘을 합쳐 부락의 발전을 견인하게끔 하는, 그리하여 공동체의 승리로 결말을 형상화하는 것이 작가 안회남의 의도였음에 틀림없다.

이에 비하여 단편 「풍속」에 나타나는 비판의 시선은 더 넓은 범위의 대상으로 향해 있다. 일인칭 화자의 눈에 비친 마을 사람들 모두가 일정 정도 이상의 부정적 성격을 드러내고 있는 것이다. 그들은 완고하고 이기적이며 교양이 없다. 서울에서 온 '나'나 친구 김 군에게 시골 사람들은 한데 어울려 살기 힘들 정도로 낯선 풍속을 고수하고 있다.

전망과도 어느 정도 관련되어 있을 개연성이 상당하다는 점이다. 여기에 대해서도 다음 절에서 상술한다.

16 안회남, 『풍속』 제2회, 『조광』, 1944.1, 172면.

정말이지 이곳에 와서 산과 내와 들과 각색 초목과 집 동네는 다 마음에 드는데 사람 하나가 우리('나'와 김 군 - 인용자)와 꼭 어울리지 않는다. 그들의 완고한 것, 이기적인 것, 교양 없는 것에서 나오는 풍속이 더욱 싫다. 자기네들보다 낮은 계급의 사람에게는 말할 수 없이 교만하다. 그러다가는 좀 명망이 있는 인물을 대하면 겸손한 것이 아니라 비루해지는 것이다.

김 군과 나와는 자연히 그들과 섞이지 않았다. 좀처럼 노력하고 웬만한 인내력을 가지고서는 그들의 분위기 속에서 절대로 태연할 수 없으므로 우리 두 사람은 우리끼리 종래의 우리 풍속을 지켜가는 수밖에 없었다.[17]

화자가 시골로 내려와서 주민들과 불화하고 술집에서 일어난 우발적인 싸움에까지 얽혀든 이유는 그의 생각과 행동이 그곳의 풍속에 비추어 유별나기 때문이다. 백정의 집에 유숙하고 비천한 사람들과 어울리는 개방적인 의식과 행동이 오해를 불러일으킨 것이다. 시간이 지나면서 주민들은 화자가 무시할 수 없을 만큼 명망가의 후손인 것을 알게 되지만, 서로를 경원시하는 관계는 좀처럼 개선되지 않는다. 따라서 장편 『풍속』의 야쓰모도가 자신의 긍정성을 자존감으로 승화시킨 데 비해 단편 「풍속」의 '나'는 스스로를 타인들로부터 격리시켜 보호하고 위악적이거나 소극적인 방법으로 자위하는 태도를 가지게 된다.

유일한 소통의 통로이던 김 군이 다시 서울로 떠나게 되자 이어지는 '나'의 고백적 서술은 시골 마을이라는 작품 속 공간에 스스로를 던지고 이내 고립되어 버린 화자의 처지를 잘 보여주는 것이다.

---

17 안회남, 「풍속」, 『전원』, 고려문화사, 1946, 298면.

편지 속에다 우리 집에 대하여 요새(要塞)라는 말을 썼지만 우리가 처음 시골로 떠나올 때엔 무슨 도피적인 생각 같은 것은 조금도 없었다. 솔직하게 말하면 생활을 찾아왔다. 오늘날까지 우리는 어떻게 해서 잘 살겠다든지 무엇을 해서 돈을 벌어 보겠다든지 하는 생각을 한 번도 한 일이 없다. 그러나 차차 생활이 군색해지매 우선 소극적이나마 그 대책을 강구치 않을 수 없었다. 낙향해 가지고 어디 우리가 직접 농사도 지어 보고 소규모의 전방도 가져 보아 자작자급하고 유유히 공부나 해 보자 하는 것이 두 사람의 계획이었던 것이다. 그러나 우리에게 부족한 것은 실행력이다. 그것이 최대의 우리 결함인 것이다.[18]

그것이 '변명'이든 '반성'이든 간에 위 인용문에 나타나는 화자의 자기 고백은 의미심장하다. 김 군과 '나'가 농촌으로 이주한 것은 '생활'을 위한 것이었지만, 결과적으로 자신만의 '요새'에 함몰되고 만 것이다. 농사를 짓겠다거나 장사를 해보겠다는 그들의 소박한 계획은 나이브한 도시민의 환상이었던 것이나 다름없다. 화자가 미처 알지 못한 것은 '농촌의 풍속'이 아니라 '농촌의 현실'이었던 것일지 모른다. '실행력'이 부족한 도시 지식인에게 농촌은 그들이 꿈꾼 '일도 하고 공부도 하는 낭만적인 생활'의 장이 될 수 없었던 것이다.

장편 『풍속』의 야쓰모도가 지닌 능동적 추진력을 단편 「풍속」의 '나'에게서는 찾아볼 수 없다. 부락민들과 어울려 공동체의 일원이 될 가능성도 좀처럼 보이지 않는다. 야쓰모도가 누구에게도 꿀릴 것이 없는 자존감을 바탕으로 해서 함께 어울려 살아갈 농민의 잠재된 힘을 규합하고자 하는 뚜렷한 목표의식을 가지고 있는 반면, '나'의 자존심은 '양반'으로서도, '도시인'으로서도, '소설가'로서도 제 자리를 잡지

18 안회남, 「풍속」, 『전원』, 고려문화사, 1946, 300면.

못하고 결국 스스로를 소외시키는 결과만을 초래하게 될 뿐이다.[19]

이처럼 두 편의 「풍속」은 각기 다른 인물 간 대립구도를 형성하고 있다. 장편 『풍속』의 경우 야쓰모도를 주축으로 한 긍정적 인물 군과 부정적으로 묘사된 박도영의 대립구도가 서사구조의 골격을 이룬다. 이에 반해 단편 「풍속」에서는 마을의 주민 모두가 '나'와 김 군의 반대편에 자리하고 있다. 게다가 김 군이 개인적인 사정으로 상경한 뒤 마을에는 '나'만 남는다.

'1:다수'의 대립구도다. 장편 『풍속』에서는 박도영이 고립되어 있고, 단편 「풍속」에서는 '나'가 고립되어 있다. 달리 말하면 장편 『풍속』에서 작가가 비판하고자 하는 점은 박도영 개인의 문제임에 비해 단편 「풍속」에서는 마을 주민 모두가 비판의 대상이 된다. 장편 『풍속』의 야쓰모도와 단편 「풍속」의 '나'는 일견 비슷해 보이는 인물이지만, 주변 인물과의 관계 속에서 보면 각각 부정적 풍속을 개선하려 하는 '공동체의 중심'과 개선되지 않는 부정적 풍속에 의해 '소외된 개인'으로 구분되는 것이다.

장편 『풍속』이 3인칭으로, 단편 「풍속」이 1인칭으로 서술된 점에 대해서도 세심한 분석이 필요하다. 당대 현실의 문제점을 능동적으로 개선하는 방향으로 주제를 삼은 작품에서는 실제 작가의 성격과 차이가 있는 별도의 주인공을 설정하고, 오랫동안 변치 않고 이어져 내려오는 부정적 습속을 확인하고 비판하는 수준의 단편에서는 심리 묘사가 용이한 1인칭 화자를 내세운 것이다.

---

19 야쓰모도와 '나'는 각 작품 속에서 '따지고 보면 나도 양반'이라는 식의 공통된 의식을 내비친다. 두 사람 모두 자신의 신분을 이용하거나 내세우려 하지 않는다는 점도 공통점이다.

기존에 사소설 양식을 적극적으로 이용한 안회남으로서는 자신의 체험이 비판적 담론으로 직결될 수 있는 내용의 단편에서 굳이 가공의 인물을 창조할 필요성을 느끼지 않았던 것으로 생각된다. 그러나 장편 『풍속』은 국책적인 혹은 전체주의적인 공동체 이데올로기로 해석될 만한 주제와 복잡한 인물 구도에 의한 발전적 구성을 의도한 작품으로 보인다.[20] 별다른 가공 없이 신변적 에피소드만으로 실제 체험을 소설화하는 과정과는 차이가 날 수밖에 없다.

결국 장편 『풍속』의 '변한 풍속'과 단편 「풍속」의 '변하지 않는 풍속'은 동일한 시대적 배경을 지닌 두 작품이 내비치는 작가의 현실 인식의 차이를 고스란히 반영한다. 전자가 풍속의 변화로 인한 긍정적 전망 제시에 주력하려 한 작품이라면, 후자는 체념적이거나 위악적인 포즈의 화자를 통해 결말을 어둡게 채색하고 있는 작품이다. 전자가 완결되지 못했고, 후자가 완결된 형태로 발표되었다는 점 또한 작가의 현실 인식이나 창작 당시의 목표의식과 관련지어 논의하여야 한다. 발표 시기의 차이를 어떻게 보아야 할 것인가를 검증하는 것은 물론, 창작 당시의 시대적 분위기나 안회남의 행적 등을 세심하게 살필 필요가 있다.

20 안회남의 장편 『풍속』은 미완으로 연재가 중단되었지만, 드러난 3회분의 내용만을 보더라도 일제 말기 국책문학의 일환으로서 논의되고 창작된 '생산소설'로 해석할 수밖에 없다. 서영인은 「일제 말기 생산소설 연구 - 강요된 국책과 생활현장의 리얼리티」(『비평문학』 41호, 2011)에서 생산문학의 특징을 "공장, 어장, 농촌, 광산 등의 생산현장, 그리고 증산과 물자공출에의 적극적 참여(160면)"로 기술하고 있는데, 이는 장편 『풍속』의 성격과 적절히 부합한다.

4. 해방 전후 안회남의 현실 인식 변화 양상

작가 연보에 따르면 안회남은 1940년 경 서울 생활을 접고 충청남도 연기군 전의면으로 이주하여 생활했다. 앞서 분석한 두 작품의 공간적 배경이 충청남도의 시골 마을로 묘사된 것은 물론 우연한 설정이 아니다. 4년 정도의 농촌 체험이 직·간접적으로 반영된 결과로 보아 마땅한 것이다.

1930년대 초반 등단하여 꾸준히 작품 활동을 전개한 안회남이 1939년 첫 창작집을 내고 그 이듬해 갑자기 향리로 이주한 이유는 무엇인가. 장편『풍속』의 야쓰모도보다 단편「풍속」의 화자가 작가 안회남의 분신에 가깝다고 여겨진다면, 일단 작품 속 서술에 나타난 '생활을 찾아서'가 그 이유로 추정될 수 있다. 1930년대 후반부터 1940년대 초반까지 우리 소설사를 관통하는 하나의 핵심어인 '생활'이 작품 서술 내에 인입되어 있는 것이다.

자작자급할 수 있는 생활을 가지고서 공부를 병행하는 것이 목적이었다는 점, 그러나 실행력이 부족하였다는 점 등은 생활에 무기력한 일제 말기 지식인으로서의 소설가들이 작품 속에서 반복하여 토로한, 스테레오타입에 가까운 자기반성의 세목이다. 물론 안회남의 단편에서는 생활을 발견하고 획득하기 위한 분투의 과정이 드러나 있는 것은 아니다. 오히려 새롭고 낯선 생활공간에서의 외적 갈등이 주요한 서사의 골격을 이룬다.

이 문제와 관련하여 주목되는 작품이 안회남의 또 다른 장편소설『사선을 넘어서』[21]이다.

---

21 안회남,『사선을 넘어서』,『협동』, 1947.1-6(3회 미완). '조선금융조합연합회'에서 발간한 잡지『협동』에 연재한 안회남의 장편소설이다. 해당 잡지 자료

서림이 서울서 전의로 이사를 해온지는 사 년 전이었다. 만주사변이 생기고, 일본 중국 사이에 전쟁이 벌어지자, 식자는 누구나 그것이 중국 측에서 선전하는 것처럼 장기전으로 들어갈 줄 알았으며, (중략-인용자) 서림은 부랴부랴 가족을 데리고 시골로 왔다.

그것은 비단 전쟁이 무서워서가 아니었다. 경성이 전장화하리라는 염려에서도 아니었다. 전쟁의 막다른 길을 걸어가는 세상, 악착한 현실 속에서 좀더 여유 있고 풍더분하고 순순하고 조용하게 지내보자 하는 마음에서였다.

그러나 그러한 그의 계획은 수포로 돌아가고 말았다. 그것은 시골 역시 도회지 못하지 않게 환경이 악화해진 것뿐 아니라, 서림 자신 개인의 생활에 있어서 커다란 실패를 초래하였던 까닭이다.

한말로 말하면 그는 파산했던 것이다.[22]

작품의 시간적 배경이 1944년이므로 4년 전은 1940년이다. 이는 안회남이 1940년 충남 연기군 전의면으로 이주한 전기적 사실과 정확히 일치한다.[23] 작품의 내용을 사실과 가까운 것으로 추정해 본다면

의 유실로 제1회부터 3회까지의 연재분만을 확인할 수 있다. 이후 연재의 지속 여부와 완결 여부를 확인할 수 없다. 연재 지면에 '長篇小說 死線을 넘어서 安懷南'이라고 표기되어 있다. 일제 말기에 있었던 작가의 징용 체험이 사실적으로 묘사된 작품이다. 자료로 확인할 수 있는 부분의 경개를 간략히 제시하면 다음과 같다. 소설가 박서림은 충남 연기군의 농촌 마을에서 생활하다가 징용을 당하여 일본 북구주로 가게 된다. 노모와 아내 그리고 아들 둘을 남겨 놓고 타국으로 갈 일이 걱정되지만 달리 해결할 방도를 찾을 수 없다. 징용을 가는 농민들 틈에서 잘 어울리지 못하고 있던 서림은 얼떨결에 전의면반의 반장으로 뽑히고, 연기군대의 대장인 김일룡을 만난다. 일룡은 서림에게 일본에 도착하면 함바일을 하자는 제안을 한다.

22 안회남, 『사선을 넘어서』 2회, 『협동』, 1947.3, 115면.

23 『사선을 넘어서』의 주요인물 서림이 소설가로 설정되어 있고, 구한국 대신을 지낸 외조부와 일찍이 소설을 쓴 일이 있었던 아버지를 가진 사람으로 설정되어

안회남은 1940년부터 1944년까지 농촌 생활을 하면서 점차 생활이 궁핍해졌고, 그럼에도 불구하고 게으른 천성 탓으로 새로운 삶의 양식을 획득하지 못한 채 매문(賣文)으로 생계를 이어가다가, 마침내 문인으로서는 유일하게 징용이라는 비극을 경험하게 된 것이다.

그러나 여러 가지 주변 정황을 살펴볼 때 안회남이 자신의 작풍을 기존의 신변소설적인 것에서 당대 현실을 반영하는 쪽으로 확장시키려는 의도를 가지고 있었고, 이러한 목적의식이 향리 생활을 결심하는 데 영향을 끼친 것은 분명해 보인다.

이 논문이 대상으로 하고 있는 두 편의 「풍속」은 1940년 이후 1944년 이전의 경험을 바탕으로 하여 창작된 소설이다. 장편 『풍속』이 농촌의 생산 현장을 배경으로 한 소설이라면, 단편 「풍속」이 내보이는 배경의 성격은 엄밀히 말해 '농촌'이라기보다 일반적인 '시골'에 가깝다. 즉 작가 안회남이 단편 「풍속」을 통해 발견한 것은 '서울의 풍속'과 다른 '시골의 풍속'이다. 서울의 풍속에 익숙한 소설가와 시골 풍속에 젖은 부락민 사이의 갈등이 단편 「풍속」의 서사구조를 형성한다.

신변적이고 자전적인 내용을 상당 부분 포함하고 있는 단편 「풍속」에서 농촌이라는 공간과 농민이라는 대상에 대해 화자가 내보이는 비판적 시선은 장편 『풍속』의 현실 인식과 비교할 때 상당한 차이를 드러낸다. 장편 『풍속』의 낙관적 인식은 다분히 긍정적 전망을 제시하는 결말을 의도한 설정으로 여겨지는데, 이것이 의식적으로 기획된

있는 것을 보면, 이 작품은 인물의 이름만을 서림으로 바꾼 안회남의 수기를 방불케 한다. 또한 해방 후 작품집 『불』(을유문화사, 1947)에는 서문의 "나의 炭坑 中心의 徵用小說로는 이 作品集 『불』 外에 中篇小說 「炭坑」 및 長篇小說 『死線을 넘어서』로써 完結하고 말 作定"이라는 서술과, 책 마지막에 수록된 「그 뒤 이야기」 속의 "우리 연기대 일행 134명이 북구주 입천 탄광에 가서 고생한 것은 '사선을 넘어서'라는 제목으로 완전히 그려 보리라(141면)"는 서술이 있다.

(혹은 강요된) 현실 오독인지 단지 작가의 부적절한 현실 인식인지는 단일 작품만으로 설명하기 어렵다. 여기서 단편 「풍속」의 서술 내용과 견주어 작품 간의 모순된 현실 인식을 확인할 때 동일한 시대 상황에 대한 작가 의식의 분열을 읽을 수 있게 된다. 즉 장편 『풍속』은 작가 개인의 것이 아닌, 주변 상황에 의해 왜곡된 현실 인식에 기초한 작품일 가능성이 농후하다는 것이다.

주지하다시피 안회남의 해방 이후 작품세계는 그 이전의 것과 뚜렷한 차이를 드러내고 있다. 위에서 잠깐 언급한 『사선을 넘어서』 등의 해방 직후 작품들은 작가의 징용 체험을 르포 형식으로 전달한다는 기본 취지에 충실한 동시에 기층 민중에 대한 신뢰를 바탕으로 현실 비판에 주력한 「폭풍의 역사」, 「농민의 비애」 등 해방기 대표작품들의 전 단계를 이룬다.

그렇다면 단편 「풍속」이 보여 주는 농민에 대한 불신과 장편 『풍속』에서의 동일 대상에 대한 신뢰라는 모순적 상황은 어떻게 해석하여야 하는가. 비슷한 시대적 배경상황을 다룬 두 작품이 보여 주는 농민이라는 대상에 대한 인식의 차이는 작가의 실제 현실 인식과 작품에 표현된 현실 인식 사이의 괴리와 모순을 드러낸다. 두 작품 간의 창작 시기가 명확하게 차이가 나지 않는다면 둘 중 하나는 믿을 수 없게 되는 것이다. 여기서 국책에 부응하는 장편 『풍속』의 현실 인식이 실제 작가의 당대 인식과 동일하다고 보기 어렵다면, 단편 「풍속」의 창작 시기에 대한 고려가 필수적이다.

단편 「풍속」이 해방 이전에 창작되었거나 연간물을 통해 발표된 흔적은 현재까지 확인되지 않고 있다. 그러나 작품의 내용과 주변 정황으로 미루어 보건대 단편 「풍속」이 해방 이후에 창작되었다고 단정할 근거 또한 없다. 단편 「풍속」이 수록된 해방 이후 작품집 『전원』의 발문은 이와 관련하여 흥미로운 시사점을 제공한다.

나는 過去 十餘年間 主로 自己凝視의 身邊文學을 해왔다. 여기에 收錄한 것은 모두 그것들이다. 그러니까 제일 初期의 것과 最近의 작품이 섞였다.

世上에서 내가 제일 잘 아는 것은 自己의 世界다. 그렇게 때문에 身邊小說을 썼다. 그러나 또 그것 뿐만은 아니었다.

日本帝國主義의 野蠻的植民政策 아래에서는 우리는 文學世界로 客觀社會와 서로 干涉할 수 없었기 까닭이다. (중략 - 인용자) 이것과 異系의 나의 작품들은 책 끝 페-지에 기록한 대로 旣往 發刊된 다른 作品集 속에 收錄되었다. 이 책은 말하자면 나의 第三創作集이다.

끝으로 故 李陸史 兄의 靈前에 감사하고 싶다. 무슨 緣由로 하여 이 책 原稿를 陸史가 中國 南京으로 가지고 갔었는데, 거기서 陸史가 別世하며 어느 學兵에게 꼭 故國에다 傳하라고 신신 부탁하여(하략 - 인용자)[24]

위 인용문에서 우선 주목되는 점은 『전원』이 신변소설을 따로 묶은 작품집이며, 초기와 최근의 작품이 섞여 수록되었다는 점이다. 또한 자신이 신변소설을 창작한 이유 중에 객관 사회를 문학세계에 투영할 수 없는 시대적 제약이 있었음을 밝힌 점도 눈에 띈다. 이에 따르면 단편 「풍속」 또한 작가 스스로 객관사회의 리얼리티를 그린 작품이 아닌 신변소설 범주의 작품이라고 규정하였음을 알 수 있다. 인용문의 '기왕 발간된 다른 작품집'이란 『탁류를 헤치고』인데, 이를 제2작품집으로, 『전원』을 제3작품집으로 밝혀 두었다.

1939년 학예사에서 첫 창작집 『안회남 단편집』을 발간한 후 안회남은 두 권의 후속 창작집 발간을 거의 동시에 준비한다. 그 중 하나인 『탁류를 헤치고』가 1942년 영창서관에서 발간된다. 『탁류를 헤치

24 안회남, 『전원』 발문, 고려문화사, 1946, 349면.

고』의 서문에는 발간 당시의 정황이 간략하게 서술되어 있는데, 위에 인용한 『전원』의 발문과 비교하면서 읽을 필요가 있다.

> 『愛人』, 『濁流를 헤치고』 外에 나의 最近作品을 中心으로 하야 한 卷의 創作集을 만들어 世上에 내놓는 바이다. 勿論 二三篇의 舊作이 끼이게 되었으나 十餘年前의 그것과 오늘의 最近作을 서로 견주어 보면 여러 가지 感懷가 깊다. 初期의 純全한 身邊小說等屬은 그것대로만 따로히 編輯되어 某處에 매껴져 있으매 오래지 않어 나올 게고 또 學藝社版의 短篇集 속에 收錄된 것은 여기서 重複을 避하였다.(강조 - 인용자)[25]

1942년 『탁류를 헤치고』 발간 당시 안회남은 이미 한 권의 창작집 원고를 '모처'[26]에 맡기어 두었다. 그 원고가 『전원』 수록 작품들일 것은 분명하다. 그런데 그것이 이육사의 망명과 함께 중국 남경으로 갔다가 우여곡절 끝에 해방 이후 돌아와 빛을 보게 된 것이다. 『탁류를 헤치고』의 서문 작성 시기가 '소화 16년 7월 19일'로 명기되어 있는 바, 『전원』에 수록된 「풍속」 역시 1941년 이전에 탈고한 작품일 가능성이 높다. 그렇다면 작품의 첫 문장인 "내가 이곳으로 이사를 온지가 벌써 반년이 된다"는 서술은 실제 작가의 집필 시기와 거의 일치하는 것으로 여겨지며, 따라서 단편 「풍속」은 안회남이 1940년 충남 연기군 전의면으로 이주한 이후 최소한 1941년 전반기 이전에 창작한 것이 된다.[27]

---

25 안회남, 『탁류를 헤치고』 서문, 영창서관, 1942.

26 여기에서의 '某處'란 이육사가 근무하던 인문사 등의 출판사일 것이다.

27 물론 중국에서 돌아온 원고에 추후 「풍속」 1편을 더했을 가능성을 전혀 배제할 수는 없을 것이다. 안회남 연보의 보완과 실증적인 작가론의 보충이 반드시 필요하다. 그러나 단편 「풍속」이 해방 이후에 창작되었거나 수정 가필되었을 가능

요약해 보건대 안회남은 1940년 충남 연기군 전의면으로 이주한 후 시골 사람들의 전근대적 풍속을 경험하고 다분히 불신에 찬 관찰의 기록을 신변소설적 단편 「풍속」에 담았다. 이후 안회남은 단편 「풍속」이 포함된 창작집의 원고를 분실하고, 1943년 말부터 일제의 국책에 부응하는 생산소설 『풍속』을 새로 연재하기 시작하였다. 장편소설 『풍속』에 나타나는 농민에 대한 서술자의 신뢰는 실제 작가 의식의 변형・왜곡일 가능성이 크다. 즉 단편 「풍속」에 나타난 작가의 농촌 현실 인식이 전의면으로 이주한 지 얼마 되지 않은 시골 생활 초기의 것이라면, 장편 『풍속』에 나타난 농촌의 현실 묘사는 2년 남짓의 시간 후 심경의 변화를 일으켰다기보다 외부 현실적 조건으로부터 주어졌거나 강요된 주제에 부응한 결과로 판단된다.

장편 『풍속』의 연재 중단 몇 개월 후 안회남은 일본의 탄광으로 징용되어 가는데, 이 징용 체험이야말로 농촌과 농민을 바라보는 작가의 눈을 일신시키는 계기로 작용하였음에 틀림없다. 해당 시기 배경의 자전적 작품을 묶은 창작집 『불』과 장편 『사선을 넘어서』로 자신의 객관적 위치를 점검한 안회남이 이후 전쟁 이전까지의 창작활동을 통해 예전과 전혀 다른 작풍을 선보이게 되기까지는 위와 같은 현실 인식 변화의 과정이 숨어 있었던 것이다.

성은 별로 없다는 것이 본 연구자의 판단이다. 예컨대 작품 속의 화자가 백정 성추의 큰아들을 언급하는 대화지문, "참 지원병에 응모했다는데 누가 압니까. 나중엔 군수 따위 몇 갑절 갈런지(안회남, 「풍속」, 『전원』, 고려문화사, 1946, 290면)"와 같은 표현은 해방 이후의 것이라고 보기 어렵다.

5. 결론

일제 말기 안회남의 농촌 체험은 여러 모로 당대 농촌 현실을 새롭게 인식하고 민족적 정체성을 확인할 수 있는 소중한 기회였음에 틀림없다. 그러나 1940년 당시 농촌으로 이주한 안회남의 눈에 먼저 띈 것은 전근대적 습속에서 탈피하지 못한 농민들이었다. 서울에서 성장한 안회남에게 당대의 농촌은 시대적 변화에 뒤떨어진 정체된 공간으로 인식되었다. 작가의 눈에 비친 농촌의 풍속은 단편 「풍속」에서 농민에 대한 불신으로 형상화되었고, 주변의 상황으로부터 고립된 지식인이요 소설가인 화자는 무력감을 토로할 수밖에 없었다.

1943년 말에 연재를 시작한 장편 『풍속』은 농민에 대한 신뢰를 바탕에 깔고 적극적인 활동가를 주인공으로 내세웠다. 이러한 차이는 그러나 2년 남짓의 짧은 시간 동안 안회남의 현실 인식이 변화한 때문으로 해석되기 어렵다. 장편 『풍속』은 일제 말기 전시 총동원체제의 국책에 부응하는 이른바 생산소설의 성격을 띤 작품이기 때문이다. 안회남이 미완 상태에서 장편 『풍속』 연재를 중단한 데는 스스로 파악한 당대 현실과 외부로부터 강요된 현실 묘사 사이에서 느낀 괴리감이 어느 정도 작용했을 것이다.

본 논문은 해방 이후 발간된 안회남의 창작집 『전원』에 수록된 단편 「풍속」이 해방 직전의 미완 장편 『풍속』의 후속 작품이나 개작이 아니며 오히려 1940년대 초반에 창작된 작품이라고 판단했다. 안회남의 작풍이 본격적으로 변화하게 된 계기는 그의 의도와는 달리 장편 『풍속』 연재를 미완으로 종료한 몇 개월 후 겪은 징용 체험이었다.

1940년부터 1944년까지 안회남은 농촌에 거주하고 있었으나 농민의 생활과는 거리가 먼 소설 노동자였다. 단편 「풍속」이 그리고 있는 것처럼 그는 단지 농민들을 일정한 비판적 거리에서 관찰하고 있었을 뿐이다. 서울에서 온 작가와 농민들 사이에 자리하고 있던 위화감이 사라지고 소통이 이루어지게 된 순간은 르포 성격의 창작집 『불』, 장편 『사선을 넘어서』 등에서 상세히 묘사된다. 신분이나 직업의 차이를 막론하고 징용을 함께 떠나는 열차, 배 등의 공간이 양측의 거리를 무화시킨 것이다.

안회남이 창작한 두 편의 「풍속」 텍스트와 그 창작 시기 및 발표 시기의 주변 상황을 살펴보면서 작가의 당대 현실 묘사가 변모해 가는, 그리하여 그의 작품세계가 확장되는 과정을 추적할 수 있었다. 스스로 의도한 농촌 생활보다 의도치 않았던 징용 체험이 안회남의 농촌 및 농민에 대한 이해를 도운 것은 아이러니한 상황이다. 문인으로서는 유일하게 겪어야 했던 불행한 체험이 해방 이후 안회남의 문단 활동과 창작에 긍정적인 동력으로 작용한 것 또한 민족사가 낳은 아이러니인 것처럼.

필자

강원도 강릉 출생. 강릉고등학교를 졸업하고 고려대학교 국어국문학과와 동 대학원에서 문학을 공부했다. 학부과정 중인 1995년 문화일보 추계문예공모에 시 「獨酌」이 당선되어 등단하였으며, 고려대학교 대학원 국어국문학과에 진학한 후에는 한국 근현대소설 연구에 전념하고 있다. 2000년 「이근영 연구」로 석사학위를, 2009년 「한국 근대초기 소설 작법의 형성과정 연구」로 박사학위를 받았다. 논문집 『계몽과 통속의 소설사』(도서출판 월인), 『전망 없는 시대, 전망을 찾는 소설』(도서출판 월인)을 상재하였고, 그 외에 다수의 공저 논문집이 있다. 최근에는 『구운몽』(서연비람) 등 수 편의 고전소설을 현대어로 옮기고 해설하여 책으로 묶었다. 순천향대, 강원대 등의 학교에서 시간강사로 일하였으며, 고려대학교 민족문화연구원의 연구교수를 지냈다. 현재 상지대학교 교양대학 조교수로 재직하고 있다.

소설사의 맥락과 텍스트의 계보

초판 1쇄 인쇄 2020년 1월 10일
초판 1쇄 발행 2020년 1월 15일

지은이 최성윤
펴낸이 박성복
펴낸곳 도서출판 월인
주소 01047 서울특별시 강북구 노해로25길 61
등록 1998년 5월 4일 제6-0364호
전화 (02) 912-5000
팩스 (02) 900-5036
홈페이지 www.worin.net
전자우편 worinnet@hanmail.net

ISBN 978-89-8477-677-7 93810

값은 뒤표지에 있습니다.